●三明学院学术著作出版基金资助出版

美丽中国视角下

大学生绿色教育

许勋恩 著

厦门大学出版社 国家一级出版社
XIAMEN UNIVERSITY PRESS 全国百佳图书出版单位

图书在版编目（CIP）数据

美丽中国视角下大学生绿色教育 / 许勋恩著. -- 厦
门：厦门大学出版社，2024.6
ISBN 978-7-5615-9400-1

Ⅰ．①美… Ⅱ．①许… Ⅲ．①大学生-素质教育
Ⅳ．①G640

中国国家版本馆CIP数据核字(2024)第106645号

责任编辑　眭　蔚
美术编辑　蒋卓群
技术编辑　许克华

出版发行　厦门大学出版社
社　　址　厦门市软件园二期望海路 39 号
邮政编码　361008
总　　机　0592-2181111　　0592-2181406(传真)
营销中心　0592-2184458　　0592-2181365
网　　址　http://www.xmupress.com
邮　　箱　xmup@xmupress.com
印　　刷　厦门集大印刷有限公司

开本　787 mm×1 092 mm　1/16
印张　13.75
字数　280 千字
版次　2024 年 6 月第 1 版
印次　2024 年 6 月第 1 次印刷
定价　42.00 元

本书如有印装质量问题请直接寄承印厂调换

厦门大学出版社
微信二维码

厦门大学出版社
微博二维码

前言

习近平总书记在党的二十大报告中指出，"世界之变、时代之变、历史之变正以前所未有的方式展开"，人类社会面临史无前例的多重挑战。一场突如其来的新冠疫情给世界带来了深重的灾难。人们开始反思"世界怎么了，人类该怎么办"的世界之问、时代之问。作为一名长期从事高等教育的科技工作者，我常常思考自己的工作能为社会发展、学生成才成长做些什么？思考我们究竟要给大学生什么样的教育？

2023年《新时代的中国绿色发展》白皮书的颁布为我们的研究提供了启迪：只有建设美丽中国，人民群众才能享受自然之美、生活之美、社会之美、生命之美。美丽中国建设离不开绿色国民。大学生是未来社会发展的中流砥柱，是建设美丽中国的主力军。大学生绿色教育为美丽中国建设提供了新思路，为人与自然和谐共生的中国式现代化提供了新范式，为中国高等教育高质量发展提供了新内涵，为大学生健康成长提供了新路径。

我们以"美丽中国视角下大学生绿色教育"为题，站在美丽中国建设的战略高度研究大学生绿色教育问题。大学生绿色教育是高校生态文明教育的重要内容，是加强社会主义精神文明建设、实现美丽中国建设的重要举措。高校推广绿色教育有利于人们认识世界、改造世界，提升人的素质，促进人与自然和谐共生的现代化早日实现。

全面推进美丽中国建设，是以习近平同志为核心的党中央着眼全面建成社会主义现代化强国作出的重大战略部署。我们从美丽中国建设解读入手，以价值之维、本质之维、理论之维澄清美丽中国建设意义、内涵、理论渊源，从关系之维表明美丽中国建设离不开绿色国民，应在美丽中国建设与高校教育之间架起一座绿色桥梁。

本书从理论的维度对高校开展大学生绿色教育的缘由、发展历程进行了梳理，对大学生绿色教育基本概念、特征、本质等问题进行界定，从马克思主义人的全面发展、教育生态学、可持续发展、高质量发展视角寻求大学生绿色教育理论渊源。同时，从实践维度对大学生绿色教育进行了现实审视，围绕大学

生绿色教育人才培养目标、现状与问题、实践路径进行阐述。

良好的学校环境、社会环境、家庭环境、社区环境是开展绿色教育的基本保障。本书按照"为什么、是什么、怎么做"的逻辑理路对绿色大学、绿色家庭、绿色社区构建进行探讨，为绿色大学、绿色家庭、绿色社区构建提供参考与借鉴。

习近平总书记指出，绿色发展和可持续发展是当今世界的时代潮流。大学生是民族的希望、民族的未来，大学生绿色素质关乎国家前途命运。大学生绿色教育既是以生态为主题，促进生态环境可持续发展的教育，也是以促进学生可持续发展为目标，提升学生生命质量、实现学生绿色健康发展的教育。精心打造绿色教育内容，培养美丽中国建设所需要的绿色人才是大学生绿色教育的立足点和出发点。我们从大学生绿色生活教育、绿色行为教育、绿色消费教育、绿色生命教育、绿色劳动教育、绿色创业教育等方面进行阐述，为大学生学会生存、学会合作、学会共处打下良好的基础，为中国时代之美、社会之美、生活之美、环境之美贡献智慧。

推进大学生绿色教育，要构建面向可持续发展的绿色教育体系。打造绿色体制机制、绿色德育模式、绿色课程、绿色师资队伍、绿色校园文化，实现大学生绿色素质的全面提升。

心怀天下，放眼未来。大学生绿色教育还缺乏系统深入的研究，涉及许多理论上和现实生活中的难题，需要多学科共同攻关，而我们所掌握的资料、自身的知识和能力都有限，只能期待今后继续努力。

真诚欢迎对绿色教育感兴趣的各界朋友批评指正！

许勋恩

2024 年 4 月

目 录

第一章
美丽中国建设理论基础概述

第一节　价值之维：美丽中国建设意蕴

习近平总书记在党的二十大报告中指出，"世界之变、时代之变、历史之变正以前所未有的方式展开"[①]，人类社会面临史无前例的多重挑战。2020 年初人类遭受了一场突如其来的新冠疫情，给世界带来了深重的灾难。面临百年未有之大变局，在疫情冲击下，世界经济出现了深度下滑，全球供应瓶颈持续，全球通胀加剧，发展失衡加剧，经济将长期低迷……从全球疫情到俄乌冲突，再到巴以局势的紧张，各种"黑天鹅"事件对国际关系产生了深远影响，深刻改变了世界经济运行方式，给人类正常的生产生活造成巨大冲击。人们开始反思"世界怎么了，人类该怎么办"的世界之问、时代之问。

中国特色社会主义进入新时代，人们对美好生活的向往由过去"求生存"向现在"求生态"转变。美丽中国是对人类文明发展生态转向的积极回应，站在中华民族永续发展的高度，提出打造宜居、宜业、宜游的优美环境的建设目标，承载了中华儿女对美好生态向往的新期待。

■一、美丽中国是构建人与自然生命共同体的新选择

中国共产党第十八次全国代表大会报告首次提出"推进绿色发展、循环发展、低碳发展"和"建设美丽中国"，并把"美丽"纳入社会主义现代化强国目标。建设美丽中国是全面建设社会主义现代化国家的重要目标之一，也是满足人民日益增长的优美生

---

① 习近平.高举中国特色社会主义伟大旗帜　为全面建设社会主义现代化国家而团结奋斗——在中国共产党第二十次全国代表大会上的报告 [M].北京：人民出版社，2022：60.

态环境需要的必然要求。建设美丽中国是中国共产党立足于中国式现代化建设所面临的矛盾与问题，在深化社会主义建设规律和人类社会发展规律认识基础上所作出的战略抉择。2021年10月12日习近平总书记在《生物多样性公约》第十五次缔约方大会领导人峰会的讲话指出，"人与自然应和谐共生，当人类友好保护自然时，自然的回报是慷慨的；当人类粗暴掠夺自然时，自然的惩罚也是无情的"，为美丽中国建设提供了行动指南和根本遵循。

马克思、恩格斯通过对近代主体形而上学的超越，创立了实践唯物主义哲学，提出了人类与自然生态共同体思想。人源于自然，依赖自然，在同自然的互动中生产、生活与发展。马克思认为，人与自然是一个有机整体，"现实的、有形体的、站在稳固的地球上呼吸着一切自然力的人……本来就是自然界"。[1]大自然是人类赖以生存发展的基本条件，离开一定的自然条件，人们就不可能进行生活和生产。人与自然是生命共同体，人类与自然万物存在着我利万物、万物利我、我损万物、万物损我的相互制约关系。[2]当人类友好保护自然时，自然的回报是慷慨的；当人类粗暴掠夺自然时，自然的惩罚也是无情的。正如恩格斯在《自然辩证法》一书中所讲："我们不要过分陶醉于我们人类对自然界的胜利。对于每一次这样的胜利，自然界都对我们进行报复。"[3]当前出现的生态、环境、人口、资源等全球问题，并不单纯是自然系统内部的平衡关系被严重破坏，实际上是人与自然关系严重失衡所致。面对资源约束趋紧、环境污染严重、生态系统退化的严峻形势，如果不抓紧扭转生态环境恶化趋势，必将付出极其沉重的代价。

党的二十大报告提出："从现在起，中国共产党的中心任务就是团结带领全国各族人民全面建成社会主义现代化强国、实现第二个百年奋斗目标，以中国式现代化全面推进中华民族伟大复兴。"[4]以中国式现代化方式实现中华民族伟大复兴的伟大目标，本质上要求实现人与自然和谐共生。坚持人与自然和谐共生必须站在中华民族永续发展的高度，推进生态文明建设和生态环境保护，建设人与自然和谐共生的现代化。建设美丽中国是人与自然生命共同体理念在现代化建设过程中的根本要求，有助于实现人们对优美环境的价值追求。

① 李红梅.中国特色社会主义生态文明建设理论与实践研究[M].北京：人民出版社，2017：137.
② 许勋恩，邹晓芝.构建人与自然和谐共生的新型现代化之多维审视[J].武汉理工大学学报（社会科学版），2022，35（6）：15-20，52.
③ 马克思恩格斯选集：第四卷[M].北京：人民出版社，1995：427.
④ 习近平.高举中国特色社会主义伟大旗帜　为全面建设社会主义现代化国家而团结奋斗——在中国共产党第二十次全国代表大会上的报告[M].北京：人民出版社，2022：21.

■二、美丽中国是化解人与自然矛盾的新办法

我国经济社会发展已经进入加快绿色化、低碳化高质量发展的新阶段。要实现21世纪中叶建成美丽中国的战略目标，必须找到化解工业化背景下人与自然矛盾的新办法。纵观人类现代化发展历程可以发现，工业文明的到来为社会创造了巨大的物质财富，极大地提高了物质资料的生产效率。正如马克思、恩格斯在《共产党宣言》中指出："资产阶级在它的不到一百年的阶级统治中所创造的生产力，比过去一切世代创造的全部生产力还要多，还要大。"[①]但我们也应该注意到，工业化在推动人类社会进步的同时也引发了人与自然之间的矛盾。工业化由于人的介入，人与自然在实践中逐渐分化，自然界已丧失它往日的地位，而成为人们的劳动对象，成为人们借以获得生产资料和生活资料的源泉。人们在工业化过程中过度追求物质利益，产生诸多负面影响。

（一）人居生活环境变差

我国在经济发展方面采取以能源投入为主的经济增长方式，资源利用率与世界发达国家相比存在较大的差距。工业化生产大量使用煤炭、石油，由此产生空气污染和工业废水污染，给人居环境带来了破坏。一方面，城市人居生活环境差。随着我国实行改革开放的政策和工业化建设，城乡二元体制壁垒被打破，大量的乡村人口开始涌入城市寻求工作，城市人满为患，生态失衡，他们的安全和健康常常被忽略。劳动时间过长、劳动强度过大、劳动和居住环境变差，造成农民工身体素质下降，疾病多发。另一方面，农村人居环境差。农村普遍存在随意丢弃废旧电池等产品的现象，其含有的重金属铅、汞对水体及土壤造成严重污染。农药污染、生活垃圾污染、畜禽养殖污染、乱排乱倒生活污水危害居民的身体健康。历史表明：工业化造成人居环境变差，危害人类的健康。19世纪中叶英国暴发的霍乱夺去了数万人的生命，而此次新冠疫情在医疗资源最发达的美国夺去了100多万人的生命。

（二）自然资源过度破坏

工业化是传统农业经济向现代工业经济转变的自然历史过程。在工业文明时代，科学技术的进步使得自然界不再具有以往的神秘和威力，传统工业化迅猛发展，在创造巨大物质财富的同时也加速了对自然资源的摄取，打破了地球生态系统原有的循环和平衡，造成人与自然关系的紧张。中国实行改革开放政策使很多地区通过快速工业化实现了经济的高速发展。但实践经验表明：高速发展所采用的"先发展后治理"方

① 马克思恩格斯选集：第一卷[M].北京：人民出版社，2012：405.

式，即对自然生态系统造成了破坏后通过人为修复或恢复的做法得不偿失。追求数量扩张型发展模式违背了社会发展规律，从而陷入了"假发展""虚发展"困境。片面追求经济数量上的增长模式而不顾发展质量的粗放型经济发展方式造成自然环境的严重破坏。经济高速发展过程中对自然资源的过度开发，打破了人与自然之间的代谢平衡。为了人的单向度发展对自然采取竭泽而渔、杀鸡取卵、暴殄天物式的无度僭越行为，危害子孙后代可持续发展之发展方式是走不通、走不远的。[①]

马克思、恩格斯自然资源思想蕴含工业化大生产自然资源危机的根源，并指出自然资源紧缺将危及人类的生存与发展。自然资源不是无穷无尽、取之不竭的，不能把自然资源当成可以任意索取和掠夺的财富。马克思、恩格斯以实践唯物主义为基础，指出资本主义大生产以牺牲生态环境为代价，无序、无度的资源开发忽视自然资源的有限性，造成资源浪费和环境破坏。工业化大生产为了牟取高额利润，造成臭氧层破坏和损耗、土地荒漠化、水资源危机、森林植被破坏、生物多样性锐减等环境问题。环境污染问题危害了人民的生命健康，先污染后治理的发展老路老百姓不会答应。工业文明付出了惨痛代价，建设美丽中国是满足人民群众由原来的盼温饱、求生存向盼环保、求生态转变的迫切需求，回应了人民群众对美好生活的新向往、新期待，是化解人与自然矛盾的新办法。

■三、美丽中国是实现生产方式转变的新思路

我国正处于并将长期处于社会主义初级阶段，人口多、底子薄，以重化工为主的产业结构、以煤为主的能源结构、以公路货运为主的运输结构没有根本改变。以经济建设为中心，解放生产力，发展生产力，通过发展经济来最终实现人民的共同富裕是社会主义的内在属性。生态环境质量从量变到质变的拐点尚未到来，建设青山常在、绿水长流、空气常新的美丽中国任重而道远，仍需持续努力。美丽中国是基于产业结构对我国经济发展质量的科学反思，是由经济发展方式引发的人们对人与自然紧张关系的重新审视。产业结构不合理和粗放型经济发展方式是阻碍美丽中国建设的主要因素。

（一）产业结构能源效益差

产业结构亦称国民经济的部门结构，是指各产业的构成及各产业之间的联系和比例关系。我国产业结构不甚合理，产业竞争力不强。农业基础较为薄弱，农业内部结

---

① 许勋恩，邹晓芟. 构建人与自然和谐共生的新型现代化之多维审视 [J]. 武汉理工大学学报（社会科学版），2022，35（6）：15-20，52.

构有待优化；第二产业特别是工业"大"而不强，技术瓶颈较明显；第三产业发展滞后，产业结构仍需要继续加以完善。

能源是社会活动的重要保障条件，是国民经济的物质基础。能源结构是指能源总生产量或总消费量中各类一次能源、二次能源的构成及其比例关系。能源结构直接影响国民经济各部门最终用能方式，并反映人民的生活水平。受传统社会生产力发展的影响，我国能源体系仍然是一个高碳、高煤的系统。煤炭、石油占我国能源消费总量的85.3%，我国59.2%的电力生产以燃煤火电为主，中国每年消耗煤炭40亿吨，每人平均消耗约3吨，这表明我国碳基能源比例过高，且其中大半为煤炭。按照我国GDP的年增长速度和目前能源消耗弹性系数增长速度测算，原煤、原油、电的消耗量以每5年增加一倍的速度增长。高比例含碳能源的使用意味着高碳排放。发展低碳和非碳能源，减少使用高碳能源是实现高质量能源结构的重要方向。

（二）经济发展方式能源消耗高

经济发展方式是实现经济发展的方法、手段和模式，其中不仅包含经济增长方式，而且包括结构、运行质量、经济效益、收入分配、环境保护、城市化程度、工业化水平以及现代化进程等诸多方面的内容。我国经济发展具有高能耗、高投入、高排放的特点，中国能源利用效率与发达国家存在着差距。

转变经济发展方式，不仅要突出经济领域中"数量"的变化，更要强调和追求经济运行中"质量"的提升和"结构"的优化。实现经济高质量发展要求把粗放型经济增长转变为集约型经济增长，把盲目地单纯追求GDP量的扩张转变到更加注重优化经济结构、提高经济效益和经济增长质量上来，把见物不见人的陈旧理念转变到以人为本，更加注重不断提高人民群众的物质文化生活水平，让广大人民群众分享改革发展成果，切实维护和实现最广大人民的根本利益的新发展理念上来。我国产出及消耗占世界主要资源的比重越来越高等数据反映了地球资源的消耗过大是我国传统经济增长方式的最主要弊端。

中国特色社会主义进入新时代，环境污染和生态破坏的严峻形势没有根本改变。转变经济发展方式，推进绿色低碳循环发展是美丽中国建设的必然要求。在经济发展方式转型过程中，一是要加速淘汰落后产能。持续淘汰钢铁、水泥、电解铝等行业落后产能，严控高污染、高耗能项目建设，促进我国工业绿色低碳转型。二是加快出台推进产业结构调整、能源结构调整、交通结构调整的重大政策。第二产业工业的比重高，第三产业增长缓慢，环境友好型的经济发展体系尚未形成，进一步影响着美丽中国建设。推动经济社会发展绿色化、低碳化是实现高质量发展的关键，也是美丽中国建设的重要方向。

■四、美丽中国是关乎民生政策的新取向

江山就是人民，人民就是江山，中国共产党过去闹革命是为了人民，现在搞社会主义现代化建设同样也是为了人民。习近平总书记在党的二十大报告提出，"站稳人民立场、把握人民愿望、尊重人民创造、集中人民智慧"①，彰显了人民至上的时代精神。唯物史观关于人民群众是社会历史创造者的原理，要求我们坚持马克思主义群众观点，贯彻党的群众路线，改善民生，把建设美丽中国的政策一以贯之，践行绿水青山就是金山银山理念，久久为功，建设美丽中国。

（一）美丽中国关注最普惠的民生福祉

民生是最大的政治。民生是指民众的基本生存和生活状态以及民众的基本发展机会、基本发展能力和基本权益保护的状况。生态环境是关系党的使命宗旨的重大政治问题，也是关系民生的重大社会问题。让人民群众在绿水青山中共享自然之美、生命之美、生活之美、社会之美是新时代美丽中国建设的重要价值诉求。人民是历史的创造者，全心全意为人民服务，心系群众，关爱群众，做到情为民所系、权为民所用、利为民所谋是中国共产党执政的价值取向。环境就是民生，青山就是美丽，蓝天就是幸福，这些关于生态环境与民生福祉之间关系的重要论述，成为新时代新质生产力发展的重要价值指向。建设美丽中国就是要推进城乡人居环境改善，践行以人民为中心的发展思想，着力解决老百姓身边的突出环境问题，让人民群众望得见山、看得见水、记得住乡愁，让人民群众在更美好的环境中安居乐业。

生态环境关乎人的生命健康，关乎人民群众的生活幸福。从民生福祉角度推进美丽中国建设，要科学统筹生态建设和民生改善作为开展党的群众路线教育实践活动的重要抓手，为人民创造良好的生态环境，让人民共享优质生态成果。人居环境是人们生活和工作的主要场所，其好坏直接反映人与自然关系和谐与否。美丽中国应该是一个拥有优美的自然环境的国家，城乡中的道路、建筑、公园、绿化带、河流等各种环境因素都应该得到优化和改善，以提高人们的生活品质。2035年美丽中国建设目标基本实现，到2050年建成美丽强国。②随着我国社会主要矛盾的转化，人民群众对优美生态环境有了更高的期盼和要求，希望有更清新空气、更清澈水质、更清洁环境。唯

① 习近平.高举中国特色社会主义伟大旗帜　为全面建设社会主义现代化国家而团结奋斗——在中国共产党第二十次全国代表大会上的报告[M].北京：人民出版社，2022：19.
② 中国共产党第十九届中央委员会第五次全体会议公报[DB].习近平系列重要讲话数据库（people.cn），2021-04-29.

有保持良好的生态环境，人们的生活品质才能不断提高。我们必须始终坚持生态惠民、生态利民、生态为民，把建设优美的生态环境作为一项基本公共服务，加快提高环境质量，提供更多优质生态产品，让人们在高质量发展中过上高品质生活。坚持马克思主义生态战略地位观，久久为功，持续增进生态环境这个最普惠的民生福祉，让人们在良好生态环境中过上更健康更幸福的生活。

（二）美丽中国是人与自然和谐共生政策新取向

习近平总书记在党的二十大报告中指出："中国式现代化是人与自然和谐共生的现代化。"① 人与自然的关系是人类社会的基本关系，也是中国式现代化所要重点解决的生态课题。现代化不等于西方化，更不等于资本主义化。建设美丽中国从生态视角回答了"实现什么样的现代化，怎样实现现代化"的时代之问。中国式现代化是人口规模巨大的现代化，就是说中国式现代化之出发点是"人"，美丽中国落脚点是要真正解决好14亿多人口的永续发展问题，是基于中国巨大的人口规模提出的人与自然可持续发展之策。

中国是一个拥有14亿多人口的大国，人口基数大，其现代化规模超过现有发达国家。14亿多人口求生存谋发展，衣食住行等物质生活资料的生产是头等大事。若资源短缺的中国掠夺资源和破坏自然环境，走西方发达国家实行殖民主义扩张之路将是人类的灾难。面对各类生态环境风险的严重挑战、面对依然严重的资源压力和能源压力、面对环境治理新课题和全球气候变暖新问题，坚持走生态优先、节约集约、绿色低碳发展是实现人与自然和谐共生现代化的具体举措。按照党的二十大精神，我们必须自觉树立生态环境风险意识和生态环境安全意识，提升生态系统多样性、稳定性、持续性；实施全面节约战略；按照"坚持山水林田湖草沙一体化保护和系统治理"理念，坚持全方位、全地域、全过程开展生态环境治理；推进能源革命，提升生态系统碳汇能力，加快节能降碳先进技术研发和推广应用，积极稳妥推进碳达峰、碳中和目标的实现。经济发展不能以牺牲人类以及子孙后代的福祉、健康与安全为代价。发展经济要兼顾环境、健康和安全。厚望如山，生态回响，万物盛美。建设美丽中国事关人民的福祉。建设生产发展、生活富裕、生态良好的美丽家园，是人类的共同梦想。新时代党和国家颁布了多项政策，增强了关于生态文明建设的舆论宣传。建设美丽中国是绿色崛起之道、民生幸福之要、大国担当之责，功在当代，利在千秋，关乎民生、关乎未来政策取向，是实现人与自然和谐共生现代化政策的新取向。

---

① 习近平．高举中国特色社会主义伟大旗帜 为全面建设社会主义现代化国家而团结奋斗——在中国共产党第二十次全国代表大会上的报告 [M]．北京：人民出版社，2022：27．

■五、美丽中国是公众生态文明教育的新内涵

恩格斯说:"一个民族想要站在科学的最高峰,就一刻也不能没有理论思维。"[①]理论是行动的先导,公众生态意识培养和生态文明教育需要理论的支持,才能知其然,更知其所以然。美丽中国蕴含丰富内涵,何谓美丽中国、为何要建设美丽中国、美丽中国建设何以可能、建设美丽中国意义何在、建设美丽中国何难之有、如何通过建设美丽中国实现人民对美好生活新向往,"六个何"回答美丽中国建设理论上的基本问题,为生态文明教育奠定了理论基础,提供了行动方向和行动指南。

(一)美丽中国为生态文明教育提供理论支撑

问题是时代的声音,理论是时代的呼唤。理论上的贫乏,势必导致思想上的困惑,造成行动上的偏差。目前相当多的人的思想观念仍然停留在传统工业文明时代,在对待人和自然的关系上,把自然作为人认识、利用、改造甚至征服的对象,结果就是人类以征服者的姿态自居,人类中心主义观念不断强化。这反映在实践中就是重经济轻环境、重速度轻效益、重局部轻整体、重当前轻长远、重利益轻民生。有些企业和地方政府不惜以牺牲生态、环境为代价,追求经济的高速增长,导致人与自然关系的不断冲突和紧张就是例证。若还不破除种种老套的思想观念和意识,代之以可持续发展的理念和思路并付诸行动,生态文明建设就很难迈出大的步伐,美丽中国建设只能是纸上谈兵。

生态文明作为一种新的文明形态,必须与人的教育紧密结合起来,实现人的观念和发展理念的转变。生态文明教育是关于人与人、人与社会、人与自然和谐共生的教育。美丽中国应该是一个注重生态教育的国家,为民众提供丰富的生态知识教育,让人们能够获得更广泛的生态理论和实践知识。美丽中国从学理上阐述生态文明建设的丰富内涵,从认识论、本体论、实践论阐述美丽中国的理论逻辑、历史逻辑、实践逻辑。2021年生态环境部等六部门发布《"美丽中国,我是行动者"提升公民生态文明意识行动计划(2021—2025年)》,将生态文明教育纳入国民教育体系,用美丽中国建设引导公众树立生态意识,践行生态理念,追求自然之美、社会之美、生命之美,这不仅有助于提高个人生态素养,也有助于培养"生态"国民。生态文明思想及生态智慧是人类的宝贵财富,通过生态文明教育,让美丽中国理念内化于心,外化于行,把美丽中国建设转化为全体人民的自觉行动,争做美丽中国的宣传者、倡导者、推动者和践行者。

---

① 马克思恩格斯选集:第三卷 [M]. 北京:人民出版社,1995:467.

（二）美丽中国为践行生态文明理念提供了行动指南

党的二十大报告对新时代新征程生态文明建设作出重大决策部署。习近平在2023年全国生态环境保护大会上强调，今后5年是美丽中国建设的重要时期，并对全面推进美丽中国建设作出重大战略安排。习近平在首个全国生态日作出批示强调，要加快推进人与自然和谐共生的现代化，全面推进美丽中国建设。2023年11月7日，中央全面深化改革委员会第三次会议审议通过《关于全面推进美丽中国建设的意见》，吹响了全面推进美丽中国建设的新号角。美丽中国是贯彻新发展理念，实现"真发展"与"好发展"的有机统一。在新发展理念指导下，创新成为发展的第一动力，协调成为内生特点，绿色成为普遍形态，开放成为必由之路，共享成为根本目的。[①]推进美丽中国建设，实现中华民族永续发展，就必须坚持走绿色、低碳、循环、可持续的发展道路。

习近平强调："生态环境问题归结到底是发展方式和生活方式的问题。"[②]美丽中国吹响了推动形成绿色发展方式和生活方式的号角。绿色发展是坚持人与自然和谐共生原理、落实绿水青山就是金山银山辩证理念的必然要求。恩格斯在《英国工人阶级状况》中，对英国城市环境和市民生活环境做出过详细描述：到处都是工厂林立、黑烟滚滚，城中的河流失去了原本的清澈，大气污染和水源污染导致疾病肆虐，市民生活环境恶劣，生命健康受到极大威胁。[③]恩格斯指出了问题的根源在于资本主义粗放的发展方式。美丽中国建设要破解粗放型生产方式问题，摒弃损害甚至破坏生态环境的经济增长模式，加快形成节约资源和保护环境的产业结构、空间格局，不断转变社会方式，实现生产方式、生活方式、治理方式的生态化、绿色化、现代化。绿色生产生活方式是尊重自然、顺应自然、保护自然的题中应有之义，是践行"美丽中国"发展理念的必然要求。[④]美丽中国建设有利于促进生态文明教育，在全社会积极倡导、牢固树立生态文明理念，增强全民节约意识、环保意识、生态意识，注重生态道德和行为习惯养成；促进知行合一，开展全民绿色行动，崇尚简约适度、绿色低碳的生活方式，旗帜鲜明依法有效地反对奢侈浪费，抵制、减少、杜绝不合理消费，让文明健康的生活风尚在全社会得到弘扬和尊崇；实施垃圾分类、减量和资源化利用，促进生活方式绿色革命，倒逼生产方式绿色转型。美丽中国为践行生态文明理念教育提供了行动指南，

---

① 杜爱国.中国经济高质量发展的制度逻辑与前景展望[J].学习与实践，2018（07）：5-13.

② 习近平谈治国理政：第三卷[M].北京：外文出版社，2020：361.

③ 靳淞琳.恩格斯《自然辩证法》自然观及其对美丽中国建设的启示[D].昆明：云南财经大学，2022：40.

④ 许勋恩，邹晓芝.构建人与自然和谐共生的新型现代化之多维审视[J].武汉理工大学学报（社会科学版），2022，35（6）：15-20，52.

把美丽中国建设转化为全体人民的思想共识、行动自觉，落实到全面建设社会主义现代化国家各领域和全过程。

■六、美丽中国是建设美丽世界的新贡献

交往是人类实践活动的重要组成部分，对社会生活有着重要的影响。普遍交往是世界历史的基本特征。我们所生活的世界既有交流、合作与互鉴，也有矛盾、冲突和对抗。习近平指出："面对生态环境的挑战，人类是一荣俱荣、一损俱损的命运共同体，没有哪个国家能独善其身。"[①]人类命运共同体着眼于人类社会，是超越民族国家来看待整个人类。

（一）美丽中国是全球生态环境建设的重要组成部分

习近平强调，"要站在世界历史高度审视当今世界发展趋势和面临的重大问题"。[②]推进全球生态环境治理需系统性思考，整体推进。世界是相互联系的一个有机整体，各国生态系统并不独立于世界自然系统之外而孤立存在，人类共处一个地球，要有地球村的意识。世界是由不同民族、不同国家构成的，人类命运共同体就是基于整个人类来看待世界。万物并育而不相害，道并行而不相悖。任何国家在处理国与国之间关系的时候，不是只简单考虑本国的利益，而是考虑到彼此双方的利益，弘扬和平、发展、公平、正义、民主、自由的全人类共同价值，相互尊重、相互合作，用一种命运与共、荣辱与共的方式来处理国与国之间的关系。

事物之间的联系是事物本身固有的属性，不以人的意志为转移。美丽中国建设是全球生态环境建设的重要组成部分。我国的生态系统并不独立于世界自然系统之外而孤立存在，相反，它是世界生态系统的重要构成，美丽中国建设同样是世界范围内生态环境建设的重要组成部分。生态问题的解决需要全球所有国家的共同努力，与世界各国的交流合作是美丽中国建设中不可缺失的重要环节。绿水青山就是金山银山的生态观，保护环境就是发展生产力的发展观，生态是最大的民生福祉观，为全球生态治理提供了中国方案、贡献了中国智慧。

（二）美丽中国是美丽世界建设的题中之义

面对世界百年未有之大变局，世界进入新的动荡变革期，迫切需要回答好"世界怎么了""人类向何处去"的世界之问。大自然是我们生存的环境，是人类共有的家园。

---

① 习近平谈治国理政：第三卷 [M]. 北京：外文出版社，2020：374–375.

② 十九大以来重要文献选编：上 [M]. 北京：中央文献出版社，2019：431–432.

没有大自然庇佑，人类终将走向末路；破坏自然就是毁灭人类自己的未来。大自然是人类生存的依托，是人类永远的家园。良好的生态环境与全体人类命运息息相关。建设美丽清洁世界是全球人民的共同责任，是全世界各族人民的共同心声，也是各国共同奋斗的蓝图与目标。当今世界，各国交往频繁，联系密切，发展可谓一荣俱荣，一损俱损。保护全球生态环境，任何国家都无法独善其身，只有同心协力，共筑清洁美丽的世界才可能实现。

辩证唯物主义告诉我们，事物是普遍联系和发展的。解决人类生存问题，要有全球视野，以世界眼光关注人类前途命运，回答好当今世界面临的重大问题。可持续发展已成为全球共识，践行"双碳"的承诺和政策是中国对美丽世界做出的最大贡献。在新的历史发展阶段，我国作为世界第二大经济体，人与自然和谐共生的美丽中国正在成为现实，为共建清洁美丽的世界、推动世界可持续发展做出了重要贡献。

第二节　本质之维：美丽中国内涵

党的二十大报告指出："尊重自然、顺应自然、保护自然，是全面建设社会主义现代化国家的内在要求。必须牢固树立和践行绿水青山就是金山银山的理念，站在人与自然和谐共生的高度谋划发展。"[①] 基于我国基本国情、结合国内外严峻的生态形势提出"美丽中国"概念，体现了党和国家领导人对我国社会矛盾转变敏锐观察后的科学把握和对生态文明建设规律认识的深化。美丽中国是建设中国特色社会主义现代化强国和实现伟大中国梦的必然选择。美丽中国的基本内涵是坚持人与自然是生命共同体的理念，营造绿水青山的生态环境，打造舒适宜居的生活环境，让人民群众共享自然之美、生活之美、社会之美和生命之美。

■一、美丽成为中国式现代化目标

基于新时代中国特色社会主义实践所面临的生态制约，为了维系中华民族的永续发展，党的十八大报告对推进中国特色社会主义事业作做了"五位一体"的总体布局，强调必须树立尊重自然、顺应自然和保护自然的生态文明理念，首次提出了美丽中国建设的目标。从此，"美丽中国"一词开始出现在人们的视野当中。

---

① 习近平.高举中国特色社会主义伟大旗帜　为全面建设社会主义现代化国家而团结奋斗——在中国共产党第二十次全国代表大会上的报告[M].北京：人民出版社，2022：49–50.

美丽中国的概念在 2012 年党的十八大报告中首次提出，后来在 2017 年党的十九大报告表述社会主义现代化建设目标时在"富强民主文明和谐"之后添加了"美丽"一词，形成了"富强民主文明和谐美丽"五位一体的概念，"美丽"成为中国式现代化目标。党的十九大报告中还做出了详细的规划，提出了建设"美丽中国"的实现方案，规划中提出到 2035 年，实现生态环境质量的根本好转，基本实现建设"美丽中国"的目标；到 2050 年，我们要全面实现生态环境领域国家治理体系和治理能力现代化，实现建成"美丽中国"的目标。

我国已进入新发展阶段，坚持系统思维，发展过程中不再强调高速度单一发展，而是追求高质量的全面发展。社会主义现代化强国的内涵将经济建设、政治建设、文化建设、生态建设、社会建设统筹兼顾，整体推进，进一步拓展到"美丽"上，体现了党对社会主义建设规律认识的不断深化。党的十八大以来中国共产党正是通过科学地回答"为什么要提出美丽中国建设"、"建设什么样的美丽中国"和"怎样建设美丽中国"这三个核心问题，展现了美丽中国建设目标的历史逻辑、理论逻辑和实践逻辑。美丽中国建设以"人与自然和谐共生"观念作为科学的世界观和方法论，通过文化路径、经济路径、制度路径、政治路径和生态路径，把实现美丽中国建设目标与实现中国式现代化和党的第二个百年奋斗目标有机统一起来。美丽中国实现全体人民共同富裕，物质文明、政治文明、精神文明、社会文明和生态文明"五个文明"协调和人与自然、人与人和谐共生为主要内容的现代化目标，打破了西方现代化发展迷思，超越西方国家"人类中心主义"发展范式，创造了人类文明的新形态和新道路。

■二、美丽中国的基本内涵

美丽中国符合我国社会主义建设发展的客观需要，其内涵丰富，意蕴深远。

从广义上讲，美丽中国内涵是对当前社会中的物质文明、精神文明、政治文明和社会建设等方面进行整合，使其内在要求生态化，在建设全过程中把生态文明建设目标融入经济、政治、文化、社会建设，使之得到多角度全方位的立体化发展，这种全方位的发展直接体现了美丽中国的内涵价值取向。美丽中国具有绿色发展之美、生态政治之美、生态文化之美、生态民生之美、生态环境之美五个方面的重要内涵。

从狭义上讲，美丽中国内涵更侧重于构建和谐美好的生态环境，将绿色环保的健康生态理念贯穿到我们的生产方式和生活方式上，通过经济、政治、文化、社会建设展现生态建设的发展成果。美丽中国的解读应更注重狭义方面，从人、自然、社会三者关系理解其核心内涵。山更清、水更秀、地更绿、空气更清新是广大人民群众对美丽中国最朴素的理解，是世间万物虽各行其道，但又共存共荣的最直观体现。

人、自然、社会是哲学研究的基本对象，是建构世界的最基本元素。人们认识世界，改造世界，妥善处理人、自然、社会三者之间关系是基本前提。新时代推进美丽中国建设实践深入发展必须从深刻把握美丽中国丰富内涵开始。

（一）生态环境自然之美

美是自然的生态价值展现，是自然最基本的意义。优美的自然生态是美丽中国外在的表现形态。发现和重视自然之美是构建人与自然和谐关系的基本要求。"美丽中国"的提出，首先强调的就是人与自然之间的关系。人与自然在生命主体上是共通的，人类只有在尊重自然、顺应自然、保护自然的前提下才能实现与自然的和解。生态环境自然之美是评价美丽中国建设成效的基本标尺之一。

大自然是人类永恒的家园，为我们的生存与发展提供必要条件。美好的生态环境是人类永恒的追求。没有和谐美好的生态环境，人类便不可能拥有美好适宜的生存环境。生态环境是指影响人类生存与发展的水资源、土地资源、生物资源以及气候资源数量与质量的总称，是关系到社会和经济持续发展的复合生态系统。自然生态环境是人类社会生存和发展永恒的、必要的条件，是人们生活和生产的自然基础。自然生态平衡对社会生活起着重要作用。自然美属于人与自然的契合，是自然物感发心情和契合心情而引发的美感。自然美分成两大类别：一类是未经人类加工改造的自然之美，称自然景观，如彩虹、瀑布、沙漠等；另一类是经过人类加工改造的自然之美，称人文景观，如长城、颐和园等。生态环境自然之美既有天然的自然美，也有发挥人的主观能动性使客体主体化的人工之美，如天蓝水碧、河水潺潺、树木葱茏、鸟语花香。马克思指出，"第一个需要确认的事实就是这些个人的肉体组织以及由此产生的个人对其他自然的关系"。[①] 随着社会生产力的发展，人居环境的自然之美是实现人们美好生活的内在要求。我国美丽的山川河流蕴藏着丰富、多样的自然风光，但由于受人类活动的影响，许多优美风光被破坏。生态美作为美丽中国的重要内容，全力打造"推窗见绿、出门见景、人在绿中、城在园中"的优美环境是美丽中国建设的题中之义。持续推进国土绿化，让天更蓝、山更绿、水更清、生态环境日益美好，保护天然形成的美的自然，修复人化自然，实现人工自然与天然自然的璧合，蓝天白云、绿水青山是优美生态环境的标配。

（二）共同富裕生活之美

治国之道，富民为始，实现共同富裕是人类经济社会发展的共同愿景，是马克思

---

①　马克思恩格斯文集：第一卷 [M].北京：人民出版社，2009：519.

主义追求的崇高社会理想。马克思有关共同富裕的论述最早出现在其写于 1857—1858 年的《经济学手稿》中，他满怀理想地提出，在新的社会制度中，"社会生产力发展如此迅速……生产将以所有人的富裕为目的"。① 实现国家富强、人民富裕是近代以来中华民族强烈的愿望。中国共产党自成立之日起，就将消除贫困、改善民生、实现全体人民共同富裕作为党奋斗的价值目标。我国是社会主义国家，共同富裕是中国共产党对全国人民的庄严承诺和矢志不渝的价值追求。共同富裕作为中国式现代化的重要特征，充分彰显了中国式现代化道路的责任担当。实现共同富裕的生活之美是马克思主义的一个基本目标，也是美丽中国的基本内涵之一。

习近平新时代中国特色社会主义思想蕴含美丽中国建设的重要内容，为共同富裕的生活之美提供了根本遵循。党的十九大报告指出："中国特色社会主义进入新时代，我国社会主要矛盾已经转化为人民日益增长的美好生活需要和不平衡不充分的发展之间的矛盾。"② 建设美丽中国是中国人民的美好梦想，是实现人民美好生活的重要组成部分。共同富裕的生活之美理应是美丽中国建设的重要目标。共同富裕生活之美体现在公平正义的社会制度环境，全体人民通过辛勤劳动和相互帮助最终达到物质充裕、产品优质、生态良好、精神文化丰富的普遍富裕。围绕人民美好生活需要，解放生产力，发展生产力，发展和完善公共文化服务体系，不断满足人民群众多样化、多层次、多方面的精神文化需求，构建高质量、共同富裕的美好生活世界。

（三）可持续发展社会之美

社会可持续发展是人与自然和谐共生的美丽中国的重要特征。社会可持续发展是指社会发展模式既满足当代人的需求，又不损害后代人满足其需求的发展，是有助于形成美丽中国长远发展的经济增长模式的科学决策。可持续发展社会之美是美丽中国建设的题中之义。资源的可持续利用和生态系统可持续性利用是人类社会可持续发展的首要条件。可持续发展要求人们根据可持续性的条件调整自己的生产和生活方式，尊重自然资源的有限性，发现并复原自然的生态价值。可持续发展社会之美具有以下两个特征：

一是具有绿色生产的特征。可持续发展社会之美表现为具有环境友好型、高效低碳、创新均衡特色。绿色生产是一种先进的生产方式，是人与自然和谐共生的生产。绿色生产权衡自然资源的有限性，推动能源消费革命、能源供给革命、能源技术革命，是一种可持续发展的生产能力。绿色生产以新发展理念为指导，坚持创新驱动，努力

---

① 马克思恩格斯全集：第三十一卷 [M]. 北京：人民出版社，1998：104.
② 欧阳辉 . 走进卡尔·马克思 [M]. 北京：人民出版社，2018：273.

实现持续的节能降碳目标，大力发展绿色高新产业，增加绿色产品供应，培育绿色发展新动能，推进形成人与自然和谐发展的现代化建设新格局。

二是具有绿色消费的特征。可持续发展社会之美表现为绿色消费。随着人们消费需求结构不断升级，有必要引导人们消费行为符合环境友好、可持续的要求，加快形成经济与社会、环境相协调的发展新格局。绿色消费是从满足生态需要出发，以有益健康和保护生态环境为基本内涵，符合人的健康和环境保护标准的各种生活方式。绿色消费把人和自然摆在平衡协调的地位，以人与自然"和睦相处"为伦理基础，注重生态平衡、环境保护、资源不断与有序供给，以期实现可持续消费，达到可持续发展。可持续社会发展在生态可能的范围内确定自己的消耗标准，处理好发展经济和保护环境的关系。绿色消费反对攀比和炫耀，反对危害环境，反对过度消费，消费者对绿色产品的需求、购买和消费活动立足于尊重自然资源有限性和人与自然共生性。随着环境意识日益深入人心，人们生活质量的提高，养成绿色消费理念，建构绿色生活区域，购买绿色食品、绿色服装、绿色建材、绿色家电等绿色产品成为人们享受可持续发展社会之美的新常态。

（四）人与自然和谐之美

恩格斯关于人与自然关系思想是马克思主义生态观的重要组成部分。《自然辩证法》体现了人与自然辩证统一、相互依存的关系。人与自然实际上是一个整体，大自然是人们实践和发展的物质基础。人在自然中孕育产生，自然界为人类社会经济发展提供必要的物质资料。人类需要借助自然界的各种资源进行实践活动，自然与人之间存在着一种"供需"关系。人与自然关系中既不能唯自然论，也不能有人类中心主义的思想，应该追求两者之间的和谐共生以谋求人类的长远发展。

美丽中国建设为实现人与自然之间关系和解创造了良好的社会制度环境。习近平强调："我们要像保护自己的眼睛一样保护生态环境，像对待生命一样对待生态环境。"[1] 人类来源于自然，依赖自然界得以生存。随着劳动工具的改进、生产方式的转变，人类对于自然界的开发越来越广泛，人类利用自然资源改造自己的实践方式和居住环境，使得自身的生产实践活动变得更加便捷舒适。但在提高生活质量对"自然力征服"的同时过度破坏必然招致自然界反噬，"自然的异化"导致人与自然之间的关系呈现出一种不和谐的状态。水土流失、温室效应、大气污染等环境问题警示我们不能单方面无休止地向自然索取，因为最终受损害的还是人类自身的利益。人通过劳动在自然界展示自己的本质力量，在符合自然规律的基础之上对自然加以改造，体现了自然

---

① 习近平谈治国理政：第三卷 [M].北京：外文出版社，2020：374.

向人生成的一面；人将自然规律融入自身意识，将自然变成"人的无机的身体"，体现了人向自然生成和复归的一面。人类主观能动性的发挥必须建立在充分尊重自然界规律的基础上，这是实现人与自然和谐共生的有效途径，也是实现美丽中国建设目标的内在要求。人与自然和谐之美乃美丽中国建设的美中之美。

■三、美国中国的特征

（一）高颜值环境

颜值是一个网络词，"颜"在汉语中意为面容、容貌，"值"则意指数值。颜值表示人物颜容英俊或靓丽的数值，用来评价人物容貌，男性和女性皆可用该词形容。美丽中国作为一种环境立国战略，作为一种国家形象或国家印象，重视生态文明自然之美，高颜值环境是其首要的显性特征。美丽中国作为一项高站位谋划，把人民群众对美好生态环境的向往作为工作目标，促进人居环境不断改善。越来越多的绿色公共开放空间，真正做到还绿于民，还景于民，兜起百姓满满的幸福生活，筑起一种"诗与远方"的美。

高颜值环境体现在推窗见绿，开门见景，人与动物其乐融融。用心去感受大自然的静谧与神奇，用心体验神州大地的美丽：冰清玉洁的雪山，雄奇秀丽的山川，一望无际的草原，诗情画意的湖泊，波澜壮阔的大海，层次分明的梯田，机灵可爱的金丝猴，憨态可掬的大熊猫，威风凛凛的东北虎，亭亭玉立的丹顶鹤，珍贵稀有的扬子鳄，美丽的河流、湖泊、大公园（群）等；良好的人工环境的建设：杰出的建筑物，清晰的城市平面，宽广的林荫大道（系统），美丽的广场（群）、街道的艺术、喷泉群，富有魅力令人叹为观止的人工景观；丰富的文化传统及设施：雄伟的博物馆，负有盛名的学府，重要的可见的历史遗迹，众多的图书馆、剧院，美好的音乐厅，琳琅满目的商店橱窗，大的游乐场等。新时代新征程上，要保持加强生态文明建设的战略定力，打好污染防治攻坚战这一场大仗、硬仗、苦仗，重塑中国生态"高颜值"，让美丽中国呈现山清、水秀、河畅、岸绿、景怡的自然风光。

（二）高标准生态

标准是对重复性事物和概念所做的统一规定，是衡量人或事物的依据或准则。国家生态环境标准包括国家生态环境质量标准、国家生态环境风险管控标准、国家污染物排放标准、国家生态环境监测标准、国家生态环境基础标准和国家生态环境管理技术规范。为保护生态环境，保障公众健康，增进民生福祉，促进经济社会可持续发展，限制环境中有害物质和人为因素，我国先后制定大气环境质量标准、水环境质量标准、海洋环境质量标准、声环境质量标准、核与辐射安全基本标准，让老百姓实实在在感受到生态环境标准给生活带来的安全保障。

生态红线作为国家生态环境保护政策是生态环境保护的安全底线，是保障高标准生态的法律制度。生态红线是美丽中国的生命线，是保障国家生态安全的底线，也是生态文明建设的重要内容。习近平强调，人的命脉在田，田的命脉在水，水的命脉在山，山的命脉在土，土的命脉在林和草。[①]高标准生态坚持系统观念，统筹山水林田湖草沙一体化保护和系统治理，寓环境保护、资源节约、生态保育于一体，充分体现了"创新、协调、绿色、开放、共享"的新发展理念，为经济社会可持续发展提供了制度保障。生态红线彰显了人类开发资源和利用环境容量的规范性约束。高标准生态以划定生态功能红线、环境质量红线、自然资源红线为准绳，以推进生产方式的生态化为基础，全面推进人类生活方式的生态化，打造生态产业集群，推动整个社会走上生产发展、生活富裕、生态良好的文明发展道路。高标准生态倡导绿色发展和绿色生活方式，摆脱传统能源束缚，把生态优势转化为经济发展优势，把生态效益转化为经济效益，实现人与自然共生共处。

（三）高质量发展

中国特色社会主义进入了新时代，我国经济发展也进入了新时代。高质量是时代精神、实践理性和价值取向的直接反映。高质量发展是聚焦新时代社会主要矛盾转变和发展形势变化，基于经济高速增长难以持续，经济体内部积累的矛盾逐渐凸显，传统的粗放型增长路径和增长模式难以持续而提出的一种新的发展理念。高质量发展是以智慧经济为主导、高附加值为核心、质量主导数量的可持续性发展的增长方式。经济活动是实现人民物质文化生活共同富裕的基础，绿色低碳发展是美丽中国建设的价值追求。高质量发展内在要求树立正确的政绩观和发展观，我们决不能把生态环境保护和经济发展割裂开来，更不能对立起来，不能简单以 GDP 论英雄，不能被短期经济指标的波动所左右。

高质量发展既是保持经济持续健康发展的必然要求，更是遵循经济发展规律的内在体现。高质量发展本质上要求走绿色发展之路。经济想要得以持续发展，前提是必须高效利用自然资源。高质量发展内置"五大发展理念"的核心要义，是践行新质生产力发展的必然结果。创新性、再生性、生态性、高效益是经济高质量发展的本质特征。我国尚在工业化、城镇化进程之中，产业结构和能源结构没有根本改变，实现碳达峰、

---

① 习近平谈治国理政：第三卷 [M]. 北京：外文出版社，2020：363.

碳中和任务艰巨，资源环境对发展的压力越来越大。[①]生态生产力是高质量发展内生动力。贫穷不是社会主义，污染也不是社会主义。高品质生态环境是支撑高质量发展的基础。环境资源是人类劳动创造价值的重要因素，也是发展经济的内在要素。生态生产力是一种新形态的生产力，与高质量发展具有价值理念的一致性。高质量发展的价值意蕴在于政治、经济、文化、社会、生态一体化共同推进，而不是牺牲社会或者环境来实现经济增长的"坏发展"，这是美丽中国建设的内在规定和本质要求。培育绿色低碳发展新动能，深化绿色金融改革创新，引导企业绿色技术创新，加强绿色低碳重大科技攻关和推广应用，依靠科学技术为美丽中国建设保驾护航。

（四）高品质生活

我国进入中国特色社会主义现代化建设新阶段，社会发展已从工业逻辑回归人本逻辑、从生产导向转向生活导向。高质量发展首先要创造高品质生活。高尔基说，"生活是一部关于人的英雄史诗，它描述的是世人寻求人生奥秘而不可得、有心通晓一切而无能为力、渴望成为强者而又无力克服自身弱点的历程"。品质生活表示人们日常生活的品位和质量，包括经济生活品质、文化生活品质、政治生活品质、社会生活品质、环境生活品质"五大品质"。高品质生活来自先进的生活观念、丰富的生活内涵、健康的生活方式、优越的生活环境和健全的生活保障，促使人们用更积极的心态去看待世界和人生。高品质生活是一种追求品位、舒适的体现，同时也是一种博雅的情怀，更是一种静水深流的境界。

高品质生活成为人民对美好生活的新期待。高品质生活内涵丰富，既要实现物质生活的共同富裕，还要在精神、环境、生活地位中克服种种困难去升华自己，实现精神生活的共同富裕。高品质生活涵盖了经济、政治、文化、社会、生态等各个领域，表现在人民期盼更好的教育、更稳定的工作、更满意的收入、更可靠的社会保障、更高水平的医疗卫生服务、更舒适的居住条件、更优美的环境、更丰富的精神文化生活等。幼有所育、学有所教、劳有所得、病有所医、老有所养、住有所居、弱有所扶是高品质生活的内在要求，让人民群众的获得感、幸福感、安全感更加充实、更有保障、更可持续。高品质生活是美丽中国建设的题中应有之义。新时代新征程上，满足人民的生态新需求，政府要始终坚持生态惠民、生态利民、生态为民，着力解决人民群众感受最直接、要求最迫切的突出环境问题，建设健康、宜居、宜业的美丽家园。[②]

① 生态环境部．奋力谱写新时代生态文明建设新华章 [J]. 中国生态文明，2022（3）：6-10.
② 徐延彬．习近平生态文明思想是美丽中国建设的根本遵循 [J]. 红旗文稿，2022（20）：41-44.

（五）高效能治理

治理效能是国家治理体系和治理能力现代化的目标体现，是治理能力和治理效果的有机体，是美丽中国建设的基础支撑和有力保障。国家治理体系和治理能力的现代化就是使国家治理体系制度化、科学化、规范化、程序化，从而把中国特色社会主义制度优势转化为治理国家的效能。贯彻治理新理念，引领美丽中国建设体现了社会治理高效能。良好的生态环境更好地满足人民美好生活需要，是现代社会建设的价值与归宿。联合国人居组织发表的《伊斯坦布尔宣言》指出："我们的城市必须成为人类能够过上有尊严、健康、安全、幸福和充满希望的美好生活的地方。"社会治理只能加强、不能削弱，创新治理理念、治理模式和治理手段，将制度优势转化为治理效能的关键是要充分发挥政策优势和执行优势，推进国家治理体系和治理能力现代化。在实际工作中，我们要积极探索治理创新，通过多种形式延伸管理链条，提高服务水平，让千家万户切身感受到党和政府的温暖。坚持人民至上，让群众生活和办事更方便一些，让群众表达诉求的渠道更畅通一些，让群众感觉更平安、更幸福一些，我们就一定能以高效能创造高品质生活。

习近平总书记强调"高质量发展、高效能治理"的命题，既体现了党中央应对危机的巨大政治勇气和责任担当，也展现了党中央高瞻远瞩的政治谋略和战略部署。美丽中国高效治理坚持问题导向，重视顶层制度设计，主动把高效能治理内置于解决社会问题、服务社会发展的全过程。科学规划，系统分析，注重协同性，存在什么问题就直面什么问题，什么问题突出就集中精力解决什么问题，是美丽中国高效治理的显著特点。建设美丽中国，加快推进智慧治理，探索"大数据＋网格化＋铁脚板"治理模式，让治理力量落到每个街道、每个小区、每个楼栋、每个家庭、每个人身上，努力让民生服务有温度、民生福祉有质感，使人民群众有更多的获得感。

第三节　理论之维：美丽中国建设理论渊源

一个民族要站在时代的最高峰，一刻也离不开理论思维。建设美丽中国离不开理论指导。美丽中国思想并不是凭空产生和随意捏造的，有其自己形成的理论渊源。它扎根于马克思列宁主义科学真理，蕴藏于五千多年的中华文化历史底蕴之中，是马克思主义生态思想、中华优秀传统文化生态智慧与中国生态实际相结合的产物，也是马克思主义生态思想中国化时代化的结晶。

■ 一、马克思主义经典作家生态思想论述

马克思主义经典著作蕴含着丰富的生态思想，其核心是人与自然和解及人类与自身的和解，是人与自然之间的整体生态平衡和环境正义。人的本质是一切社会关系的总和，人是社会存在发展的产物。任何一个人都不能超越他所生活的社会历史条件。就马克思主义经典作家生态思想本身而言，它并不是无源之水、无本之木，而是站在巨人的肩膀之上，在批判继承、吸收前人生态智慧的基础上创造性转化、创新性发展的结果。经典著作生态思想为中国绿色发展思想奠定了坚实的理论基础。美丽中国建设实践以马克思主义自然观作为思想根基和行动指南。

（一）马克思和恩格斯的生态思想

马克思主义的诞生是人类思想史上的伟大革命。马克思主义是人们认识世界、改造世界的强大思想武器。通读马克思、恩格斯经典著作发现，马克思恩斯格并没有专门论述"生态思想"这一概念，但在他们著作中到处充斥着生态思想的火花，大量论及有关"人 – 自然 – 社会"三者相互制约、相互依存的关系。马克思、恩格斯对生态环境的思考嵌入社会关系与社会制度之中，敏锐地洞觉到资本主义生产方式对生态环境造成了严重的破坏，并分析了隐藏在社会繁荣发展背后人与自然的关系问题。在《资本论》《1844 年经济学哲学手稿》《自然辩证法》等一系列经典著作中，马克思、恩格斯大量地阐述了关于人与自然、社会的关系，并分析了三者的内在联系，形成了唯物主义自然观，这为美丽中国建设提供了思想基础。[①]

1. 人与自然的应然关系：和谐共生

如何看待人与自然的关系问题，是关乎人类生存和发展的根本问题。马克思、恩格斯认为，人是自然的存在物，人类和其意识皆源于自然，并作为自然的有机组成部分。[②]人与自然是辩证统一的，自然具有先在性，是人类生存和发展的基础。人类的生存和发展离不开自然界。自然是生命之母，没有自然界，就没有人类社会。自然界为人类生存提供基本的生产物质。自然界是客观存在的，它的发展有其自身的规律，这就意味着人类从自然界中获取物质资料后进行的实践活动不能随心所欲，要达到合目的和合规律的统一。人类的实践活动要充分尊重自然界的客观规律，按规律办事，不能以破坏自然环境和浪费自然资源为代价，否则将会受到大自然的惩罚。

人与自然是生命共同体，坚持人与自然和谐共生。马克思认为，人在从依赖自然

---

① 王铮铮. 美丽中国建设研究 [D]. 沈阳：沈阳工业大学，2022：11.

② 马克思恩格斯文集：第一卷 [M]. 北京：人民出版社，2009：209.

到为了满足生存和生活的需要能动地改造自然的过程中把外在自然转变为人化自然。人与自然是你中有我、我中有你的发展统一体。主体的人和客体的自然，在人的自然化和自然的人化中实现了统一。马克思、恩格斯通过对"现实的个人"是人与自然关系的出发点，自然史与人类史的辩证统一来阐述和谐共生的意义，强调人与自然交往应遵循自然客观规律、遵循自然发展变化规律，而并不否认对自然的改造和利用。在自然界的实践活动中应该尊重自然规律，否则会造成自然的异化、人自身的异化及人与自然关系的异化。只有正确认识人与自然的关系，二者才能彼此成就，彰显价值。

2. 资本主义人与自然的实然关系：相互分离

马克思、恩格斯从辩证唯物主义的立场出发，敏锐地察觉到资本主义生产方式对生态环境造成了严重的破坏，资本主义制度割裂了人与自然关系，对其进行了揭露和批判。在马克思、恩格斯看来，资本主义是一种以生产资料私有制为基础的社会制度，生产社会化与生产资料私人占有之间的矛盾无法解决社会化大生产中人与自然之间的矛盾，导致资本主义社会不可能是一个生态可持续的社会。马克思在《资本论》中不止一次提及自然资源的重要性和有限性，而人与自然的物质变换是马克思生态经济思想的核心问题。在人与自然关系的理念上，必须在牢固树立尊重自然规律的基础上，合理利用和开发自然。人只有通过生产实践，通过与自然的互动，通过能动性地改造自然界，才能实现人的本质、彰显人的价值。但在资本主导、利益至上的资本主义社会，两者走向相互分离。马克思深刻揭示了资本主义制度下人与自然非正常的关系。资本主义推崇人类中心主义，"资本主义生产方式以人对自然的支配为前提"。[①]

在资本主义现代化模式中，自然成为人的附属物，人是自然的主宰者，支配自然、控制自然成为生产方式、思维方式和实践方式，这必然导致人与自然的尖锐矛盾。以资本逻辑为主导的资本主义生产方式造成了人与自然关系的异化，人成为资本牟利的手段和工具，自然界成为人们征服的对象。资本主义社会人和人的关系实际上就是物的关系，这种物的关系引起了人对自然的无止境的征服掠夺，扭曲了人与自然的关系，从而导致人与自然的分离。[②]西班牙的种植场主在古巴种植咖啡树为了能获取最高利润，焚烧山坡上的森林以得到木灰用作肥料，在大雨的冲刷下，这种焚烧行为将原本肥沃的土壤变成了裸露的岩石。"到目前为止的一切生产方式，都仅仅以取得劳动的最近的、最直接的效益为目的。"[③]一切事物在以追逐利润为唯一目的的资本面前都显得苍白无力，这也是资本主义现代化模式导致人与自然关系破裂的根源所在。追逐剩余价值

① 马克思恩格斯文集：第五卷 [M]. 北京：人民出版社，2009：587.

② 刘志刚. 马克思的生态思想以《1844 年经济学哲学手稿》为起点 [J]. 产业与科技论坛，2022，21（21）：74-76.

③ 恩格斯. 自然辩证法 [M]. 北京：人民出版社，2018：318.

和利润最大化的资本本性必然带来对自然的剥夺和破坏，并造成严重的生态危机。资本主义生产无限扩大的趋势，必然伴随着对自然资源和环境的疯狂掠夺，最终造成人与自然相互分离。

3.共产主义：人与自然和解的唯一路径

马克思、恩格斯从批判资产阶级经济学入手创立"两个和解"思想，并明确指出破解人与自然和人与人之间的矛盾与冲突，建立生产资料公有制的社会形态是唯一出路。马克思在《经济学哲学手稿》和恩格斯在《国民经济学批判大纲》中指出，资本主义的私有制造成人的本质"下沉"和实践"沦丧"，不消灭私有制，不建立起由自由人联合起来的共同体，人与自然和人与人之间的冲突就无法解决。共产主义是马克思、恩格斯基于对资本主义生产方式和社会制度的深刻批判，基于对人类社会历史发展规律的深刻把握，对未来社会进行了一般原则性的展望和合理化建构的社会制度。

马克思和恩格斯在《共产党宣言》中说："资产阶级在它的不到一百年的阶级统治中所创造的生产力，比过去一切世代创造的全部生产力还要多，还要大。"[①] 但辩证地看，在资本主义制度下，资本因其逐利的特殊本性，使得生态危机频繁爆发。马克思在论述资本主义异化劳动与私有财产的关系时认为，资本主义社会中异化劳动和私有财产是不可分割的，建立共产主义社会是实现人与自然和谐的根本途径。马克思指出："人们第一次成为自然界的自觉和真正的主人。"[②] 这里的主人站在人对自然的认识维度，通过对自然的认识和改造，掌握了自然及人与自然相处的规律，能合乎规律、合乎理性熟练利用自然和处理人与自然的关系。在某种程度上说，人成为掌握自然规律的自由的主人。在共产主义社会，自然界运行和发展的规律被人类全面地认识和把握，异己力量对人类生产、生活及命运的控制将被消除，使人类得到了解放，人成为自然的真正的主人。在共产主义社会中，人的本质得到了归位，人与自然的关系真正实现了辩证统一。因此，建立共产主义社会是实现人与自然和解的唯一路径。

（二）列宁生态思想

列宁作为无产阶级革命家、思想家，是第一位领导无产阶级建立社会主义国家并领导社会主义建设的伟大领袖。在帝国主义战争与无产阶级革命成为当时时代主题的背景下，列宁把主要精力放在领导苏维埃社会主义经济建设、政权建设、党的建设研究，更多关注世界风云变幻、国家革命、政权建设、经济建设、党的建设的问题。列宁时代国家生态环境问题不是当时社会存在的主要矛盾，列宁有关生态问题的论述分布零散，却蕴含着丰富的生态思想。

---

① 马克思恩格斯选集：第一卷 [M]. 北京：人民出版社，2012：405.

② 马克思恩格斯选集：第三卷 [M]. 北京：人民出版社，2012：815.

作为马克思主义自然观和方法论指导下诞生的科学理论，列宁生态思想渗透了马克思自然观中的唯物的、辩证的和历史的生态思想。列宁生态思想是对马克思恩格斯生态思想的继承与进一步发展，是马克思恩格斯生态思想与俄国传统生态观相结合、与俄国生态环境实际相结合，探索出的一条符合俄国国情的社会主义生态建设之路。列宁生态思想是世界主要资本主义国家发展到帝国主义阶段条件下的时代产物，挖掘列宁生态思想，寻求列宁生态思想的当代价值，可以为美丽中国建设提供理论根基。

列宁生态思想主要包括以下几个方面的内容：

1. 自然生产力彰显人与自然的辩证统一

生产力是人类利用自然、改造自然的能力，是生产方式的一个方面。人们用来生产物质资料的那些自然对象与自然力的关系，表明生产过程中人与自然的关系。马克思从人与自然关系提出自然生产力这一概念。自然生产力是指不需要人类进行加工的原本就存在的生产力。[①] 大自然是人的生产活动对象。自然生产力主要包括生物本身的生长或转化力，生物生长环境条件方面的光、热、气、水等因素的量及相互之间的转化力，土地肥力或土地中适宜于作物生长的各因素的量及相互之间的转化力三种要素，并表现为两个层次即自然界的自然力和自然界的生产力。自然生产力是人类赖以生存的前提条件，是人类发展的根本保证。

列宁生态思想以唯物主义自然观为基本内容，把人与自然的关系作为生态研究的重要对象。物质是标志客观实在的哲学范畴，具有客观实在性。自然界的物质是客观存在的，并不是从人的感觉过渡到自然，所以必须坚持自然客观存在性的观点。以大自然作为人类的对象，要真正认识到大自然的客观存在性。列宁认为，人的劳动是无法替代自然力的，人只能在认识到自然力的作用以后利用这种作用，并借助机器和工具以减少利用中的困难和获得更高的效率、更大的效益。自然资源对社会生产力发展施加了各自的影响，是发展社会生产力的基础。自然生产力作为一种自然力，其形成是自发的，其作用的发挥是盲目的。列宁通过唯物主义改造黑格尔的辩证法思想，论证了人在处理与自然的关系中，并不是像其他自然物那样是被动的，而是具有主观能动性的。列宁指出："当我们不知道自然规律的时候，自然规律是在我们的认识之外独立存在着并起着作用，使我们成为'盲目的必然性'的奴隶。一经我们认识了这种不依赖于我们的意志和我们的意识而起着作用的规律，我们就成为自然界的主人。"[②] 在思考人与自然关系时，人是大自然的一部分。列宁指出，"人自己也只是他的表象所反映的自然界的一小部分"[③]。列宁认识到人对自然的重要性，继承和发展了马克思以人为研究

①　马克思恩格斯文集：第九卷 [M]. 北京：人民出版社，2009：112.

②　列宁全集：第十八卷 [M]. 北京：人民出版社，2017：195.

③　列宁全集：第十八卷 [M]. 北京：人民出版社，2017：118.

主体的新唯物主义自然观。保护自然环境和资源这些自然生产力就是保护和发展社会生产力，自然生产力是发展社会生产力的前提。

2. 珍惜自然，合理利用自然资源

自然资源在人类社会生存和发展中起着重要作用。十月革命前，俄国是一个自然资源利用率落后的农业国，生产力水平极其低下，自然资源无法得到善用，人与自然矛盾非常尖锐。基于俄国工业发展乏力，生产发展主要依靠自然资源，合理开发和利用自然资源就成为俄国发展经济的关键一招。列宁领导无产阶级取得十月革命的胜利之后，俄国又面临着国内战争及国外势力武装干涉的双重打击，新生的政权饱受磨难——国内经济长期停滞不前，粮食严重供应不足，民不聊生。[①] 列宁在《苏维埃政权的当前任务》中指出，俄国在社会生产力的发展上与西方先进的资本主义国家差距明显，在自然资源的利用上远远落后于其他国家。社会主义建设巩固政权、解决人民的温饱问题时苏俄在煤炭、锡矿、木材的开采方式的不精细和不规范，导致大量自然资源被掏空，造成俄国生态环境的异化趋向。[②] 俄国的自然环境中，虽然资本主义发展落后，并没有太多地破坏俄国的自然生态系统，但还是造成俄国大量的自然资源浪费。列宁意识到这一问题后起草并签署了一系列自然保护的法律，提出要加强环境立法，保护自然资源，实行按计划分配自然资源等新举措。列宁在新经济政策执行过程中十分重视合理利用资源，十分重视对本国生态环境的保护与整治。列宁先后参加起草《土地法令》《关于社会主义土地规划和向社会主义农业过渡措施的条例》，签署《关于狩猎期限和猎枪所有权的法令》《关于住宅卫生保护的法令》《关于自然遗迹、花园和公园保护的法令》《关于地下资源及其开采的条例》等，这些政策法规充分体现了列宁重视自然生产力。列宁要求在社会主义建设过程中，处理好社会生产力发展与自然资源保护的相互关系，重视对自然环境的修复和维护，提倡"勤俭节约"，体现了列宁合理分配资源、开发资源、利用资源的科学态度。

3. 重视科学技术在改善环境中的重要作用

科学技术是第一生产力。列宁积极肯定科学技术在改善环境中的作用。科学是人类所积累的关于自然、社会、思维的知识体系。马克思认为科学是"伟大的历史杠杆"，是"最明显的字面意义而言的革命力量"。[③] 技术是人类改造自然、进行生产的方法与手段。科学解决理论问题，技术解决实践问题。科学技术是一个复合概念，科学技术作为一种先进生产力的重要标志，是推动社会文明进步的重要力量。

列宁在领导俄国无产阶级革命和创建世界上第一个社会主义国家的理论和实践的

① 刘庆云. 列宁生态思想及其当代价值研究 [D]. 兰州：兰州理工大学，2019：13.

② 邓亚中. 列宁生态思想研究 [D]. 武汉：华中师范大学，2015：41.

③ 马克思恩格斯全集：第二十五卷 [M]. 北京：人民出版社，2001：592.

斗争中，高度重视科学技术的历史和社会作用，重视先进科技、科学管理和科学家在建立和巩固无产阶级政权过程中所具有的战略作用。列宁曾指出，"要建设共产主义，就必须掌握技术，掌握科学，并为了更广大的群众而运用它们"。^①在列宁的著作中，他多次引用当时最新自然科学研究成果来分析和解释自然规律。自然科学为列宁构建生态思想，提供了丰富的现实材料和理论上的新视野。列宁曾在《一个伟大的技术胜利》一文中指出，"所有工厂和铁路的'电气化'，一定能使劳动的卫生条件更好，使千百万工人免受烟雾、灰尘和泥垢之苦，使肮脏的、令人厌恶的工作间尽快变成清洁明亮的、适合人们工作的实验室"^②。列宁高度重视科学技术在改善环境中的作用，实行电气化计划促进了苏联的环保运动迅速开展。列宁强调，恢复苏维埃共和国的工农业生产要依靠创新和发展科学技术，就"必须使文化和技术教育进一步上升到更高的阶段"。^③科学技术发展为苏俄社会主义生态建设提供了智力支持，科技在改善生态环境中发挥了重要作用。

4. 资本主义生态危机的批判

生态危机主要由于人类的活动导致局部地区甚至整个生态系统结构和功能的严重破坏，从而威胁人类的生存和发展。资本主义制度是人类历史上一种新的剥削制度。列宁深切关注人类现实的生态问题，尤其关注生态危机同资本主义发展进程的关系，指出生态危机根源于资本主义对自然资源的私人占有。列宁指出，资本主义的生产方式与自然环境保护之间存在着严重的矛盾。人与自然之间的矛盾，在资本主义生产方式下愈演愈烈。资本主义本质决定破坏自然环境、获取自然资料是资产阶级必然行为。资本主义的生产方式导致资本主义危机对人类社会发展的不良影响，使危机威胁着大自然的生态环境，也破坏了人在大自然的实践活动。

马克思指出："资本来到世间，从头到脚，每个毛孔都滴着血和肮脏的东西。"^④列宁认为资本主义是盲目追求经济效益的社会制度。资本主义为谋求对于物质资料的占有，对自然进行疯狂掠夺，最终会破坏地球的生态系统，导致人在对大自然的活动中失去了人的自我。在资本主义社会，人对于大自然的实践过分强调索取，"资本主义破坏了土地经营和土地肥力之间的平衡"。列宁在其帝国主义理论中，揭示了资本主义生产方式的本质特征，深刻批判垄断资本主义为追求利润最大化对殖民地物质资源和原料的疯狂性掠夺和占有。^⑤列宁很早就对俄国的自然环境的影响做出研究，他在著作中

---

① 列宁全集：第三十八卷 [M]. 北京：人民出版社，2017：290.
② 列宁全集：第二十三卷 [M]. 北京：人民出版社，2017：94.
③ 列宁全集：第三十八卷 [M]. 北京：人民出版社，2017：183.
④ 马克思恩格斯文集：第九卷 [M]. 北京：人民出版社，2009：871.
⑤ 童成帅. 列宁生态思想的三维探赜 [J]. 世界社会主义研究，2022，7（7）：92-99，108.

指出俄国的农业发展缓慢，根源于土地资本家对于土地资源利用上的不合理，而广大的农民群众没有获得应有的经济利益，最终导致俄国农村经济的瓦解和自然环境的破坏。自然资源本是全人类生存所共同依赖的物质资料，人与自然本应共生共存、和谐相处，但是在资本主义私有制条件下，人会为了利益不择手段。

■二、中华优秀传统文化的生态智慧

以史为鉴，从人类丰富的文化资源中去寻求拯救现代生态危机的思想智慧，无疑是一条捷径。五千多年的中华文明史蕴含着丰富的生态智慧和价值导向，诸子百家提出天人合一的自然观、中和位育的方法论、民胞物与的价值观，赋予今日美丽中国建设以智慧和启迪。美丽中国建设源于中华优秀传统文化与中国生态实践相结合的思想，为生态文明视域下生态环境治理研究提供了重要启示。

（一）天人合一、和谐共生的自然观

自然观是指人们对自然界的总的看法，是世界观的组成部分。中国几千年的封建社会，人的生存以自然的生长性为基础，形成了敬畏和善待自然的态度。我国传统农耕文明构造了中华传统文化源远流长的坚实根基。传统文化自然观从天人合一角度，崇尚自然，追求人、自然、社会三者和谐统一。

天人合一中的"天"作为自然界，并不是万物静态的总和，也不是自然界此起彼伏的散乱活动，而是有质的规定性和方向。其规定性是孕育万物、生生不息。自然演化的方向是趋于完善、和谐和美丽。庄子说"天地有大美而不言，四时有明法而不议，万物有成理而不说"，道出的是自然之美。天人合一中的"人"不是"蔽于天而不知人"的消极被动的人，而是自强不息、厚德载物积极主动的人。厚德载物表达了一种天人观，即人与自然要和谐。《中庸》指出："唯天下之至诚，为能尽其性；能尽其性，则能尽人之性；能尽人之性，则能尽物之性；能尽物之性，则可以赞天地之化育；可以赞天地之化育，则可以与天地参矣。"人只有让天地万物实现自己的本性，然后让他人实现自己的本性，最后才能实现自己的本性。

我国古代经典古籍《周易》中就有针对"天人合一"的详细论述，认为天、地、人三者是完整的统一体。《周易·序卦》中说"有天地，然后万物生焉"，认为世间万物都源于天地。"天以阳生万物、以阴成万物"印证了阴阳和谐、万事万物皆源自天地的观点。

孙子在《论语·学而篇》中讲"礼之用，和为贵"，其"和"即可以理解为"天人之和"，是对天人和谐的诉求。孟子则提出"尽其心者，知其性也；知其性，则知天矣"；

人性本善，且人之善性乃"天之所与"，并为人所固有，因此天人合一。"道生一，一生二，二生三，三生万物"是道家代表人物老子所信奉的圭臬。自然是生命之母，人在自然面前必须遵从自然的规律。佛教思想中的"天人合一"则是因"缘"而起，世间万物都在不断地变化，彼此相互映射，互为条件，和聚而成，恰恰体现出"和谐共生"的理念。①

古代"天人合一、和谐共生"的生态自然观实际就是天人合一生态思维模式，对人与自然之间的关系做了质朴而凝练的阐述。天人合一思想追求的是生存秩序的和谐，要求人们在处理人与自然、社会关系时能达到秩序和谐。"究天人之际"是中国古代思想家们对天人之间、主客之间关系的反思，警告人类活动要同自然环境和谐相处。这为当下美丽中国建设提供了坚实可靠的生态智慧和理论基础。

（二）敬畏生命、仁爱万物的生态伦理观

生态伦理是人类处理自身及其周围的动物、环境和大自然等生态环境关系的一系列道德规范。我国古代思想家一直崇尚"生生之德"，推崇护生、爱物的生命意识和生态伦理，倡导对自然界生命一视同仁的普适价值和伦理关怀。"敬畏生命、仁爱万物"是中国传统文化中的生态伦理观的集中体现，开启了追寻人与自然和谐相处的大道正途。

《周子全书》"生，仁也"体现了我国传统文化的生态伦理价值取向："生"是自然规律，"仁"则是对待万物生命的正确方法论。《孟子·尽心上》中"亲亲而仁民，仁民而爱物"，强调用仁爱之心包容万物、对待万物。孟子主张要将"仁"推及自然界的一切事物之中，肯定所有生命存在的意义，不要剥夺它们生存的权利。孔子提倡"不时不食"，即要求人类善待自然，从而反对竭泽而渔的无限制索取行为。现实中我们更应该时刻秉持"断一树，杀一兽，不以其时，非孝也"取物有节的生态道德态度，热爱自然万物，尽量维持人与自然和谐的生态环境。② 老子在《道德经》中说："生而不有，为而不恃，长而不宰"，更强调"衣养万物而不为主"，渗透出敬畏生命、关爱万物的深切人文沉思。忘我方得自由，万物之始皆为平等。《庄子·秋水》中"物无贵贱"，《庄子·天下》中"泛爱万物，天地一体"，体现出道家先贤对生命的敬畏和关切。这些生态思想反映了中国古人爱护生命、维护自然生态，对自然取之以时、取之有度的思想，深谙既要尊重自然规律，取之有道，又要坚持可持续发展，用之有度的实践道理，为今天我们解决生态难题，推进美丽中国建设提供了思想引领。

---

① 牟方志.传统文化的生态智慧[J].人民论坛，2019（8）：136-137.

② 刘棋.儒道释家生态整体观研究[D].哈尔滨：哈尔滨工业大学，2017：14-18.

（三）崇尚节俭、永续利用的生态消费观

消费是人类最基本的社会实践活动。消费不仅是一种经济行为，也是一种文化行为。人们的消费行为与生产力发展、社会发展程度、个人修养紧密相关。生态消费是一种对资源的消费与保护、开发利用与和谐再生的科学消费观。崇尚节俭、永续利用的生态消费观是中华民族的传统美德，强调"俭，德之共也；侈，恶之大也"，"历览前贤国与家，成由勤俭破由奢"。① 这是一种将节俭归于善、将奢侈归于恶的消费理念。

自古以来，勤俭不仅是关系个人生活习惯和道德品行的小事，更是关乎社会风气和家国兴衰的大事。老子在《道德经》中所说"三宝"之一，便是"俭"。古语云"俭者，国之宝也"，"节俭之行，君子攸先"。

先秦两汉思想家已经清楚地论说了自然资源的有限性和维持资源再生能力的重要性。孟子、荀子乃至将其上升到"王道之始""圣王之训"的政治哲学高度予以论述，核心思想是"控制物欲""适度消费"，对山川林泽"谨其时禁""以时禁发"，采捕生产躲开生物孕育生长的关键季节，对幼小树木、鸟巢卵蛋、母兽幼兽予以爱惜，使生物正常生长繁衍，反对竭泽而渔，围山而猎，赶尽杀绝。上述行为反映了人们朴素的"可持续发展"观念。孔子认为，"树木以时伐焉，禽兽以时杀焉"，② 蕴含着唯物辩证法中度的思想，其意为树木要适度砍伐，动物要适度捕杀。老子消费思想强调无为消费的自然法则和心理约束，对人的消费行为提出知足准则。"罪莫大于可欲，祸莫大于不知足"。获取有限的生活必需品，以维持人自身生存，清心寡欲，俭朴自持。禅宗主张"惜物惜福"，节俭在佛教谓之惜福，强调对自己的生活不要奢靡，物质生产消费应与资源再生和环境承载能力维持平稳。

■三、中国共产党人的生态思想

中国共产党百余年奋斗史是一部为人民谋幸福的历史，一部践行党的初心使命的历史，一部情为民所用、利为民所谋的历史。以毛泽东为首的中国共产党人高度重视生态文明建设，把马克思列宁主义生态思想、中华优秀传统文化生态智慧与社会主义生态建设实践相结合，不断探索人与自然文明建设新道路。

（一）毛泽东关于人与自然的生态思想

毛泽东在领导新民主主义革命和社会主义建设过程中针对当时我国面临的生态实

---

① 张甜.论生态消费观[J].重庆理工大学学报（社会科学版），2013，27（11）：53-56.
② 杨天明.礼记译注[M].上海：上海古籍出版社，2004：210.

情，出于对国内建设和人民生活的考量，不断探索人与自然的关系，提出在充分认识自然的基础上，发挥人的主观能动性，让大自然为人类服务的主张。

以毛泽东为代表的党的第一代中央领导集体，在新中国成立初期为巩固新生的社会主义政权，改善民生，对生态环境也有考量，发出"绿化祖国"、要使祖国"到处都很美丽"、征服自然、向自然宣战的号召。毛泽东指出："自然界有抵抗力，这是一条科学。你不承认，它就会把你整死。"[①]新中国成立初期自然灾害给人们的生产和生活带来了严重影响。1949年长江、淮河等流域的河流决口；1950年全国范围内春荒；1954年江淮流域发生水灾；1955年华北地区春旱；1956年发生20世纪50年代以来前所未有的水灾，河北、河南、黑龙江、吉林等地发生特大洪水；1957年松花江发生大洪水；1958年黄河发生洪灾。针对中国多流域发生严重的洪涝灾害，毛泽东同志向全党、全国各族人民提出要发挥人的主观能动性、征服自然的号召。在大兴调查研究基础上，系统分析不同流域的实际情况，开启了治理海河、荆江分洪、官厅水库和治理黄河四大水利工程建设。兴建水利，治理洪灾，从根本上解决了洪涝灾害这一历史性顽疾。"水治我，我治水，我若不治水，水就要治我，我必须治水"，从毛泽东有关人与水之间关系的论述可以看出人与自然是互为一体、不可分割的。

植树造林，美化生态。树有防风固沙、保持水土、净化空气等作用。毛泽东在《兴国调查》中指出，当地水旱灾频发的原因是过度采伐树木形成了"走沙山"，专门提出保护树木要有切实可行的措施。早在新民主主义革命时期，就"颁布了一系列关于保护植被、植树造林的法律法规，如《闽西苏区山林法令》（1930年）"[②]。毛泽东高度重视生态环境的修复和治理工作，号召全国开展植树造林活动。中华苏维埃共和国《人民委员会对于植树运动的决议案》提出，"实行普遍的植树运动，这既有利于土地建设，又可增加群众之利益"，要求每人种10棵树，绿化荒山荒岭。1941年出台的《陕甘宁边区森林保护条例》《陕甘宁边区植树造林条例》《陕甘宁边区砍伐树木暂行规则》为保护当地脆弱的生态环境提供了法律规范。"十年树木，百年树人"，毛泽东提出要利用十年八年的时间来种树，使陕北的山得到绿化。既要绿化北方荒山荒地，也要优化南方环境的生态主张。"要发动群众，依靠群众，穷山可以变成富山，恶水可以变成好水。"[③]

回溯社会主义革命和建设时期的生态实践，毛泽东站在不同的角度，实事求是地分析了中国生态建设面临的问题，提出了治理水患、发展农业，植树造林、绿化荒山，实现"美化全中国"的宏伟目标。

---

①　毛泽东文集：第七卷 [M]. 北京：人民出版社，1999：448.

②　刘志阳，庄欣荷. 中国共产党百年绿色治理的探索进程与逻辑演进 [J]. 经济社会体制比较，2022（1）：36-44.

③　顾龙生. 毛泽东经济年谱 [M]. 北京：中共中央党校出版社，1993：310.

（二）邓小平关于人与自然的生态思想

邓小平作为改革开放总设计师，立足社会主义初级阶段基本国情，在深化社会主义基本矛盾的认识基础上，推动国家战略重心向经济建设转移，提出既要抓经济建设，也要抓环境保护。邓小平在继承马克思、恩格斯、列宁、毛泽东思想基础上，结合中国社会发展的现实情况，创造性地形成关于生态价值、目标和实现方式的科学化认识与理论化成果。邓小平在生态农业、生态保护、人口发展、生态消费、生态法治以及生态全球化方面都有自己独特的建树，对当前美丽中国建设具有深刻的时代价值。

重视林业建设，推动植树造林活动。以邓小平同志为核心的党的第二代中央领导集体，在改革开放和社会主义现代化建设过程中认识到"环境污染是大问题"，在实践中逐步形成一系列环境保护思想。邓小平在领导中国人民进行改革开放的同时，带领中国人民开展了一场规模浩大的植树造林运动。1978年11月，启动"绿色长城"的"三北"防护林体系建设工程。1979年，通过了《中华人民共和国森林法（试行）》，设立3月12日为中国植树节。1980年12月在邓小平的倡导下，第五届全国人民代表大会第四次会议作出了《关于开展全民义务植树运动的决议》。[①] 邓小平同志在分析1981年夏天长江、黄河发生特大洪灾与木材的过量采伐关系后，深刻认识到环境保护的重要性，提出建立环境法律制度。为加快国土绿化进程，邓小平写下了"绿化祖国，造福万代"的题词，并高瞻远瞩地指出："植树造林，绿化祖国，是建设社会主义、造福子孙后代的伟大事业，要坚持二十年，坚持一百年，坚持一千年，要一代一代永远干下去。"

新中国成立之初，为"赶英超美"单纯盲目追求生产力的发展，却忽视了对生态环境应有的重视和保护，违背自然规律。我国是一个农业大国，有人多地少的基本国情，邓小平十分重视农业的可持续发展问题，要求农业的发展一定要遵循自然规律，因地制宜地发展农业。1978年，邓小平在听取开荒问题的报告上指出，"搞大面积开荒得不偿失，很危险……开荒要非常慎重"[②]，体现了农业发展不能破坏生态环境的思想。

邓小平主张人口、资源环境与经济建设协调统一。邓小平提出对人口、资源环境、经济发展之间的思想理念与探索实践，经济发展中强调综合开发利用自然资源，合理利用资源，充分彰显他探索人与自然之间构建和谐关系、寻求可持续发展道路的勇气与决心。

① 黄承梁. 中国共产党领导新中国70年生态文明建设历程 [J]. 党的文献，2019（5）：49–56.
② 中共中央文献研究室. 邓小平年谱1975—1997（上）[M]. 北京：中央文献出版社，2004：375.

（三）江泽民关于人与自然的生态思想

作为党的第三代中央领导集体的核心，江泽民同志在领导中国特色社会主义事业建设过程中高度重视生态环境问题，结合社会主义建设实际，把生态环境建设作为执政理念融入政治、经济、文化建设之中，提出了实施可持续发展战略、树立节约资源与保护环境的意识，在马克思主义发展史上第一次提出发展生态生产力的理论。

退耕还林，绿化美化祖国。20世纪末，由于长期毁林开垦，长江、黄河上中游地区水土流失加剧，1998年发生了继1931年和1954年之后，20世纪又一次全流域特大洪水。以江泽民同志为核心的党中央着眼加强生态建设，维护生态安全，提出"退耕还林、封山绿化"战略，向全党全国发出了"再造秀美山川"的号召。江泽民同志指出："我们要大力开展植树造林，通过植树造林解决两大心腹之患。"

可持续性发展战略。人类的经济和社会的发展不能超越资源和环境的承载能力是生态可持续性发展的本质要求。实施可持续发展战略是破解我国生态发展困境的必然选择。江泽民指出："在现代化建设中，必须把实现可持续发展作为一个重大战略，要把控制人口、节约资源、保护环境放到重要位置，使人口增长与社会生产力的发展相适应，使经济建设与资源、环境相协调，实现良性循环。"①基于我国生态环境问题已经严重影响人民生活水平提高的现实情况，江泽民创新性地提出"破坏资源环境就是破坏生产力，保护资源环境就是保护生产力，改善资源环境就是发展生产力"的著名论断，把保护环境上升到了与发展生产力同等重要的高度。第四次全国保护大会中江泽民提出："环境保护很重要，是关系我国长远发展的全局性战略问题。"②江泽民正是基于人与自然关系不断恶化的社会状态，从哲学和伦理学的层面反思了人与自然的关系，提出要使人与自然和谐发展，不能违背自然规律，一味追求经济的高效益，忽略自然对人类的反作用，要树立节约资源与保护环境意识以促进人和自然的协调与和谐。

（四）胡锦涛科学发展观有关人与自然的生态思想

大自然是人类赖以生存的家园，与人类的生活息息相关。胡锦涛立足新世纪新阶段，总结中国发展实践，借鉴国外发展经验，针对新形势下实现什么样的发展、怎样发展等重大问题，结合我国生态承载力差和自然资源匮乏的基本国情，创造性地提出科学发展观，为新世纪新阶段我国现代化建设的发展道路、发展模式指明了方向。

① 中共中央文献研究室.江泽民论有中国特色社会主义（专题摘编）[M].北京：中央文献出版社，2002：279.

② 江泽民文选：第一卷[M].北京：人民出版社，2006：532.

科学发展观是坚持以人为本，全面、协调、可持续的发展观。人与自然和谐要权衡自然可承受的限度，统筹处理好经济建设、人口增长与资源利用、生态环境保护的关系。胡锦涛指出："自然界是包括人类在内的一切生物的摇篮，是人类赖以生存和发展的基本条件。保护自然就是保护人类，建设自然就是造福人类。要加倍爱护和保护自然，尊重自然规律。"[①]科学发展不再单纯地追求GDP的增长，追求物质资料的满足，不再是"单向度"的经济发展，牺牲社会或者环境来实现经济增长的"坏发展"。科学发展的价值意蕴在于政治、经济、文化、社会、生态一体化"真发展"。促进人与自然的和谐，要充分考虑自然的承载能力和承受能力，坚决禁止过度性放牧、掠夺性采矿、毁灭性砍伐等掠夺自然、破坏自然的做法。实现经济发展和人口、资源、环境相协调，建设资源节约型、环境友好型社会。科学发展观强调人与自然和谐发展思想，对今天美丽中国建设具有重要的理论与实践指导意义。

（五）习近平生态文明思想

习近平总书记在党的二十大报告中强调："大自然是人类赖以生存发展的基本条件。尊重自然、顺应自然、保护自然，是全面建设社会主义现代化国家的内在要求。必须牢固树立和践行绿水青山就是金山银山的理念，站在人与自然和谐共生的高度谋划发展。"[②]习近平生态文明思想是迄今为止中国共产党人关于人与自然关系最为系统、最为全面、最为深邃、最为开放的理论体系和话语体系，以全新的视野、全新的理论创造性地回答了"为什么建设生态文明、建设什么样的生态文明、怎样建设生态文明"的时代之问、人民之问，赋予了生态文明建设理论新的时代内涵，深化了对美丽中国建设规律的科学认识。

党的十八大以来，以习近平同志为核心的党中央继续坚持高度的历史自觉和生态自觉，积极回应新时代人民的生态关切。新时代站在可持续性发展战略高度谋划生态文明建设，通过生态保护和修复的方式来实现人与自然和谐关系，为推进中国式现代化发展道路提供新范式。

我国人口规模巨大的现代化独特国情凸显了中国式现代化的艰巨性。建设14亿多人口的现代化，基于环境容量有限、生态系统脆弱的基本国情，要整体迈入现代化社会，高消耗、高污染的模式是行不通的，资源环境的压力不可承受。现代化归根到底是人的现代化，是人与自然矛盾和解的现代化。西方现代化充满对大自然的蔑

① 中共中央文献研究室.十六大以来重要文献选编（上）[M].北京：中央文献出版社，2005：853.

② 习近平.高举中国特色社会主义伟大旗帜　为全面建设社会主义现代化国家而团结奋斗——在中国共产党第二十次全国代表大会上的报告[M].北京：人民出版社，2022：49-50.

视，其控制、征服、掠夺自然导致人与自然关系的敌视、异化、疏离，这也是人们对西方现代化质疑、反思和批判最多的地方。[①] 习近平提出"人与自然和谐共生""绿水青山就是金山银山""保护生态环境就是保护生产力"等科学论断，深刻揭示了人与自然、社会之间辩证统一关系。在社会生态文明建设过程中坚持人与自然和谐共生的自然观，绿水青山就是金山银山的发展观，良好生态环境是最普惠的民生福祉的民生观，山、水、林、田、湖、草、沙是生命共同体的系统观，用最严格制度最严密法治保护环境的法治观，用系统思维走"生态优先、绿色发展"之路，攻坚克难解决老百姓关心的生态环境问题，发展生态生产力，不断增强人民群众的获得感、幸福感、安全感。

中国共产党始终是环境保护和生态文明建设事业的领导力量。中国共产党人对人与自然关系的思想成果是不同历史时期，领导中国人民摆脱贫穷、发展经济、建设现代化的历史进程中对如何处理好经济发展与生态环境保护的系统思考与反思的结果。贯彻新发展理念，坚持绿色发展，建设美丽中国，生动诠释了党的价值追求、人民情怀、奋斗目标。

随着改革开放的全面深入推进，我国工业化进程快速发展，实现了弯道超车。但与此同时，我国生态环境污染与破坏问题也开始显著地浮出水面，并愈演愈烈。促进经济社会与生态环境的协调发展，经济效益与生态效益同步增长，增进人民的生态福祉也提上了日程。《新时代的中国绿色发展》白皮书阐释了新时代中国绿色发展的核心理念，站在人与自然和谐共生的高度谋划发展，积极回应人民群众所想、所盼、所急，为高校开展大学生绿色教育提供了根本遵循，对于提升大学生绿色素质具有重要的理论与实践指导意义。

第四节 关系之维：美丽中国建设离不开绿色教育

"落霞与孤鹜齐飞，秋水共长天一色"，这是王勃眼中的美景。"稻花香里说丰年，听取蛙声一片"，这是辛弃疾眼中的美景。"接天莲叶无穷碧，映日荷花别样红"，这是杨万里眼中的美景。回归现实生活我们有雾霾笼罩、资源困境等问题，这样的发展是破坏环境的"假发展"，是民众生活深受其害的"坏发展"。

我国是世界上人口规模最大的发展中国家。随着经济社会不断发展，我国已成为

---

① 解保军.习近平"生态保护、自然修复"的理念和实践 [J].广西社会科学，2023（4）：88-96.

世界上最大的能源消费国，石油、天然气、煤炭等大量能源需要进口。大气污染、水体污染、土壤污染严重制约人民群众的生活质量和幸福感。要破解这一短板问题，实现我国经济社会可持续发展，必须践行绿色低碳的生产生活方式。研究表明，人的行为与其素养密切相关，素养水平不同决定着人的行为差异。绿色教育培养绿色国民，美丽中国的实现需要绿色教育先行。先有绿色国民，方能推动美丽中国建设。

一、美丽中国离不开绿色教育

（一）美丽中国为绿色教育提供价值引领

美丽中国是环境之美、时代之美、生活之美、社会之美、百姓之美的总和，是世界视野、国家高度和百姓感受的统一，是中国价值、中国目标和中国道路的统一。党的十八大报告提出美丽中国概念，把生态思想融入政治、经济、文化及社会建设，实现政治和谐、经济繁荣、生态良好、人民幸福。绿色教育站在人与自然和谐共生的战略高度，通过科学回答"为什么要提出美丽中国建设"、"建设什么样的美丽中国"和"如何建设美丽中国"这三个核心问题，展现了美丽中国建设目标的价值逻辑、理论逻辑和实践逻辑。[①]

美丽中国为绿色教育理念的形成提供了价值引领。习近平提出"绿水青山就是金山银山"，深刻表明生态环境就是生产力的观点，为发展新质生产力提供了理论基础。良好的生态环境不仅满足群众对美好生活环境的需求，还可以发展旅游观光产业，拓展产业链，提升发展质量与水平，增加居民收入，实现经济效益与生态效益之间的良性循环。绿色教育牢固树立生态环保的观念，使个人改掉乱扔垃圾的习惯，树立绿色低碳的生活方式。绿色教育传播可持续发展的理念，让企业在发展中认真做好节能减排，让追求"绿色"成为全社会的时尚。绿色教育传播美丽中国理念，为公众践行绿色低碳理念、适应绿色低碳社会、引领绿色低碳发展提供价值引领，争做美丽中国建设者、守卫者。

（二）美丽中国是绿色教育的重要内容

美丽中国就是要使祖国大好河山都健康，使中华民族世世代代都健康。美丽中国建设是中国特色社会主义建设的重要内容，是以习近平同志为核心的党中央在深化生态文明思想发展规律的基础上做出的最新概括，是新时代满足人民对美好生态环境需求的必然选择。

绿色教育从历史之维、理论之维、价值之维、实践之维阐述美丽中国建设的生成

---

① 王雨辰.美丽中国建设目标的三重逻辑及其当代意义[J].东南学术，2023（4）：60-70，248.

逻辑，从认识论、本体论、价值论、实践论弄清何为美丽中国。绿色教育以美丽中国为主要内容，从文化路径、经济路径、制度路径、政治路径和技术（生态）路径探讨美丽中国建设方略，提高学生建设美丽中国的知识与能力水平。

绿色低碳是美丽中国建设的重要内容。一是将绿色低碳发展融入教育教学。将习近平生态文明思想、习近平关于碳达峰碳中和重要论述精神充分融入国民教育中，开展形式多样的资源环境国情教育和碳达峰碳中和知识普及工作。[①] 二是开展绿色低碳主题教育。创新绿色教育活动形式，充分利用智慧教育平台，普及绿色知识，开展线上活动增加对美丽中国的认同。以全国节能宣传周、全国城市节水宣传周、全国低碳日、世界环境日、世界地球日等主题宣传节点为契机，组织主题班会、专题讲座、知识竞赛、征文比赛等多种形式教育活动，持续开展节水、节电、节粮、垃圾分类、校园绿化等生活实践活动，引导学生自觉树立人与自然和谐共生观念，自觉践行节约能源资源、保护生态环境各项要求。[②] 美丽中国是绿色教育的重要内容，当代大学生是美丽中国建设的主要责任人和担当者。高校绿色教育进教材、进课堂，并融入学校、社区的日常管理中，让学生通过绿色教育学会绿色生活，践行绿色行为，做具有绿色责任担当的时代新人。

■二、绿色教育赋能美丽中国建设

（一）绿色教育是培养绿色国民的有效手段

我国的绿色教育仍然没有形成一定的规模，离可持续发展的目标还有相当一段距离。广大学生对生态环境知识的理解力不够，环境保护意识薄弱，环境教育的地域性差异大，个体与群体发展不均衡。加强绿色教育守正创新，开设一系列绿色教育课程，制定绿色教育课程计划，开设"环境与资源""可持续发展与经济""环境健康"等相关绿色课程，对学生的一些日常行为进行"绿色化"教育尤为重要。

绿色教育与美丽中国丰富内涵具有高度的契合性。绿色教育的目的是希望社会经济发展以一种良性的健康的态势增长，进而改善人民的生存环境，提高人民的生活品质。[③] 从宏观视角上看，环境育人，建设绿色社区、绿色校园、绿色家庭、绿色课堂，

---

① 教育部关于印发《绿色低碳发展国民教育体系建设实施方案》的通知 [EB/OL]. 中国政府网，2022-10-26. https：//www.gov.cn/zhengce/zhengceku/2022-11/09/content_5725566.htm.

② 教育部关于印发《绿色低碳发展国民教育体系建设实施方案》的通知 [EB/OL]. 中国政府网，2022-10-26. https：//www.gov.cn/zhengce/zhengceku/2022-11/09/content_5725566.htm.

③ 蔡文伯，徐玮嘉."美丽中国"视域下的高校绿色教育 [J]. 石河子大学学报（哲学社会科学版），2016，30（4）：43-47.

有利于形成绿色教育的生态环境。绿色教育有利人们形成绿色的生活方式，节约用电、用水、用气，以及倡导绿色出行和绿色消费，通过参加绿色劳动，有利于环境友好型和资源节约型社会建设。

绿色教育作为素质教育的重要环节。绿色教育是生态文明理念及可持续发展理念教育的重要手段，它致力于培养具有生态意识和全面可持续发展理念的时代新人。建设感知、认知、行为、创新教育四位一体的培养模式，在课程建设和课程标准修订中强化美丽中国内容，推进美丽中国教育进课程、进教材、进学生头脑。[①] 通过绿色教育传播环境保护知识，培养更多的绿色人才，在全社会促进绿色生产生活方式的养成，提升全体国民的绿色素养。

（二）绿色教育为美丽中国建设提供智力支持

绿色教育是关系我国民生福祉的大事，更是关乎人类可持续发展的大事。唯有全民参与，科技赋能，将生态修复摆在优先地位，方能实现绿色发展，建成美丽中国。

意识是行为的先导，理念是实践的指导。在美丽中国建设过程中，只有抓牢理念这个根本，才能枝繁叶茂。然而在现实生活中，由于缺乏生态保护意识，为了追求利益或自身享受而破坏生态环境，有些地方政府和企业"发展热、生态凉"的惯性思维根深蒂固，致使环境保护沦为纸上谈兵，空中楼阁。而这影响的不仅仅是企业的长远发展、个人的身心健康，更不利于美丽中国这一宏伟目标的实现。绿色教育通过理论知识的宣传与教育，引导全社会树立正确的发展观、生态观和政绩观，为美丽中国建设提供智力支持。

美丽中国建设关键在人才，人才的培养离不开教育。推进美丽中国建设，长远之计是化育人心、润物无声。绿色教育承载培养具备生态文明理念和素养的中国特色社会主义事业接班人的时代重任，必须充分发挥教育的基础性、先导性、全局性作用，教育一代又一代大学生牢固树立生态文明观，推动形成人与自然和谐共生现代化建设新格局。美丽中国建设是推动中国社会全面发展的有效探索，是实现"政治、经济、文化、社会、生态"五位一体总体布局的创新之路，是推进国家生态领域治理体系和治理能力现代化的题中应有之义。新时代大学生绿色教育，必须以习近平生态文明思想为指导，把绿色教育融入育人全过程，为美丽中国建设提供全方位的人才、智力和精神文化支撑，为全球生态治理和生态文明教育发展提供中国智慧和中国方案。

绿色教育具有丰富的内涵。通过绿色教育，科学界定美丽中国建设的主要内容，从生态、经济、政治、文化、社会维度构建美丽中国建设评价指标体系，引导政府、

---

① 凌恺. 生态文明思想融入高校思政教育的路径探索 [J]. 湖南教育（D 版），2022（12）：62-63.

企业、社会公众根据建设指标体系践行美丽中国建设的路线与方案，为建设生态之美、发展之美、治理之美、文化之美、和谐之美的美丽中国（图 1-1）提供行动指南。

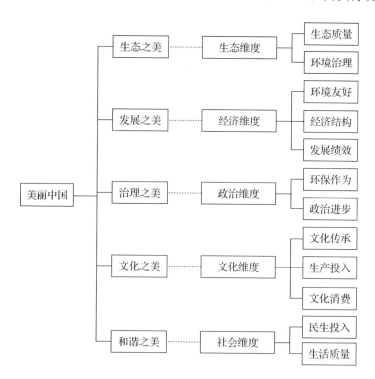

图 1-1　美丽中国框架

第二章
新时代绿色教育基本问题阐释

第一节　绿色教育兴起缘由

绿色教育源自绿色实践，又指导绿色实践，具有深厚的理论基础。紧跟国家绿色发展时代步伐、顺应绿色发展时代需要，是发展绿色教育的本质要求。我国经济发展中存在高投入、高消耗、高污染、低水平、低产出的"三高两低"现象。"三高两低"现象是我国高等教育发展过程中的普遍问题。作为一名教育工作者，有责任有义务去面对教育发展中的"三高两低"现象，促进中国教育的绿色发展。教育科学发展，走绿色教育发展之路是新时代我国教育的必然趋势。坚持问题导向，因人类中心主义、功利主义引发的人性危机和教育功利性、工具性引发的教育危机，促使人们在新时代思考我们究竟需要什么样的教育的时代之问、人民之问。

■一、人性危机：绿色教育产生的外在根源

教育是人类特有的社会现象，是教育者根据育人规律，采用一定的教育方式方法，将社会所期望的价值观、行为规范传递给受教育者，使其成为社会所需要的人的过程。这种教育的个体社会化功能，在知识文化传播过程中承担着价值观教育、环境保护教育、可持续发展教育等重要职能。教育立德树人，解决人性危机，而绿色教育从绿色视角寻找化解人性危机的突破口。绿色教育是解决当前人性危机的创新举措。

人类对生态环境的严重破坏引发了生态危机，使人类的生存和发展受到威胁。生态健康一旦遭到破坏，在较长时期内很难恢复。生态危机的实质是人性的危机，生态危机的产生不是偶然的，是人类社会生活的必然产物。如果把当前社会上出现的种种乱象看作是人类走向文明、世界进步的一种危机的话，那么造成这种危机的原因之一

就包括另一种更深层次的危机——人性危机。[①] 人性的泛滥，或者说是对人类中心主义的推崇以及对利益和欲望的过分功利性追逐是人类行为引发生态危机的根本原因。

（一）绿色教育是基于人类中心主义的反思

人类中心主义的理论思想和实践最终完成于西方，是以人类为事物中心的一种哲学和科学观点。近代人类中心从宇宙人类中心主义、神学人类中心主义演变而来。人类为了满足自己生存与发展的需要，发挥人的巨大创造力，改变了人从属于自然和完全依附自然的地位，在改造自然方面取得了很大的成功。

人类中心主义思想伴随着人类社会发展经历了漫长的历程，以人类为中心、以人类价值评判万物价值、万物因人类有意义是人类中心主义的核心思想。[②] 人类对自身在宇宙中的地位随着人们认识深化而不断发展。古希腊普罗塔哥拉"人是万物的尺度"表达了最早的人类中心主义思想，它认为个别的人或人类是万物的尺度，即把人类作为观察事物的中心。[③] 德国古典哲学家康德则提出"人为自然立法"的著名论断，认为人的目的是绝对的价值，人是自然的最高立法者。文艺复兴时期以后的哲学家提出的大宇宙与小宇宙的学说把人看成小宇宙，认为人反映了整个宇宙，也是人类中心主义的表现。各种主观唯心主义认为人创造现实世界，人的精神或人的意志创造整个世界的观点，反映了以人为宇宙中心的思想观点。

根据《韦伯斯特第三次新编国际词典》记载，人类中心主义具有丰富的内涵：人是宇宙的中心，人是一切事物的尺度，根据人类价值和经验解释或认识世界。人类中心主义的价值取向把人凌驾于自然之上，从人是自然的征服者、统治者和主宰者的观念出发来审视人与自然之间的关系。

人类中心主义又可分为强人类中心主义和弱人类中心主义两种。强人类中心主义关心人的需要的价值，以个人感情意愿决定价值，以感性的意愿为价值参照体系。以人的利益和需要为基础，坚持人类是一切价值的焦点，一切价值例证都可归结为对人类价值的贡献。人是最高级的存在物，因而他的一切需要都是合理的，可以为了满足自己的任何需要而毁坏或灭绝任何自然存在物。把自然界看作一个供人任意索取的原料仓库，人完全依据其感性的意愿来满足自身的需要，全然不顾自然界的内在目的性。只有人才具有内在价值，其他自然存在物只有在它们能满足人的兴趣或利益的意义上才具有工具性价值。评判自然存在物的价值基于人的主观性：对人有价值还是没有

---

①　李新兵 . 关于我国绿色教育思想研究 [D]. 天津：天津大学，2017：22.

②　李文蓓 . 生态文明中的人类中心主义发展概述 [J]. 吉林省教育学院学报，2020，36（1）：153–158.

③　时统君 . 低碳经济道德追问的两重向度 [J]. 前沿，2011（15）：54–57.

价值。

弱人类中心主义价值的确定取决于理性意愿的活动结果，应对人的需要做某些限制，在承认人的利益的同时，又肯定自然存在物有内在价值。人类根据理性来调节感性的意愿，有选择性地满足自身的需要。虽然其理论落脚点和归宿点也是人类的生存和发展的需要，但是它主张对人的利益和需要进行理性的把握和权衡，反对将人的利益和需要绝对化。自然物也同样具有内在价值，面对生态坏境的恶化，人类具有至高无上的地位这一观点受到广泛的质疑。要防止人对自然界的随意破坏，不能为了个人的感性意愿而破坏自然。

无论是强人类中心主义，还是弱人类中心主义，其共性在于割裂了人与自然之间本应存在的一种辩证关系。人类中心主义实质是："一切以人为中心……为人的利益服务，一切从人的利益出发。"①在人类历史上，人类中心主义对冲破宗教神学禁锢，促进人类主体意识觉醒具有重大的历史进步作用。

建设美丽中国、克服全球生态危机，应着力反思和校正西方人类中心主义的思想。一是人类中心论把人作为唯一的价值和目的的中心，自然界只是人的工具和手段。"在人与自然、人类与生态环境的相互作用中应将人类的利益置于首要地位，人类的利益应成为人类处理自身与自然生态环境的根本价值尺度。"②人和自然界价值地位的这种不平等，表明了人与自然界的关系是一种对立和斗争的关系。美国植物学家、环境伦理学家威廉姆·墨迪认为，人类评价自身的利益高于其他非人类，这是自然的，不是人为的，人类具有特殊的文化、知识和创造能力。③只关注人类自身的生存和发展，无视自然界的发展变化，只知道从自然界索取，不知道对自然界给予保护和补偿，这种人类中心主义导致了人类对自然的无情掠夺和利用，无所顾忌自然的生命及内在价值。二是人类中心主义过于强调人的理性作用。马克思主义自然生态观揭示了自然对人的先在性，决定了人类必须尊重和善待自然。人类盲目地认为，作为客体的自然界服从因果性、必然性以及决定论的规律，从而否定自然界存在目的性、偶然性和非决定性。④理性万能思想错误地认为，用理性可以揭示自然界的全部秘密，进而能够改造、利用、控制自然。人类通过发挥自己的主观能动性，发明创造和使用更先进、更强有力的工具，从自然界得到了他们想要得到的一切。这种理性万能思想助长了人类以征服者和统治者的身份粗暴地对待自然，造成了以牺牲人类的长远和整体利益来换取一

① 余谋昌. 走出人类中心主义 [J]. 自然辩证法研究，1994（7）：8-14，47.

② 汪信砚. 现代人类中心主义：可持续发展的环境伦理学基础 [J]. 天津社会科学，1998（3）：53-58.

③ 朱贻庭. 伦理学大辞典 [M]. 上海：上海辞书出版社，2002：159.

④ 何小刚. 生态文明新论 [M]. 上海：上海社会科学院出版社，2016：98.

时一地的发展。人类中心主义在近现代人类社会发展中彰显出其唯人类至上、唯人类价值的局限性。①

人类中心主义是导致全球生态危机的罪魁祸首，人类中心主义的主客二元思维限制了人与自然的共存发展，过度崇尚人类中心论的结果就是忽视了其他存在物的发展规律，从而造成对大自然的破坏，危害了其他物种的生存。马克思在《1844年经济学哲学手稿》中指出，"人是自然界的一部分"。人的产生离不开自然界的孕育，人类的生存和发展对自然界具有很强的依赖性。马克思指出，"没有自然界，没有感性的外部世界，工人什么也不能创造"。② 在人类中心主义价值取向的支配下，恩格斯所揭示的人与自然辩证发展关系并未引起人们真正的注意。马克思主义强调人与自然的辩证统一，从根本上改变了主客二元对立的思维方式。这无疑是对西方近代以来主客二元对立思想的科学纠偏，也为我们克服全球生态危机提供了理论指导。

人类中心主义的极端化，使它逐渐走向了自然的对立面，导致自然对人类的报复。消除这种报复的途径，就要发展绿色教育，规范人类对自然的行为，把人的生活方式、生产方式、消费方式限制在生态系统所能承受的范围内。可以说，绿色教育就是通过对人类为中心的思维和行为进行科学反思和批判而产生的。

（二）绿色教育基于功利主义的批判

经济全球化背景下，经济利益最大化成了不同国家和地区追逐的目标。无论是企业还是个人，由于过分注重自身的眼前利益，"公地悲剧"往往忽视了环境成本的考虑，忽视自然的保护和维持。人类功利主义使然是造成今天生态环境问题的重要根源。

功利主义是一种哲学学说，是指行为的成功基于实际利益的最大化。1861年密尔《功用主义》的发表，标志着功利主义伦理思想发展的最高点。③ 功利原理强调：人们一切行为的准则取决于是增进幸福还是减少幸福的倾向。如果增加社会的利益即最大多数的最大幸福的倾向比减少的倾向大，这就适合于功利原理。个人的利益追求不应该忽视社会集体利益，人们需要在满足自己利益的同时，考虑到他人的利益以及社会与环境的影响。如果某个行为有可能导致一部分人受到不公平待遇，或者对环境造成负面影响，这个行为就是非道德的。一个人为了追求自身的利益而伤害他人或者违反社会公共福利，也是不道德的。

自利选择原理强调什么是快乐、什么是痛苦，只有每个人自己最清楚。个人在原

---

① 何小刚.生态文明新论[M].上海：上海社会科学院出版社，2016：99.

② 马克思.1844年经济学哲学手稿[M].北京：人民出版社，2000：53.

③ 薛鹏，潘云龙.马克思主义视域下当代大学生功利主义思想探析[J].教育观察，2020，9（5）：27-29.

则上是他自身幸福的最好判断者。一种行为如有助于增进幸福，则为正确的；若导致产生和幸福相反的东西，则为错误的。幸福不仅涉及行为的当事人，也涉及受该行为影响的每一个人。"最大多数人的最大幸福原则"是功利主义的核心思想。在伦理学和道德哲学中，功利主义认为最重要的是追求最大化的幸福或快乐。只要行动能够带来最大的幸福或快乐，就是合理和道德的。在这个意义上，追求功利是合理的，因为行动本身并不是非道德的，而是看它所导致的后果。如果某个行动的后果是带来最大限度的幸福或快乐，那么这个行动就是符合道德准则的。

人类贪婪本性决定市场经济追求的是效益最大化。人是经济人，利己是人的本质属性，个人利益才是唯一的现实利益，社会只不过是一个虚拟的概念。美国学者哈定在《科学》杂志上发表了一篇题为《公地的悲剧》的文章，里面这样描述：英国曾经有这样一种土地制度——封建主在自己的领地中划出一片尚未耕种的土地作为牧场，无偿向牧民开放。这本来是一件造福于民的事，但由于是无偿放牧，每个牧民都想养尽可能多的牛羊。随着牛羊数量无节制地增加，公地牧场最终因"超载"而成为不毛之地，牧民的牛羊最终全部饿死。亚当·斯密认为人都是"经济人"，是生产活动的主体，为了个人利益的最大化而不惜手段去不断为自己谋求利益。市场经济条件下，功利主义思想意识得到了进一步强化。功利主义思潮在催化出幸福与快乐的同时，也造成了生态学的后果。公共产品的使用具有非竞争性和非排他性，"公地悲剧"表明每一个人对公共资源拥有使用权，出于自身利益而"及时捞一把"的心态加剧了事态的恶化。人们眼前的、暂时的、局部的利益取得往往是以灾难性的生态破坏为代价换来的。

法国哲学家保尔·昂利·霍尔巴赫《自然的体系》一书中说："人从本质上就是自己爱自己，愿意保存自己，设法使自己的生存幸福。利益对于幸福的欲求就是人的一切行动的唯一动力。"人存在于自然整体之中，也要服从自然的法则才能获得真正的幸福。人没有德行便没有幸福，不遵守自然规律也不可能获得真正的幸福。对于幸福错误的理解是人类不幸的源泉。当人的行为违背自然规律、资源过度消耗、污染排放超过环境容量时，就导致人与自然关系的失衡，导致人类的不幸。一味逐利导致了人性扭曲，暴露了人性危机，幸福只能是无源之水、无本之木。在《德意志意识形态》中，马克思和恩格斯指出："功利主义的理论有着不同的发展阶段，这是与资产阶级发展的不同时期密切相关的。"资本主义的追逐个人利益最大化和最优化的功利主义更是人性不断泛滥的有力推手。在资本主义社会生产过程中，功利主义只是维护资本主义自由竞争市场经济的工具，资本异化、劳动异化无法真正实现人的幸福。

人类合理的需求与欲望，不但要使其得到满足，还要大力提倡，这是人类社会进步的动力。[1]西方功利主义思潮提醒我们在社会主义现代化建设过程中，我们个人的私利不能牺牲社会的公共利益，应该积极争取实现最大多数的社会公共利益。绿色教育基于对功利主义的批判，强调社会总体福利的最大化考量，避免"公地悲剧"给人类造成负面影响而采用有效举措。功利主义导致人与自然关系的失衡，导致人异化于自然、社会发展陷入困境。基于人性危机反思和教育"树人""育人"这个背景，绿色教育开始引起学界的重视，绿色教育理念应运而生。

■二、教育危机：绿色教育产生的内在根源

教育是国家经济社会发展的支撑力量，在国家发展中始终具有基础性、先导性、全局性地位，是国之大计、党之大计的政德工程。中国目前僵硬的学历教育和市场环境，教育资源不均衡，势必会出现各种矛盾。反观当今社会幼儿园虐童，义务教育补课，大学毕业生"躺平""啃老"，教师内卷，家长患"教育焦虑症"，学生抑郁……中国的孩子变了，中国的老师变了，中国的家长变了，社会变迁导致教育的诸多不适应现象促使我们思考"教育怎么了""教育该怎么办"的时代之问。

教育危机是指教育与社会其他子系统甚至与整个社会长期而严重的失调。教育以培养人为目的，教育危机倡导回归教育本真，重塑教育理念。教育不只是知识教育，更不是考试教育，而是人的心灵、心智与情感的养成。教育是对朴素人心的赞美，对优秀公民的培养，对人性高尚的感召。在市场经济条件下，没有把教育当作科学的事情来办，教育产业化、商业环境压缩孩子的生存空间，不成熟的教育理念是当今社会教育危机的根源。教育危机不是凭空产生的，而是经济社会发展不平衡不充分的矛盾在教育领域的集中体现，并且日益成为影响教育健康发展的顽疾。坚持问题导向，对症下药，使教育摆脱发展困境，回归教育育人的人间正道是绿色教育的价值追求。

（一）教育的功利性

党的二十大报告指出："教育、科技、人才是全面建设社会主义现代化国家的基础性、战略性支撑。"[2]通过教育培养人才，加快实施创新驱动发展战略，加快实现高水平科技自立自强来发展经济，缩小与其他国家的差距，追赶发达国家成为历史的必然选择。促进教育公平，提升教育服务经济社会发展的能力，提高育人质量，是办好人民满意教育的不懈追求。

---

①　李新兵.关于我国绿色教育思想研究[D].天津：天津大学，2017：24.

②　习近平.高举中国特色社会主义伟大旗帜　为全面建设社会主义现代化国家而团结奋斗——在中国共产党第二十次全国代表大会上的报告[M].北京：人民出版社，2022：33.

当前家长、学生、教师、社会对教育的焦虑，与当前推崇的功利教育不无干系。当下社会环境中，"教育焦虑"的心态正在不断蔓延。各个家庭为了不让自己的孩子"输在起跑线上"，很多家长倾其所有，使出浑身解数，让孩子陷入各种"特长班"中不能自拔，剥夺了孩子们童年的天真与快乐。家长们忙得不亦乐乎，孩子们则被搞得身心疲惫，生活乐趣荡然无存。有些学校为了抬升自己的社会声望，借机造势，大肆鼓吹各种奖项，塑造出一个个"天才少年"，像什么奥林匹克奖、音乐大奖、体育大奖等五花八门，不一而足。一些教培机构出于借机敛财的目的，常常会制造各种噱头进行教培营销。在这种风气的蔓延下，一些家长开始出现"教育焦虑"，生怕孩子一无所长，被人看轻，于是宁肯砸锅卖铁也不让孩子"输在起跑线上"。调查发现，中小学招生季临近，部分个人和商家通过煽动焦虑情绪、虚构身份、捏造事实等方式误导、欺骗家长和学生，牟取不法利益。教育焦虑与我国教育体制、教育发展不平衡不充分的矛盾有很大的关系。很多学校和家庭将教育作为孩子通向上层社会的唯一途径，不尊重孩子成长成才规律、身心发展规律，忽略了学生个性，使教育变味，成了学生发展的桎梏。这显然与教育育人价值格格不入，却在当今社会占据着主流地位。

1. 教育目标异化：重成才，轻成人

教育是立德树人的事业，促进人的身心全面发展是教育的本质要求。人才，首先是人，然后是才。成才必先成人。受功利主义思想的深重影响，教育目标偏离正确的轨道，把国家倡导的德、智、体、美、劳的全面发展教育片面理解为知识教育，用智育代替"五育"，重智育，轻德体，重特长，轻全面发展，关注成名成家，忽视如何做人，教育目标异化，造成学生人格不健全。

2. 教育价值观偏差：重利轻义

市场经济强化了"经济人"形象，在"工具理性"驱使下，社会主体往往按照市场的需要塑造自己，甚至有人为了追逐物质利益最大化而超越道德底线和法律规范。在拜金主义的影响下，一切向"钱"看，金钱至上，似乎成为唯一教育追求或最后的教育目标，极大地冲击着教育价值观。西方国家通过宣扬新自由主义鼓吹个人利益至上，强调个人自由，强调任何集体必须最大限度满足个人利益，影响了人们对社会主义、集体主义的认识和理解，导致极端的个人主义。学生在教育选择上，重利轻义，重自我利益轻社会利益，与为党育人、为国育才的教育价值初衷相背离。

3. 教育行为选择差异：重理轻文

教育行为是教师在教育过程中表现出来的行为，是教师主导性与学生主体性辩证统一过程。科学的飞速发展使自然科学和技术受到了前所未有的重视，商业化办学思路促使学科专业和课程设置偏重自然科学和技术科学，自然科学和技术科学成为大学教育课程体系的主要内容。重理轻文，社会科学和人文科学等文科专业、课程遇冷。

大学生读书存在功利主义过浓、重理轻文的现象，导致大学生人文素质缺乏。没有尊重学生学习成长的身心发展规律，题海战术对广大学生造成身体和心理伤害，背离教育全面而自由发展的宗旨。教育私营化、市场化、大众化背景下，理科工科就业能带来更多的社会财富，优势地位明显，"重理轻文"选择所导致的学生人文素养欠缺绝非危言耸听。教育过程"知识与技能、过程与方法、态度情感价值观"三维目标难以达成，严重偏离了教育育人初衷。一些学生只把读书看作是改变自己命运的手段，对社会、对人生是一片漠然。绿色教育应抛弃片面发展的应试追求，以促进个性特长、人文精神培养为己任。

（二）教育的工具化

著名的"钱学森之问"曾引发整个教育行业的大讨论，其矛头直指追求升学、就业的应试教育，过于强调教育的工具化。教育"学以致用""因材施教"等观念有很强的非常突出的价值倾向，就是教育不能只教人一些知识，而是要把每一个人都培养成有一技之长，能够为国家、为社会做出贡献的人。在功利性教育的影响下，教育培养人的手段不可避免地染上了工业生产的色彩，带有明显的功利性。

教育的工具化是指在教育过程中把教育看作一种手段和工具，把教育视为政治斗争、经济发展、文化传承的工具。市场经济条件下，对物质利益、科技理性、实用至上的追逐中，以功用、效益作为砝码指导教育，忽视教育本身的价值和教育在培养人中的价值。在极端功利主义思想的感召下，教育犹如流水线工厂，市场需要什么，生产什么能够获利，获得更多的利益，教育就生产什么。在市场法则下，教师充当教育生产过程中的机器或者工程师，学生被看作一个需要被打磨的产品。学生的个性被忽略了，只需要通过教师的加工生产；而且教师的积极性也没有被激起来，只需要按照大纲、按照教材对学生传授知识。在这种情况下，教育偏离了育人初衷，教育片面式发展，受教育者成为畸形发展的人。人的工具化是教育领域根本性的不公平，是对所有人的不公平，是所有教育不公平的根源。绿色教育不是追求工具化教育，而是追求幸福化教育，是促进每个人全面自由发展的教育。

坚持问题导向，以人和教育为主的各种危机和问题的存在，为绿色教育理论和实践的不断发展提供了更多的现实依据。在具备了较为丰富的理论基础和思想资源的基础上，从人和教育存在的主要问题入手，绿色教育的基本思想和实践价值才有了存在和发展的合理性。

第二节　我国绿色教育发展历程

纵观我国绿色教育发展历程，绿色教育源自对生态环境的重视，由环境教育转化而来，其内涵不断丰富和发展。改革开放以前，由于我国经济社会发展的特殊背景，实行计划经济时代的城乡二元经济结构，城市化进程缓慢，国民经济比例不合理，环境问题还没有成为当时社会发展的主要矛盾。虽然存在不同程度资源浪费和资源利用效率低下问题，但人们还没有意识到解决环境问题的重要性和紧迫性。我国环境问题相对较轻，与国际环境教育的发展相比，我国环境教育还未引起足够的重视。我国绿色教育起步较晚，与国际环境教育发展进程相比至少落后了 20 多年。

随着"文化大革命"的结束，我国的社会秩序得以恢复，党和国家的工作开始重新走上健康发展轨道。人民渴望教育振兴，国家建设呼唤人才，教育事业的发展提上了党和国家的重要议事日程。随着学制的恢复与重建，全国教育迅速摆脱了混乱局面，逐步走上了健康发展的轨道，环境教育也随之进入起步阶段。我国的"绿色教育"开始于 20 世纪 70 时代，伴随着第一次环境运动的进程而兴起，在理论和实践上已经积累了丰富的经验，其发展大体上经历了三个阶段。

■一、1973—1982年：绿色教育起步阶段

维护和改善人类环境，是关系到世界各国人民生活和经济发展的一个重要问题，是世界各国人民的迫切愿望。1972 年瑞典斯德哥尔摩举行的"联合国人类环境会议"，鼓舞和指导世界各国人民保护和改善人类环境，标志着人类共同环保历程的开始，环境问题自此列入国际议事日程。时任燃料化学工业部副部长唐克代表我国政府参加了此次会议，通过会议内外的交流，开阔了视野，在回国后的总结汇报中提出了我国环境问题的严重性，为日后召开全国性的环境保护会议奠定了理论基础。

在联合国人类环境会议的推动下，1973 年第一次全国环境保护会议在北京召开，会议确定了环境保护的 32 字工作方针——"全面规划，合理布局，综合利用，化害为利，依靠群众，大家动手，保护环境，造福人民"，成为我国环境保护事业的里程碑。第一次全国环境保护会议揭开了我国人民在经济建设过程中保护环境事业的序幕，为今后中国的环境教育事业政策出台提出了根本遵循。

针对我国在环境污染和生态破坏方面的突出问题，国务院批准《关于保护和改善环

境的若干决定》文件，首次从国家政策层面提出环境保护教育的设想并规定有关学校要加强环境教育，大专院校要设置环境保护的专业和课程，培养技术人才，标志着中国环境教育事业的开端。北京大学积极响应国家政策号召，开设环境保护类专业课程，成为国内首家开设环境保护类专业，培养高素质环境保护专业人才的高校，从此拉开了中国环境教育事业的帷幕。

1978 年 3 月 5 日通过的《中华人民共和国宪法》明确规定"国家保护环境和自然资源，防治污染和其他公害"，确认环境保护是国家职能之一。1979 年全国人大通过《中华人民共和国环境保护法（试行）》，这是中国第一部关于保护环境和自然资源、防治污染和其他公害的综合性法律。《中华人民共和国环境保护法（试行）》第五章专门为环境保护的科学研究和宣传教育作了明确的规定："国家鼓励环境保护科学教育事业的发展，加强环境保护科学技术的研究与开发，提高环境保护科学技术水平，普及环境保护的科学知识。"[①]

1979 年国家成立中国环境科学学会环境教育委员会，在河北保定召开的第一次会议上提出"环境教育具有综合性、全民性、全程性的特点"，提出先在甘肃、北京、上海、天津等地进行中小学环境教育试点工作，在高中增设环境地学课程。

1980 年国务院环境保护领导小组与有关部门共同制定了《环境教育发展规划（草案）》，并将环境教育内容纳入国家教育计划之中，标志着环境教育成了我国环境工作和国家教育事业的重要组成部分。

1981 年全国环境教育工作座谈会在天津召开，会议研究并部署了国民经济调整时期的环境教育宣传工作，提出"加强环境教育是发展环境事业的一项根本措施"，"把培训提高在职干部放在环境教育的首位，作为当务之急来抓"。[②]

我国绿色教育起步阶段主要受国际环境教育思潮的影响，我国官方文件当中还没有明确提出绿色教育这一概念。环境教育作为我国绿色教育前身，也只处于一种"试点"或"探索"阶段。随着国家对环境保护事业的日益重视，我国整个经济社会和教育事业的快速发展，环境教育逐渐转化为绿色教育组成部分。

■二、1983—1991 年：绿色教育成长阶段

进入 20 世纪 80 年代以后，改革开放刚刚起步，社会更加多元化、开放化，人们的思想观念不断受到市场冲击。我国国民经济处于计划经济向市场经济过渡的时期，城乡二元经济结构被打破，社会发展和工业化进程不断加快，社会生产力进一步解放

---

①　国家环境保护局 . 中国环境教育的理论与实践 [M]. 北京：中国环境科学出版社，1991：26.

②　国家环境保护局 . 中国环境教育的理论与实践 [M]. 北京：中国环境科学出版社，1991：27.

和发展。经济社会快速发展过程中环境污染、生态破坏、资源大量消耗等问题也逐渐暴露出来，不少企业以牺牲环境为代价，只顾眼前既得利益，盲目上项目。针对人口众多的发展中国家这一国情，政府在发展经济过程中也日益意识到环境保护问题的重要性与紧迫性。环境保护工作是一项重大的国策，是功在当代、利在千秋的民生工程。环境问题的治理，要大家负责，各司其职，各尽其责，做到群策群力。1983 年召开的第二次全国环境保护工作会议上，将"环境保护"列为我国的一项基本国策。

经济快速发展，环境状况并不令人满意，向人民群众宣传有关环境保护的科学知识，发动群众进行环境监督是党的一项极端重要的工作，是做好环境保护的一种新的尝试。环境改善的复杂性、艰巨性、长期性，环境保护优化经济发展的紧迫性、必要性，需要得到公众的理解和支持。1984 年《中国环境报》创刊，成为中国环境教育和环境科学知识普及的权威性报纸，对我国环境保护和环境教育一直起着一种舆论和导向作用。

做好环境保护工作，离不开专业组织机构的支持和人才保障。环境保护工作过程中存在的错位、缺位现象，机构不健全等问题，引起了党和政府的高度重视。根据第二次全国环境保护工作会议精神，国务院颁布实施《关于环境保护工作的决定》，成立国务院环境保护委员会、国家环保局，专门从事环境保护研究、审定、组织，贯彻国家环境保护的方针、政策和措施，组织协调、检查工作，标志着国家政府机构设置中有了负责环境保护的专门机构，推动了我国的环境保护工作。

教材是顺利开展教育教学的重要载体，没有教材，环境教育无法顺利进行。中国环境科学学会环境教育委员会 1987 年在河北秦皇岛召开第四次会议，与会代表就"成人环境教育问题主题"进行了广泛而深入的讨论与研究。针对成人环境教育教学没有国家统编教材，缺乏统一安排，强烈建议生态环境部负责成立成人环境教育教材编审委员会，统筹规划、组织编审和安排出版教材，促进了我国成人环境教育工作的顺利开展。

回顾这一阶段环境教育发展历程，以第二次全国环境保护工作会议为起点，我国环境保护工作同时得到了环保和教育两个政府部门的重视，由起步阶段的"试点"发展到在全国范围内的"推广"。[①] 这一阶段环境教育广度不断拓展，教育对象不断扩大，由学校环境教育向成人环境教育、社会环境教育发展，统一编制环境教育教材，加大师资培养，初步构建起我国的环境教育体系。但这一阶段大多借鉴、模仿国外环境教育的内容和做法，特色不明，环境教育与中国实际结合不紧密，创新性不强，高校绿色教育正式出场还有很多体制机制障碍。

---

① 王喜红.甘肃中学教师环境教育水平现状的调查研究 [D]. 兰州：西北师范大学，2007：13.

■三、1992年至今：绿色教育快速发展阶段

基于全球环境持续恶化、发展问题更趋严重的情况，1992 年 6 月 3—14 日在巴西里约热内卢召开联合国环境与发展大会。会议围绕"环境与发展"这一主题，在维护发展中国家主权和发展权，发达国家提供资金和技术等根本问题上进行了谈判。中国总理李鹏应邀出席了首脑会议，进行了广泛的高层次接触，向世界作出了保护环境的庄严承诺，将采取积极措施，防止环境污染和生态恶化，为保护人类生存环境而共同努力。会议通过了《关于环境与发展的里约热内卢宣言》《21 世纪议程》《关于森林问题的原则声明》三项文件，在人类环境保护与持续发展进程上迈出了重要的一步。

环境教育是关系到可持续发展的百年大计，环境教育的好坏直接关系到环保事业的成败。作为对联合国环境与发展大会精神的积极响应，我国于 1992 年 11 月在江苏苏州召开了第一次全国环境保护教育工作会议，提出"环境保护，教育为本"的口号，构建"多层次、多规格、多形式"具有中国特色的环境教育体系，充分彰显了环境教育在环境保护工作中的地位和作用。环境教育是整个教育事业中不可分割的重要组成部分，各级各类学校加强学生环境科学知识的教育，把环境科学知识作为学生综合素质评价的重要内容。

公众环境保护意识直接关系到保护环境的效果。环境教育综合性、全民性和全程性的特点开始显现，在全社会开展环境保护的宣传教育活动。自 1993 年以来，中华环保世纪行宣传活动拉开了公众环境保护宣传教育活动的帷幕。宣传活动围绕党和国家工作大局，抓住各级政府和社会普遍关注的环境与资源重大问题和人民群众关心的突出问题，成为我国影响广泛和社会公众关注的宣传舆论品牌。活动每年围绕一个与环境资源保护有关的主题展开，从 1993 年向环境污染宣战，1994 年维护生态平衡，1995 年珍惜自然资源，1996 年保护生命之水……到 2023 年贯彻习近平生态文明思想、全面推进美丽中国建设，这一系列活动标志着我国公众环境教育走上了主题化、常态化、机制化轨道。

高等教育是绿色教育的重要推动者和承担者。清华大学是我国国内高校绿色教育的一面旗帜，致力于创建"绿色大学"，提出"绿色大学"创建的构想并积极推动"绿色大学"的创建工作。清华大学"绿色大学"研讨会首次提出绿色教育概念，并从环境保护与环境可持续发展两个角度认识绿色教育的丰富内涵，强调绿色教育是一种教育理念，学校要将绿色教育这一理念全方位融入所有教学环节中去，培养具有环境保护意识和可持续性发展意识的人才。清华大学率先实施"绿色大学计划"，并召开了"大学绿色教育国际学术研讨会"，国内外 20 多所重点大学参加此会，为我国绿色教育研究

拉开了序幕。[①]南开大学、哈尔滨工业大学等国内一些知名高等院校开始探索大学绿色教育，把环境保护和可持续性发展原则落实到教育全过程，以不同形式开展绿色教育，以绿色教育思想培养人、绿色校园示范工程熏陶人。"绿色大学、绿色教育、绿色校园、绿色科技"的主要思想也逐渐得到了社会教育界的广泛认同，并将绿色教育观念逐渐地贯彻到了高校教育工作之中，推动了我国高校绿色教育的不断发展。

1999 年 5 月在北京举办的"大学绿色教育国际学术研讨会"围绕如何推进"绿色大学建设"进行了探讨，标志我国绿色大学创建正式启动。2000 年在哈尔滨工业大学召开全国"第一届大学绿色教育研讨会"探讨了大学绿色教育的课程结构、教学内容和方法，并最终向教育部提交《全国大学绿色教育课程结构和教学纲要草案》，推动了我国高校绿色大学建设和绿色教育列入教学计划工作的进展。

全国绿色大学的兴起体现出环境思想的转变，开始从教育领域尝试探讨社会的可持续发展问题，2008 年提出"建设可持续性绿色发展校园宣言""高等学校绿色节约型校园建设管理与技术原则"，标志着我国绿色大学建设活动从宏观的理论指导转向微观的具体实践阶段。

从 2010 年起，绿色教育的内涵不断充实，外延不断扩大，从环境教育向可持续发展、生命教育等方面发展，为培养大学生绿色发展意识，树立绿色价值观起了重要的作用。

党的十八大以来，国家高度重视绿色教育，出台了促进绿色教育发展的一系列文件及政策举措。一是把美丽中国建设作为绿色教育的主要目标。二是出台《绿色低碳发展国民教育体系建设实施方案》，将绿色低碳发展融入教育教学，以绿色低碳发展引领提升教育服务贡献力；将绿色低碳发展融入校园建设，为绿色教育制度化、规范化建设提供了根本遵循。

习近平总书记在党的二十大报告中指出："实现碳达峰、碳中和是一场广泛而深刻的经济社会系统性变革。"[②]推动绿色低碳发展、实现碳达峰、碳中和目标是一项复杂的系统工程，需要社会各领域统筹协调，各行业协同发力。高校必须承担起绿色低碳教育的时代责任，积极开展碳达峰、碳中和思想教育，妥善处理好绿色低碳发展通识教育和专业教育的关系，将绿色低碳发展教育落到实处，向社会各领域播撒"绿色"种子，使大学生成为未来推动我国绿色低碳发展的中坚力量。

---

① 郝桂荣，汪敏.解读大学"绿色教育"[J].锦州医学院学报（社会科学版），2004（2）：57-59.

② 习近平.高举中国特色社会主义伟大旗帜　为全面建设社会主义现代化国家而团结奋斗——在中国共产党第二十次全国代表大会上的报告 [M].北京：人民出版社，2022：51.

第三节　绿色教育相关概念界定

■一、绿色教育概念

（一）绿色内涵

颜色是物体表面的一种视觉特性，是人们通过眼、脑和生活经验所产生的一种对光的视觉效应。赤橙黄绿青蓝紫代表七种不同的颜色，绿是其中的一种。古往今来，无数文人墨客对绿色进行了描述：灯红酒绿、粉白黛绿、花红柳绿、绿肥红瘦、花花绿绿……绿是色彩，绿是生命，绿是希望，绿是慰藉，每个人心中都有一片绿。

我国古代五行学说中，绿色是木的象征，在我国文化中绿色被赋予了具有生命力、健康的含义，象征着生机盎然与生命的活力。今天，绿色是自然、环保、健康的体现，人们常说的绿色蔬菜、绿色食品，带给人一种自然纯净、无污染、无公害的感觉。

习近平在三明将乐常口村调研时说"青山绿水是无价之宝"，总书记心中的绿色强调要保护好生态环境，建设美丽的人居环境，发展经济，体现了绿色的经济价值与人文价值的统一。绿色作为一种颜色，泛指与环境保护相关的意识与行为。

（二）教育内涵

教育是一种社会现象，是人类社会永恒的范畴，是新生一代成长和社会生产、生活的继承与发展所不可缺少的手段。教育是根据一定社会的现实和未来的需要，遵循年轻一代身心发展的规律，有目的、有计划、有组织、系统地引导受教育者获得知识技能，陶冶思想品德、发展智力和体力的社会实践活动。[①]教育根本任务在于立德树人，培养有理想、有道德、有文化、有纪律的社会主义公民，提高整个中华民族的思想道德素质和科学文化素质。教育是一种培养人的社会实践活动，是人类种族繁衍、社会生活延续所必需的，环境教育理应成为教育的重要内容。

（三）绿色教育内涵

教育作为一种育人实践，本身并无所谓的颜色之分。随着社会生产力发展，保护

---

① 高东平.由一个案例引发的思考[J].课程教育研究，2015(30)：234.

环境成为人类社会发展面临的突出矛盾和主要问题，人们开始从教育的维度思考人类永续发展，在这样的时代背景下，绿色教育应运而生。

原清华大学校长王大中是国内最早研究绿色教育的学者，他也是国内最早界定绿色教育这个概念的学者。绿色教育是关于环境保护和促进环境可持续发展的教育，作为育人的场所，学校应该将这种教育思想全方位融入所有教学环节中去，帮助学生在获得知识的同时也提高他们关注环境、爱护环境的意识，提高其综合能力和素质。[①]从王大中教授对绿色教育概念的界定可以看出，绿色教育是基于环境问题而产生，在某种程度上特指环境教育，侧重通过教育途径提升学生关注环境、爱护环境的意识以化解社会对环境的压力，没有从"绿色"的引申意义解读绿色教育，也就是没有从提升学生生命质量、促进学生可持续发展和健康发展方面进行外延拓展，仅从狭义的角度来界定绿色教育。

综合学术界对"绿色教育"的研究成果，绿色教育包含三层意思：第一层是源于环境保护而产生的环境保护教育；第二层是把环境保护与人类发展结合起来的可持续发展教育；第三层是当前交融和借鉴生命教育思想以提升学生生命质量为核心的教育。[②]绿色教育理论研究和认识实践不断深入，人们从最初的响应环境保护需要的环境教育到人类社会可持续发展教育、关注生命质量的生命教育，体现了绿色教育时代化的鲜明特征。

我们认为，绿色教育是遵循教育发展和学生成长规律，将"环境保护""可持续发展""健康成长"思想和理念融入学校教育教学与管理全过程，旨在提高学生的环境意识与环境素养，培养绿色公民和促进学生全面发展的一种教育实践活动和教育理念。

（四）绿色教育本质

教育本质是指教育本身所固有的根本的属性，是培养人的活动。绿色教育本质是指绿色教育本身所固有的根本属性。从本质论的角度来说，绿色教育是一种可持续性发展教育，是具有可持续发展的品质、特征或状态的教育，是培养具有绿色素养的人的活动，这是绿色教育的本质内涵与质的规定。

绿色教育坚定不移地秉持"以人为本"的育人理念，尊重生命、关爱生命，摒弃片面发展的应试追求，以促进学生知识与技能、过程与方法、情感态度价值观、个性特长、创新精神与实践能力的全面发展为己任，这是绿色教育本质的体现。

---

① 李新兵.关于我国绿色教育思想研究 [D]. 天津：天津大学，2017：3.
② 陆建龙.中小学实施"绿色教育"的调查与研究 [D]. 扬州：扬州大学，2014：8.

■二、绿色教育特征

绿色教育作为一种育人活动与育人理念，具有自身的显著特征，体现了教育尊重、关心每一个生命个体健康成长的本质要求。教育者要遵循受教育者的成长规律和教育教学规律，注重理论与实践相联系，不断激发受教育者内生活力与个性化发展潜力，师生之间互相尊重、实现平等交流，共创充满活力、轻松、绿色的课堂，实现受教育者健康、快乐、自由、全面的发展。[①] 绿色教育具有如下特征。

（一）绿色教育的生命性

教育家斯普朗格认为，教育绝非一种单纯的知识、文化传递，而教育之所以称为教育，主要基于它能够唤醒人的心灵。绿色代表生命，是青春、生机、活力的象征。体现生命性是绿色教育的基本特征。教育主体与客体具有鲜活的生命，塑造人的灵魂，应直面人的生命，把提升人的生命质量作为绿色教育的价值诉求。教师要树立生命意识，关注、敬畏、尊重生命，使教学充满生命气息，真心关爱、平等对待每一个学生，给知识注入生命，促进其生命价值的彰显，更好地促进学生生命价值的升华。

（二）绿色教育的人文性

"观乎人文，以化成天下。"古人最早主张天人合一。人文性是指人类文化的核心部分，具有先进的价值观及规范性。人文精神教育，维护人生命的价值和意义。实现人的发展、满足人的发展是绿色教育人文性的价值体现。绿色教育人文性蕴含教育教学的人文关怀，关心学生的情感态度价值观的发展，使学生受到真善美的熏陶，自身的独特体验受到保护和尊重。尊重教育教学规律和学生身心发展规律，激发学生创造力和生命力，关爱自然、关爱他人、关爱社会。人文性是一种反映绿色教育实践活动的价值理念。

（三）绿色教育的科学性

科学性是绿色教育中另一个不可或缺的基本特点。科学性是判断事物是否符合客观事实的标准。以历史唯物主义为指导，诉诸人的理性而不是权威，把握教育内容和方法的客观规律是绿色教育科学性的具体体现。绿色教育本身就是一门科学知识，遵循人的身心发展规律，以人与自然的和谐共生为教育内容，注重教育内容合规律性和合目的性的统一，教育学生尊重自然、保护自然以实现可持续性发展。

---

① 王胤翔. 绿色教育理念融入高中思政课教学研究 [D]. 信阳：信阳师范学院，2022：12.

（四）绿色教育的时代性

面对新冠疫情，如何培养和践行健康生活方式，已成为教育界乃至全社会需要回答的时代之问。针对人类社会发展过程中人与自然之间矛盾引发的生态环境难题，绿色教育有责任结合时代实际寻求合理的解决方案。绿色教育的诞生是时代发展的必然，是教育实现人们美好生活向往的新趋向。人类生存面临严峻的现实问题，人类社会要持续健康地发展，必须义不容辞地解决好眼前的问题，而不给子孙后代留下安全隐患。[①] 密切关注社会发展过程中所面临的各种问题，适时调整教育内容和教育策略加以解决，体现了绿色教育鲜明的时代性特征。

（五）绿色教育的前瞻性

前瞻性就是要有长远的眼光，能够想到还未发生的而又有可能发生的事情。教育如果滞后于社会发展趋势，不符合时代潮流，就失去了存在的必要。绿色教育的前瞻性，体现在能够引领学生展望未来和未知，而且对于未来和未知，不是凭感觉和心情去猜想，而是靠科学方法去探索和研究。绿色教育根据科学技术的发展，对未来社会的绿色需求做出前瞻性预测，在社区建设、校园规划、活动方案中融入绿色理念，发明新技术、研制新材料，以实现人类社会永续发展为目的。绿色教育注重处理同代人和代际间发展的公平问题，体现了前瞻性的发展理论和发展战略。

■三、绿色教育目标

绿色教育是保护地球环境的重要途径之一，也是建立人类可持续发展宏观机制的重要举措之一。高校开展绿色教育实际上是将绿色理念融入教育发展全过程，提升受教育者的绿色综合素质，以实现人类社会的可持续性发展和学生的健康成长。通过绿色教育、绿色实践活动，发挥绿色道德功能，自觉实施绿色行为，培养绿色技能，扩大绿色实践对身边每一个人的影响。[②] 绿色教育目标具体表现在以下四个方面。

（一）知识目标

绿色教育坚持以满足受教育者绿色生产生活需求为导向，解读绿色教育要素，增强学生对开展与专业相联系的绿色活动所需要的基本理论和基本知识的理解。通过保护环境的政策、法律、可持续发展战略、生命价值等知识指导学生践行绿色生产生活方式。

① 李久生.环境教育的理论体系与实施案例研究 [D].南京：南京师范大学，2004：35.
② 高林飞.高等院校绿色研究 [D].西安：西安工业大学，2014：14.

（二）能力目标

以绿色知识为主线，使受教育者能够把握美丽中国建设过程中的绿色痛点，根据绿色行为、绿色制度要求培养受教育者发现问题的探索能力、解决问题的动手能力、建设美丽中国的执行能力，促进受教育者提升全面自由发展的生存与发展能力。

（三）价值目标

增强受教育者的绿色意识，培养绿色精神，在社会上形成一种绿色文化。让受教育者重新认识到自然和人类、人与社会、人与人的关系与价值，教育公众尊重与关心自然、关心他人、关爱社会，促使美丽中国建设内化于心，外化于行，成为绿色行为的宣传者、践行者、维护者。

（四）实践目标

马克思主义哲学首先强调实践是认识的基础，实践对认识的决定作用。绿色教育作为一种教育理念，其作用在于促进人们行为的改变，规范绿色行为，养成绿色行为习惯。通过组织学生参加各类主题的绿色环保公益活动，了解社会、认识国情、增长才干、奉献社会，锻炼毅力、培养品格，积极投身于国家环保事业的伟大实践。

■四、绿色教育定位

（一）绿色教育是责任感教育

责任感是指个人对自己和他人、对家庭和集体、对国家和社会所负责任的认识、情感、意志以及与之相应的行为承担责任和履行义务的自觉态度。大学生作为担当民族复兴大任的时代新人，责任担当是鲜明的底色。绿色教育是一种责任感教育。人类只有一个地球，保护人类共同家园是功在当代、利在千秋的壮举。绿色教育源自生态环境的破坏和人类生存危机的紧迫感。学校通过有组织的绿色知识宣传、常规性的绿色实践活动，让学生明确生态环境保护的意义，明确自己对社会、对人类未来的生态责任与义务。每个参与绿色行为的人，都有着充足的幸福感和沉甸甸的责任感，都在自觉地参与身边的环境保护活动。绿色教育理念已抵达内心，成为所有人行动的准则。

（二）绿色教育是素质教育

素质教育倡导尊重、发挥和完善学生的主体性，注重培养学生强烈的创造欲望、创造意识和创造能力。①素质教育的提出和推进是以促进人的全面发展为根本目标，把受教育者教育成正直善良、尊重生命、有丰富内心、能感悟幸福、有自我追求，对社会有益的人。一个人的素质，并不在于有多少才艺，也不在于有多少知识，最重要的是要有道德，这是教育立德树人、以德为先的体现。绿色教育是随着素质教育推进过程中的新矛盾衍生出来的一种新型教育模式，是当代素质教育发展的努力方向。绿色教育在一片教育法治的天空下，受教育者的人性受到尊重，能够舒展开自己自信的翅膀，敢于主动释放与他人不同的声音，成为自由的天使，找到属于自己的幸福与成功。绿色教育、素质教育都是强调学生全面自由发展的教育，在价值目标上具有高度的契合性。绿色教育是素质教育与时俱进的产物，为破解当前应试教育困境，推进素质教育发展找到了新的切入点。绿色教育作为素质教育的重要内容，是学生自己愿意学习的教育，是能够让学生沉浸其中、获得深刻认知体验的教育，是能够让学生产生成就感的教育。

（三）绿色教育是生命教育

绿色教育是生命的教育，是引导学生尊重和热爱生命价值的教育。生命是一种很独特的自然现象。尊重生命极为重要的一个方面是尊重他人。教育作为一种育人的事业，切实尊重每个人的生命价值和尊严，是人民至上、生命至上的理念在教育实践的真实体现。教育在传授知识的过程中，要超越传统教育教学功利观对学生个性的束缚和压抑，遵循学生身心发展规律，尊重学生人格。教育学生不仅要尊重自己的生命，也要尊重他人的生命，尊重自然界万物的生命，做到仁者爱人，实现人与自然、社会和谐发展。绿色教育要教育学生珍爱生命，洞悉生命一维性，学会积极地生存、健康地生活与独立地发展，提升生命质量。绿色教育要合理利用生命教育理念激发学生积极创造生命的价值，树立正确人生观、价值观和就业观。自然的生命是人生命存在的前提和物质载体，感恩惜福，爱护大自然。让学生体会生命的无常，珍惜自己，关怀别人，学会生存、学会共处。

■五、绿色教育价值取向

价值体现的是主体和客体之间的一种特定关系，表现为人与满足某种需要的客体之间的意义。教育作为人类社会的一项实践活动，受不同社会条件和人们观念的影响，具有不同的价值取向。绿色教育目的的实现需要在教育价值取向问题上协调好个人与

① 杨红英.素质教育视域下当代大学生核心价值观培育探微[J].福建论坛（人文社会科学版），2010（7）：157-160.

社会两者的关系。绿色教育的价值取向可以概括为幸福、民主和共享三个方面。

（一）追求幸福

幸福是一种个人的情感体验，是指关乎人类生存与发展的某种需求和目的得到满足的心理体验。幸福是一种主观体验，完全取决于个人的价值观、需求和经历。人具有自然、社会和精神三种属性。根据每种属性得到发挥和满足的心理体验可以分为自然幸福、社会幸福和精神幸福三种不同层次的幸福。自然幸福是指人的生理上得到的满足，是一种物质幸福；社会幸福是指人作为社会中的一员，其社会性的需要得到满足的一种体验，如社会关系、权力、归属感等；精神幸福是指人在潜能发挥、自我价值实现等方面满足的一种体验，是最高层次的幸福。幸福是物质幸福和精神幸福的统一，幸福是一过程，是在一定温饱和安全条件基础上，在社会生态环境下，拥有能产生幸福感的要素、机制、动力的生活和生活状态。有钱、有权、有别墅、有豪车、被人羡慕所带来的幸福感只是低层次的物质幸福感。当前教育注重学生知识的获得，在功利主义和工具理性的影响下，学而优则仕，把拥有金钱、地位等看作幸福，忽视人的精神世界的培养和塑造，这是一种低层次的幸福。幸福与快乐是有区别的。快乐不等于幸福，但幸福"是我们所能有的最大快乐"。[1]

教育是追求幸福的事业，追求幸福是教育的基本要义。教育需要幸福，教育离不开幸福，教育应该追求幸福。追求幸福作为绿色教育价值取向有其必要性和合法性，符合人性的需要、生命本性，也是学校教育价值取向变革的基本趋势。

根据幸福的三种不同的层次，在绿色教育过程中可以根据不同教学需要进行有针对性的安排，去不断满足人的不同层次幸福，进而帮助人更好地认识自己、改造自己，促进人的全面发展。

幸福源自对教育规律的遵循。绿色教育是一种有规律的教育，是富有人性的教育，是具有温度的教育，是对学生未来人生负责的教育，是为学生终生幸福奠基的教育。绿色教育反对功利，反对短视，不会急于求成，不会心急火燎，不会一味拼分数、拼时间，不会把教育异化成只有应试，更不会把教育演变成只有硝烟弥漫的拼杀。违背教育规律，带来的是身心的伤害、人性的践踏、良序的破坏，教育乱象丛生，教师、学生苦不堪言，教育失去了应有的幸福。"在他们看来，原本充满惊奇与探险、困惑与喜悦的教育历程异化为不得已的为'考试、评比做准备'。"[2]绿色教育强调幸福的价值取向，用心感受、用爱传递、用美塑造，让学生体验教育成长的幸福，在提高学生知

① 莱布尼茨.人类理智新论（上册）[M].陈修斋，译.北京：商务印书馆，1982：188.
② 胡文龙，雷庆.幸福论视角下的高等教育质量观价值取向[J].现代大学教育，2010（3）：3-5，110.

识水平，培养学生生存能力的同时，更注重学生情感世界的建构，真正让学生获得幸福的教育。

（二）追求民主

民主是随着国家的产生而出现，在一定的阶级范围内，按照平等和少数服从多数的原则来共同管理国家事务的一种制度。民主是全人类共同价值，是全人类政治文明发展的成果。民主是一种国家形式、一种国家形态。民主意味着在形式上承认公民一律平等，承认大家都有决定国家制度和管理国家的平等权利。①

提及"民主"，顾名思义，"民"就是人民，"主"就是掌权，也就是人民掌握权力。在民主的长期历史进程中，民主是自由和权力的象征。民主是具体的、现实的存在，同许多政治现象一样，民主本身也是一个发展变化的过程。一个国家的民主制度是在这个国家的社会历史条件下形成的，根植于本国历史的文化传统，成长于本国人民的政治实践探索和智慧创造。一个国家实现什么样的民主制度，走什么样的民主发展道路，必须与这个国家的国情相适应。纵观古今中外人类民主实践，从古希腊时期雅典城邦直接选举、近代宣扬"主权在民"的资本主义代议制民主，中国古代"民惟邦本、本固邦宁""民贵君轻"等思想，新中国成立后的"人民当家作主，国家一切权力属于人民"到今天的发展全过程人民民主，"民主"的内涵和外延日益丰富，不断扩展。当今的社会主义中国，一切国家机关和国家工作人员必须依靠人民的支持，保持同人民的密切联系，倾听人民的意见和建议，接受人民的监督，努力为人民服务，人民以主人翁的姿态诠释着社会主义民主的真谛。民主作为一种思想观念，是民主实践和民主制度在思想意识形态领域的反映。民主作为一种政治制度，是用来解决重大社会问题，调节社会利益或缓和社会矛盾的一种方法。民主道路不同，民主形态各异。民主没有最好，只有更好，人类对民主的探索和实践永无止境。

教育是践行民主的一种有效方式。尊重受教育者的权利，崇尚师生平等，打破教师中心主义，尊重差异，关注差异，发展差异，学生拥有话语权，能在教育过程中充分表达自己的意见，这是教育民主的具体体现。

绿色教育民主价值取向表现在教育的民主状态和民主的教育方式。绿色教育贯彻人人平等的原则，教师和学生具有人格和尊严上的平等性，都是教育平等的参与者和行动者，打破传统教育的教师中心、教材中心，改变传统教育单向教育过程的传输者或接收者角色。绿色教育实现教育方式的变革，由原来教师主导的创设性教学向师生共创的生成性教学转变。教师不再是唯师独尊，居高临下，而是与学生共同探索知识，

---

① 列宁选集：第三卷 [M]. 北京：人民出版社，2012：201.

共同成长和发展，并且在共同协作中发挥特定的引导作用。民主的教育方式坚持教育法治思维，教师依据法律法规履行教书育人的职责。教育不是教师所独有的"权力"，它也是学生的一项"权利"。①构建平等、民主、融洽的师生关系，教师与学生是教学命运共同体，绿色课堂中师生共同构建教学，使学生在绿色课堂中感受到民主和平等的精神。

（三）崇尚共享

党的二十大报告指出："坚持以人民为中心的发展思想，维护人民根本利益，增进民生福祉，不断实现发展为了人民、发展依靠人民、发展成果由人民共享，让现代化建设成果更多更公平惠及全体人民。"②这一论述体现了社会主义为人民而发展的制度优势，彰显了新发展理念崇尚共享的发展思想。共享即共同分享，与他人一起使用或分享，强调物品的使用权与所有权的分离。发展成果由谁享有，体现了发展的价值取向。共享发展理念是源自发展实践的总结、反思和超越，是对人类社会发展规律的新认识、新成果，是马克思主义政治经济学中人的全面发展理论、利益理论的继承和创新。共享发展把马克思主义发展观与中国实际、时代潮流、群众期盼紧密结合起来，促进社会公平正义，彰显了以人为本的价值取向。共享发展提倡人民群众共同享有改革发展全部成果，却并非建立在浪费资源的基础之上。推动绿色发展方式的形成，引导绿色生活方式的形成，坚持用绿色发展、协调发展、创新发展维护共享发展成果，逐步实现全体人民共同富裕，为全民共享、全面共享、共建共享、渐进共享提供了实现条件。

绿色教育共享价值关注的是教育中的公平公正问题。民主关注教育过程的幸福，共享关注教育结果的幸福。绿色教育共享强调的是拥有平等教育机会和优质教育资源的良好状态。当前我国教育发展不平衡不充分的矛盾依然存在，教育资源匮乏，教育的地区差异、城乡差异、校际差异明显，这显然不利于教育公平发展和育人活动顺利开展。实现教育公平是教育高质量发展的题中之义。绿色教育共享的价值目标在于节约教育资源，促进教育公平，提升育人质量。

一是资源共享。共享教育是对中国传统文化的回溯与践履。共享教育从教育资源到教育路径的无保留式传递与输出，本质便是对"天下大同"儒家天道精神的继承与发展。数字化技术的到来，教育应该努力思考资源共享的可能并创造教育资源共享的路径与未来。做好统筹规划，提高教育资源综合利用率。目前我国存在教育资源分配不均、政策不平衡、教育渠道有差异等现实困境。各区域、各学校间应加强教育合作，

---

① 李新兵.关于我国绿色教育思想研究[D].天津：天津大学，2017：41.

② 习近平.高举中国特色社会主义伟大旗帜　为全面建设社会主义现代化国家而团结奋斗——在中国共产党第二十次全国代表大会上的报告[M].北京：人民出版社，2022：27.

加强教育资源共建共享。优质学校要敢于担当责任，充分分享教育教学经验，促进薄弱学校有机会获得在教学、管理、科研方面的优质资源。借助互联网模式，搭建教育资源共享平台和交流渠道，促进资源的合理流动，通过网络备课、线上交流、教学研讨促进教育均衡发展、协调发展、高质量发展。

二是平台共享。数字化技术为教育方式共享提供了物质基础。教育系统内外存在问题和复杂矛盾，它们的解决以及教育系统的良性发展不单单是依靠学校和政府部门的力量就能实现的，需要全社会的共同努力。[①]建设立体化育人平台，线下沟通、线上云技术互动，让优质教育资源在生态体系的流转中，实现全时空、全样本人群在复杂网络节点上的无障碍交流，构建起立体化深度学习的新样态。这是绿色教育价值共享时代化、大众化的必然趋势。每个主体既是教育过程的参与者、建设者，同样也是教育结果的享有者。共享意味着打破教育壁垒，全体都要参与共建过程。绿色教育以专业顶层设计与教育科学为指导，通过思想淬炼、政治历练、实践锻炼、专业训练，建构系统化、常态化和数据化的优质平台，打造"人人皆学、处处能学、时时可学"的共享平台。

第四节　绿色教育的理论基础

■一、人的全面发展理论

实现人的全面发展是马克思主义的最高命题和根本价值。马克思、恩格斯在《共产党宣言》中论述了人的全面发展思想。人是社会实践的主体，既被现实社会所塑造，同时又在推动社会进步中进而实现自身发展。[②]人的全面发展是对片面发展的克服，是消除异化、消除旧式分工的过程，包括了人的个性的自由，人的性格、智慧、情感的发展。人是有思想、有意识、有各种需求的社会存在物，要从人的本质规定，即社会关系的总和这一角度来理解人的全面发展。人类要把握自然界、人类社会、人类思维的三大规律，实现经济解放、政治解放、思想解放，做自然的主人、政治的主人、自身的主人离不开人的全面发展这一基础与前提。

每个人生来都不是尽善尽美的，人只有在后天的发展中才能逐渐自我完善。促进人的全面发展，必须高度重视教育。教育是提高人的能力、素质和思想道德最重要的

---

①　李新兵.关于我国绿色教育思想研究[D].天津：天津大学，2017：42.

②　马克思恩格斯选集：第一卷[M].北京：人民出版社，2012：6.

途径，是实现人的自我完善的有力手段。人的个性和社会性的自由发展，体现了人的生命性的重要特征。正如马克思所说："有生命的个人的存在是人类历史的首要前提。"① 矛盾的特殊性表明，世界上没有两片完全相同的树叶，每个人都有自己独立的思想，人性的差异性为世界发展提供丰富多彩的呈现形式。绿色教育是尊重人性的差异性、追求个性自由发展的教育。

教育是研究如何培养人、提高人的素质、促进人的全面发展的科学。促进人的全面发展是社会主义教育发展的目标。教育的生产力发展功能为人的全面发展创造了物质技术条件，教育是推动和实现人的全面发展的重要途径。高等教育承担着为党育人、为国育才的任务，推进人的全面发展是绿色教育的时代使命。绿色教育理念融入人才培养的全过程，关注学生个体差异，尊重学生主体地位，激发学生生命潜质，帮助学生提高生存能力，促进人的全面发展。

■二、教育生态学理论

教育生态学是研究教育与其周围生态环境之间相互作用的规律和机理的一门科学，是教育学与生态学相互渗透的结果。教育生态学充分吸收了教育学和生态学的学科优势，创新性地将教育与生态环境联系在一起，研究教育与其周围环境的相互关系。从生态学的视角看，教育既与人口、地理环境、文化、科学技术等宏观环境密切相关，也受教育微观环境的影响。微观教育环境包括家庭环境、学校环境、社区环境和同辈群体环境。教育环境具有复杂性、动态性、特定性和可创性特点。教育生态学关注人际交往、家庭关系、师生关系乃至学生个人的生活空间、心理状态对教育的影响。

生态学讲的是生物与环境和人与自然的关系。教育生态学核心内容就是从生态学的视角研究环境对人培养的影响问题，强调塑造富于人文精神的生态环境，做到环境育人。教育是人类的教育，是联结人和社会的中介，教育不能远离原生自然界，其生存发展一刻也离不开自然与社会环境的协调发展。绿色教育的生态结构中，无论是宏观至生态圈的建立，还是微观至校园的基础设施、课堂教学的实施环节，都必须提供最能满足学生成长需要的教育条件。

伴随着社会各领域的生态危机，教育必须及时调整自己发展思路和方向，逐步走向生态化，建设起和生态文明相适应的符合生态规律的新型教育体系。绿色教育就是教育生态化趋势的产物，从生态的视角重新审视教育，用人和自然协调发展的理念引导学生去思考和认识经济、社会、文化等问题，积极关注未来教育的发展趋势。

借鉴教育生态学理论构建绿色课堂，强调以课堂环境的生态因子为主，平衡好课

---

① 马克思恩格斯文集：第一卷 [M].北京：人民出版社，2009：519.

堂的生态功能。根据教育生态学理论基础，以学生个体发展为主线，处理好各影响因子之间的相互作用，加速物质能量与信息知识的流动，促进课堂教学生态平衡，从而有效推动绿色课堂高质量发展。

■三、可持续发展理论

可持续发展理论研究人类如何理性对待发展问题，力图合理地协调自然与人类、环境与经济、现实与未来之间的关系。可持续性发展是一种"人－自然－社会"之间高质量、高水平的协调发展，确保人类生态系统保持平衡，是维系人类生存的途径，是人类社会发展的产物。

中国古代和西方可持续发展思想源远流长。《国语》中指出，九州山川河湖可以生产物质资源，所以要保护和祭祀，反映了我们祖先早期就萌生了可持续发展思想。人类经过漫长的演进，人们对生态资源的保护不断走向成熟。春秋战国时期就有保护正在怀孕和产卵的鸟兽鱼鳖以永续利用的思想和封山育林定期开禁的法令。南宋理学家朱熹提出天人一理、天地万物一体之说，确立了人与自然关系的基本内涵与原则，与今天我们提倡的人与自然和谐发展观点相一致。1962 年蕾切尔·卡逊在《寂静的春天》第一次系统全面地介绍了环境保护的重要性和紧迫性，这是第一本提出可持续发展理念的著作。1987 年世界环境与发展委员会报告《我们共同的未来》对可持续性发展内涵进行了这样的阐述："既满足当代人的需求，又不对后代人满足其自身需求的能力构成危害的发展"。由于资源的有限性和人类需求的无止境的矛盾，人类便失去了可持续发展的基础。经济建设和社会发展应与自然承载能力相协调，对资源利用不能超过资源开发与更新速度，这是可持续性发展的内在要求。要实现人类社会永续发展，必须保护和改善地球生态环境，保证以可持续的方式利用自然资源，使人类的发展控制在地球承载能力之内。可持续性发展要求摒弃不合理的生产方式，摒弃对自然资源掠夺性的开发，摒弃隔断人与自然"新陈代谢"联系的生产模式，摒弃通过大量消费来推动生产的生产模式。政府要发挥政策效应，通过绿色技术和绿色制度引导社会生产，建立资源节约型、环境友好型社会，降低自然资源的消耗速度，减少不必要的消耗，以满足人类社会未来的发展需要。

可持续发展理论成为当前和未来绿色教育发展的重要理论基石。可持续发展理论要求重新审视人与自然的关系，尊重自然，保护自然，树立新的发展观、资源观、利益观。从绿色教育的理论研究和实践探索来看，可持续发展理论拓宽了绿色教育的视野，丰富了绿色教育的内容，为人类探索新的发展道路贡献力量。

■四、高质量发展理论

发展是人类社会的永恒主题，是硬道理。一个国家、一个民族只有不断发展，才能屹立于世界。高质量发展，就是能够更好满足人民日益增长的美好生活需要的发展，是体现新发展理念的发展。当代中国经济在发展过程中逐渐暴露出一些深层次问题。要保持中国经济的中高速增长，避免所谓的"中等收入陷阱"，国家经济增长模式的转型升级必不可少。从中国经济发展的历史逻辑来看，它经历了一个由高速增长阶段逐步转变为必须更加重视经济发展质量内涵的过程。习近平总书记在党的十九大报告中明确指出"我国经济已由高速增长阶段转向高质量发展阶段"，这在某种程度上反映了现代化进程中经济发展从"量的积累"转向"质的提升"的一般性规律，体现了人们对发展的认识由原来的认知理性向人文理性转变，经济增长由速度到质量，再到高质量发展转变。高质量发展是实现人民美好生活的必经之路，是我们党在适应新形势、解决新问题、应对新挑战的过程中形成的具有鲜明时代性和创新性的理论成果。

发展是经济增长数量和经济增长质量的结合、经济发展结构与经济发展层次的优化。高质量发展坚持以新发展理念为价值导向。高质量发展内涵表明"发展"是践行生态生产力发展观，坚持"绿水青山就是金山银山"科学发展，实现"真发展"与"好发展"的有机统一。高质量发展贯彻新发展理念，创新成为发展的第一动力，协调成为内生特点，绿色成为普遍形态，开放成为必由之路，共享成为根本目的。①

绿色低碳发展是我国经济转型升级、高质量发展的必然要求，也是解决污染问题的根本之策。绿色教育是高质量发展理念在我国教育领域的延伸，为解决人与自然和谐共生提供了新的视角和新的方法。

《绿色低碳发展国民教育体系建设实施方案》把绿色低碳发展理念全面融入国民教育体系，为高校绿色教育工作提供了根本遵循。高校教育必须以新发展理念为引领，在"双碳"热度陡然增高的背景下保持先发优势和特色，深化"双碳"人才培养供给侧结构性改革，探索实施绿色低碳发展教育。以高质量发展为契机，让"双碳"主题引领学科专业建设和人才培养，加大"双碳"领域教学资源建设力度，开设"双碳"理论课程，开展近零碳校园创建，拓展绿色低碳教育新空间。

---

① 杜爱国. 中国经济高质量发展的制度逻辑与前景展望 [J]. 学习与实践，2018（7）：5–13.

第一节　大学生绿色教育意义

中国特色社会主义进入新时代，意味着近代以来久经磨难的中华民族迎来了从站起来、富起来到强起来的伟大飞跃，迎来了实现中华民族伟大复兴的光明前景。[①] 绿色是自然、美好、健康的象征，人们生活在地球上，良好的自然环境非常重要。在经济快速发展的今天，践行可持续发展，实现人类与自然的和谐相处，提高资源利用率，是各国都在不断探索和追求的目标，也是全人类需要共同努力的方向。

■一、绿色教育有利于更好地认识世界

"人类中心主义"并不是绿色教育的本质，绿色教育注重的是培养人的综合能力，注重全面发展的人。在践行全面发展的道路上，要注意个体与自然、个体与社会之间的关系。我们常讨论的问题——"你从哪里来""你是谁""你要到哪去"，看似简单朴实，实则涉及非常深刻的哲理。不同的人对这些问题有不同的见解，从哲学角度分析，上述三个问题需要从人的自然、社会、精神三个属性出发，进行对应分析。这三种属性与前面三个问题是相对应的，对于这三个问题的回答，正是绿色教育之于人的意义，即"认识你自己"。

人是生活在地球上的生物之一，人的自然属性就是从这一角度出发。人的生存离不开空气、水、食物等物质，而这些物质都需要从自然界中获取。人通过从外界获取物质来维持人体生存所需的能量，保持生命活力。人身体的组成部分虽然不是"自然界"，但生存离不开"自然界"，人对自然界具有天然的依赖性，因此可以说自然界是人

---

① 杨小勇，王璋弟 . 从"五位一体"把握健康中国战略的内涵及实施策略 [J]. 海派经济学，2019，17（4）：32–42.

的无机的身体。绿色教育强调以人为本，首先重视身心健康，深入剖析"我从哪里来"。人虽然与动物一样都属于生物，但不同的是随着不断进化发展，人类身上多了一层社会属性，马克思认为人是通过劳动实现了与动物的区分，这即是社会属性。在复杂的社会关系下，每个人都具有独特性的社会存在，这即是"我是谁"问题的本质。

人的精神属性是人体具有意识这种反映特性，能够用抽象意识的形式，反映外界事物对于自己的刺激作用，形成主观的观念、精神并支配自己进行自觉的、能动的实践活动，乃至于能主动施加作用于外界事物以达到自己意识中的一定目的。[①] 通过分析我们可以看出精神属性之重要性，精神属性是人与其他生物的差别所在，人之所以能够成为高级生物，就是因为精神带来的创造力、思考力、实践能力等其他生物不具备的技能。任何属性的分析都应该站在宏观角度深入挖掘，在讨论精神属性重要性的同时，应该充分意识到其与社会属性的相辅相成关系。精神属性一定是在社会关系这个大环境中形成并发展的。"我要到哪去"是精神属性的对应问题，其核心是讨论人在处理社会关系的过程中，怎么样找到自我定位、如何保持清晰客观的自我认知，以及能够较为准确地判断今后发展路线。

绿色教育的实践对于人的意义就在于回答这三个问题，并实现人的三种属性的和谐统一。绿色教育在尊重人自身发展规律和教育规律的基础上，有利于使管理者在绿色管理中、教育者在绿色教学中、受教育者在绿色学习中以及在他们的绿色交往中，真正做到尊重差异、发挥个性，并不断激发人发展的各种可能性，使其正确认识自我价值，帮助他们确立正确的人生态度和追求目标，从而实现对自我的认知。而且在与人相处、与社会接触的过程中，也使其了解与周围世界的关系，认清社会的发展规律，从而帮助他们更好地认识世界。

■二、绿色教育有利于更好地改造世界

绿色教育帮助人们树立正确的世界观、人生观和价值观，更好地认识世界，找到自己正确的定位。绿色教育不仅有利于意识形态的形成，对具体的社会活动也有一定指导作用。我们都明白教育的伟大之处在于社会发展过程中，需要有接受过良好教育的人才能促进社会发展。"教育所造就的人必然作用于'事'和'物'，但教育与客观的'事'和'物'之间，并非直接相通，而是以教育所造就的'人'为中介的。"[②] 绿色教育对社会发展的意义实际上就是讨论：接受过绿色教育的人对社会发展的影响有哪些。

绿色教育对人和社会的积极作用体现在不同方面，从对个体意义来看，绿色教育

---

① 王孝哲 . 论人的基本属性 [J]. 泉州师范学院学报，2008（5）：16–19.

② 胡德海 . 论教育的功能问题 [J]. 西北师大学报（社会科学版），1999（2）：8–14，107.

能够帮助我们树立正确的世界观、人生观和价值观，让我们了解自己，看到更广阔的世界。这是绿色教育对个体内在塑造的意义。从对社会影响来看，绿色教育的价值得以延伸，造就了人在社会发展、世界变革中的综合能力，激发人们思维，鼓励创造积极性，将个人的能力升华到社会价值方面，这便是自我价值与社会价值的统一。

人是天生的社会动物，人的本质是一切社会关系的总和。接受绿色教育能够促进人的发展，绿色教育的普及对社会环境有一定积极影响。分析绿色教育与社会之间的影响关系，它们之间相互成就，相互促进。社会发展需要绿色教育来培养人才，而绿色教育的顺利实施也需要有和谐的社会环境作为基础。无论是人个性化的一面还是社会化的内容，都需要从多个维度综合分析。忽视人和社会互相影响的关系，一味单独分析人的发展或社会的发展都是不正确的。教育培养人不可能完全遵循人的发展规律，周围社会环境一定会产生影响。实施绿色教育需要立足实际，考虑社会发展阶段，顺应时代需求。在教育实践的过程中，我们发现个人对教育的需求与社会发展有重要关系，社会发展的需要决定了个人发展的需要，也就形成了教育需求。虽然个体间有差异，每个人的成长道路是自己选择的结果，但毋庸置疑的是，选择的范围是社会发展制造的。

绿色教育有其独特的发展规律，教育实际上是帮助人在自身和社会之间寻找平衡点。绿色教育在社会大环境下培养出高素质人才，人才是社会发展的重要力量。因此，绿色教育有助于人们更好地改造世界。

■三、绿色教育有利于加强社会主义精神文明建设

建设社会主义是一项长期持久的工作，需要有强大的人才基础，接受过高等教育的大学生自然成为建设的重要力量。大学生寒窗苦读十几载，希望能有个好的未来和光明的前途，而个人的发展必然与国家命运相关，社会环境对个人发展的前景有非常重要的影响力。教育的对象是人，教育就应该摒弃功利性和工具化等弊端，成为促进人的全面发展的教育，成为一种健康、人文、和谐、可持续的教育，这是一种幸福、民主、共享的现代教育观。发展绿色教育，增强全社会的绿色意识，才能使人们将环境保护意识作为一种自觉的行为。[1]我国自改革开放以来，经济发展取得巨大成就，但是在经济建设的过程中，保护环境至关重要，经济发展不应该以牺牲环境为代价。"绿色教育"符合我国现代化建设的实际需求，注重生态环境才可能实现经济可持续发展。一个国家的文明程度不只是看经济实力，也要从自然环境、社会环境、人们的环境保

---

① 蔡文伯，徐玮嘉．"美丽中国"视域下的高校绿色教育 [J]．石河子大学学报（哲学社会科学版），2016，30（4）：43-47．

护意识方面进行评估。我国在社会主义的发展道路上，近年来提出了建设"美丽中国"的新目标，可见政府和社会各界对绿色教育的重视程度。绿色教育符合时代需求，是能够促进中华民族永续发展的文明路径。

■四、绿色教育有利于中国式现代化建设

绿色教育为人与自然和谐共生的中国式现代化建设提供更多的智力支持。中国共产党团结带领中国人民追求民族复兴的历史，是一部不断探索现代化道路的历史。读懂中国，关键要读懂中国式现代化。中国式现代化是人与自然和谐共生的现代化。在世界现代化历史上，许多国家都经历了对自然资源肆意掠夺和生态环境恶性破坏的阶段，在创造巨大物质财富的同时，往往造成环境污染、资源枯竭等严重现象。人与自然和谐共生的现代化是绿色教育的重要内容。绿色教育从历史的维度阐述人与自然和谐共生的理论与价值，得出人类的发展始终不能违背大自然规律，只有与自然和谐相处才能产生文明社会的结论。中国式现代化创造人类文明的新形态，在维护人类永续发展的道路上，每个人应树立环保意识、人与自然生命共同体意识，尊重自然，保护自然，呵护自然。通过绿色教育，让学生明白中国现代化进程与绿色教育实施联系紧密，个体具备绿色发展的意识才能够践行可持续发展观，实现人与自然和谐共处。建设中国式现代化不是一句空洞的口号，实现人与自然和谐共生的现代化必须牢固树立和践行绿水青山就是金山银山的理念。不论工作还是生活上，绿色教育要求生活方式绿色化、生产方式绿色化，坚持绿色意识，尊重自然，保护环境。接受过绿色教育的学生能更好地理解中国式化现代化的本质要求，从而更好地投身于中国式现代化建设的伟大实践。

■五、绿色教育有利于美丽中国建设

自工业革命以来，人们都是以牺牲环境为代价，一味地追求物质产品的极大丰富。在人类盲目发展的推动下，我们所依靠的绿色地球渐渐变得环境污染、生态恶化、资源匮乏、气候异常、灾害频发，甚至曾经对人类的生存构成了巨大的威胁，生态环境危机也逐步成为一个全球性的问题。虽然我们的国土面积大，我们的矿产资源储量也较丰富，然而，我国是世界上人口最多的国家，相对于国际上其他地区来说，我们的人均资源量水平较低。现阶段经济发展受到资源不足的影响，一直处于"动力不足"的阶段。在这样的背景下，我们的环保与生态教育并未得到足够的重视，明显滞后于时代。面对一次一次的危机，世界上许多国家都主张实行"低污染，低消耗，平稳发展，合理消费"的可持续发展战略。直至党的十八大召开，中央提出"把生态文明建设放在

首位，把它融入经济、政治、文化、社会建设的方方面面，全过程努力建设美丽中国，努力使我们的民族可持续发展"。"美丽中国"战略把国家的绿色发展和生态发展提到了前所未有的高度。大学生作为"美丽中国"建设的主体，其绿色知识水平、绿色道德水平和绿色行为水平，直接关系到"美丽中国"建设的过程和成效。十八届五中全会把"绿色发展"作为未来"五个发展"之一，加强大学生"绿色"意识的培养具有十分重大的现实意义。通过对高校学生进行环保教育，丰富他们的环保常识，养成他们的环保品德，养成他们的环保习惯，让他们在人与环境之间建立一种相互协调的关系，让他们意识到自己在我国的环保事业中担负着重要的历史使命，这对于美丽中国建设具有不可替代的重要意义。

■六、绿色教育有利于培养大学生综合素质

综合素质是指一个人的知识水平、道德修养以及各种能力等方面的综合素养。大学生综合素质的全面提高是社会发展的一般要求和趋势。当前人类迈入知识经济社会，提高人的综合素质尤为迫切。在目前的社会条件下，人们在对自然界的看法上，存在着利己主义和实用主义的思想，而且在实际操作过程中，还存在着短期的行为，有些学生放任自己的消费行为。对于品牌和时尚的追求，他们在与他人的交往中表现出了奢靡，存在着攀比、虚荣、放任等不健康的消费心理；他们忽视了自然界的价值，只是一味地追求眼前的利益，绿色素质欠缺。当前大学生参与绿色实践的有效方式不多，与其他学科的教学没有进行有效的融合，在高校中开展绿色环保教育的方式相对滞后。我们有必要对大学生进行专门的绿色教育，以改进这些缺点。

当前在高校推行绿色教育是更新和充实新时代大学生素质教育内容的重要抓手。在大学生中开展绿色教育，能够使学生从不同的视角来认识自然和社会，提高学生观察、实验、分析、推理等素质，帮助他们建立自己的观点和价值观，并主动寻求问题的答案。大学生的"绿色教育"内容涵盖了生物学、生态学、伦理学、社会学等多个领域，体现了当今教育中"人文科学"与"自然科学"相互融合、相互渗透的发展趋势，具有较强的综合性，有利于提升了大学生的综合素质。

■七、绿色教育有利于回归教育育人初心使命

回到教育自身的发展，"绿色"灵魂的缺失，导致学生接受教育不再是为了个人精神的丰满，而是为了经济生活的舒适，出现精致的个人利己主义。[①]在应试教育背景下，

---

① 张立新.区域绿色教育体系构建的价值追求与实践探索 [J].上海教育科研，2020（4）：92-96.

教师的工作目的不再是单纯地教书育人、传播知识、培养人才，更多是在教学过程中追求达到所谓的评优水平。教育领域一旦被功名利禄包围，教学质量很难提升，教育的公平性得不到保证。在教育系统里，缺乏对从业者的科学管理，在塑造校园文化的工作上，难以把握传统文化与现代网络文化的轻重关系，使教育工作效率降低，本质不再纯粹。绿色教育的推进有利于教育回归育人的初心使命。教育是国之根本，在现代各类网络文化、外来文化的冲击下，教育必须坚持初心，立足时代需求，通过绿色教育提高教学效率，净化校园环境，促进教育可持续性发展，为社会培养综合素质高的人才。

第二节　大学生绿色教育发展现状

■一、绿色教育体系尚未形成

绿色教育这一概念在我国最早出现在 1970 年左右，发展至今已有半个多世纪，但是其理论内容尚未完善。绿色教育的定义究竟是什么，并没有明确的答案。绿色教育起初是有学者关注到环境问题，将环境教育内容添加到学校教学中去，然后出现了可持续发展的理念。随着 21 世纪经济飞速发展，环境问题重要性逐渐凸显，绿色教育的重要性被普遍认可，绿色教育在此期间应用越来越广泛，发展速度较快。

很多人一提到教育，就认为是学校的事情，尤其是绿色教育，大家可能都认为环境保护是国家的事，教育是学校的事，与自己的关联不大。其实这种想法是片面的，绿色教育与每个人息息相关，每个人都应该有主人翁意识，积极践行绿色教育。学校是开展绿色教育的平台，但父母是孩子第一任老师，每个家庭都应该具备绿色教育的意识，潜移默化地影响孩子。目前家庭绿色教育还处于一个起步的阶段，普及度不高。虽然自然环境暴露出来的问题引起社会各界对自然环境的重视，但是衍生到教育领域的成果非常少，社会绿色教育具备一定关注度，总体发展水平却不高。学校的绿色教育的内容不够饱满，缺乏新颖的形式，想要开展形式多样、内容丰富的绿色教育还有难度，因为不仅是教学水平的限制，学生对绿色教育的重视度较低，很少能做到积极参与相关活动。总体来看，学生个体、家庭、学校、社会在绿色教育方面都存在一定的问题，最终导致缺乏浓郁的绿色教育氛围，也就导致绿色教育发展速度慢，相关体系不完善的现状。

现阶段社会发展、经济建设过程中出现的环境问题越来越严重，绿色教育需求越来越紧迫，但与之不协调的是，学校对绿色教育的重视程度始终一般。就现阶段大学校园里的绿色教育来看，教学内容流于形式，效率不高。高校的专业划分比较细，绿色教育如何融入细致的专业知识中是比较难的问题。从课程体系设置上看，多数高校并没有将绿色教育纳入自己的课程中，比较普遍的做法是将绿色教育散落在思想政治课中，教育内容较为分散、缺乏整体性，以至于绿色教育无法在高校中得到全面的普及。① 即使有的高校非常注重绿色教育，但是没有相关教材支撑，教学设施落后，大大影响高校绿色教育发展水平。

绿色教育的实施对于个体来说非常有益，要在日常教学中潜移默化地灌输绿色可持续发展的意识。在绿色教育下教学双方的可持续发展潜力都将得到激发，对其今后长期发展有着积极的影响。

■二、管理者与教师绿色素养欠缺

学校是开展教育活动的平台，学校尤其是大学领导者对绿色教育是否重视，将直接影响绿色教育的落实情况。高校的教育者和管理者，应该为绿色教育的贯彻落实肩负重任，从自我做起，重视绿色教育，提高自身的教学水平和绿色意识。就我国目前的教育现状来看，对文化课专业课的重视程度远远大于绿色教育部分，而且这一点很难在短期内改变。

在一个人的成长过程中，很长一段时间都是在校园里接受教育，老师对学生的影响可谓至关重要。现阶段绿色师资力量薄弱，老师的综合素质有高有低，尤其是绿色教育水平普遍不高，这导致我国校园教育中绿色教育发展缓慢。现在社会各界对绿色教育的重视还停留在"喊口号"阶段，付出实际行动较多的属自然科学学者，因为绿色教育的内容与我们的生存环境有很大关联，但是绿色教育不只是由专业学者进行的自然科学知识的传播，更多的是培养与我们日常生活息息相关的环境保护意识、资源节约意识。从师资力量来看，现在大多数老师本身就没有接受过系统的绿色教育，他们缺乏专业的知识和基本技能，在教学活动中进行绿色教育的能力偏低。

■三、学生绿色意识淡薄，绿色文明行为不容乐观

大学生经过十几年寒窗苦读终于进入高等学府，他们对大学生活充满向往，在学

---

① 蔡文伯，徐玮嘉."美丽中国"视域下的高校绿色教育 [J]. 石河子大学学报（哲学社会科学版），2016，30（4）：43-47.

校努力学习专业知识，积极参与社会实践，但是往往忽视了绿色意识的培养。大学生的环保意识普遍不高，从实践上看，大学生的环境保护缺乏行动力，仅仅是喊喊口号，没有贯彻在日常生活中，总体来看绿色意识并未养成。从知识储备上看，关于环境保护的专业知识学习不多，理论基础薄弱。从实践层面上看，多数学生亦是行之不足，对环境保护事业参与不够，对于破坏环境的行为制止力度不强，无法承担大学生在环境保护方面的责任与义务。[①] 大学校园在进行课程设置的时候，绿色教育纳入课程中的频率非常低，导致大学生缺乏接触绿色教育的途径。因为缺乏绿色教育，大学生对环境保护的认知还停留在理论层面，在生活中却没有遵循保护环境的要求，比如说下课回教室的路上会有同学为了抄近路从草坪上走过，在宿舍不随手关灯等。

　　大学生进行绿色教育的成果究竟怎样，有人以发放调查问卷的方式做了统计，结果显示，大学生对于环境保护、资源节约方面虽然理论知识都具备，但是实际应用很少。实践是检验真理的唯一标准，大学生的绿色教育践行表现不令人满意。在环境保护方面，我们不能做语言的巨人、行动的矮子。在年龄、心智成熟度、知识储备方面，大学生都已经具备保护环境的能力，但是哪怕是非常日常简单的环保行为，大学生们往往都会忽视，更不要说出于社会责任感而付出较多时间的实践行动了。大学生在校园里学习知识，他们应该在接受绿色教育的过程中形成一种自觉的绿色意识，具有责任感，为国家的绿色发展添砖加瓦。

■四、绿色教育的开展效果不甚理想

　　教育给人的影响应该是深远、潜移默化的，绿色教育除了在课堂上宣讲，更要注重实践，要达到知行合一的要求。我国校园里的绿色教育水平普遍不高，这与老师的绿色教育能力有关。首先，老师绿色意识不强，就很难以身作则引领学生树立绿色意识。其次，学校在课程设置规划上，针对绿色教育、绿色校园的建设工作缺乏，相关的管理制度欠缺，校园里环境保护相关工作有待改进。宿舍和教室未做到随手关灯、操场上垃圾乱扔、水龙头没有拧紧等现象频繁出现，这类生活中的细节都没有落实到位，没有形成良好的绿色氛围就很难养成绿色意识。分析高校绿色教育的不足之处，我们发现高校虽然经常组织实践活动，但是围绕绿色教育展开的活动有限。现在社会竞争激烈，大学生除了专业知识的学习，实践能力同样重要，尤其是近年来我国绿色教育逐渐得到重视，绿色素养已经成为评估学生综合能力的重要内容。但是高校组织绿色实践活动的次数不多，内容单一，导致大家对绿色教育的认知还停留在书本上，

---

　　①　蔡文伯，徐玮嘉.“美丽中国”视域下的高校绿色教育 [J]. 石河子大学学报（哲学社会科学版），2016，30（4）：43-47.

这不利于学生树立绿色意识，提高绿色环保技能，也从侧面体现了我国绿色教育的不足之处。

第三节　大学生绿色教育存在的问题

随着经济全球化的发展，环境保护的问题逐渐被世界人民关注。保护生态环境，促进经济可持续性发展已经成为大家的共识。进入 21 世纪以来，我国经济发展突飞猛进，人民生活水平大幅度提高，随着科学技术进步，我国传统产业正在更新换代。近年来循环经济、绿色经济等新型产业如雨后春笋般涌现，市场上急需能够胜任这类企业工作的高素质人才。

在大学开展生态文明教育的过程中，在推动"绿色教育"方面面临着诸多困难。

■一、高校绿色教育合力尚未形成

现阶段大学绿色教育面临着巨大的任务，而要实现这一任务，就必须超越大学本身。大学绿色教育是一种全程性、终生性、持久性的教育，单一的教育模式很难提高绿色教育水平。在这样的大环境下，政府部门要发挥调控功能，通过给予政策性的支持、制度上的要求来鼓励高校积极开展绿色教育。尽管我国正在推进生态文明建设，相关规划和政策也相继出台，但高校绿色教育合力尚未形成。当前，我们国家对高校绿色教育的整体规划还不健全，缺乏高校进行绿色教育的培养方案，在日常教学活动中缺乏绿色教育意识。虽然高校日益关注绿色教育的实践，但是在实践操作过程中，有些学校还只是把重点放在了建设校园的过程上，而忽视了实践的效率，缺乏改革精神，使得实践流于形式。另外作为"推动器"的社会组织、媒体、相关企业等，对学校的绿色教育并不积极，也不愿意承担其社会责任。通过上述分析，我们可以发现，对绿色教育的认识还存在诸多误区，对其重视不够，严重制约了绿色意识的形成。现在高校开展绿色教育的方式缺乏多样化，理论知识匮乏，实践操作流于形式，这些都是需要改进的地方。

■二、高校学科间的渗透与协同亟待增强

高校绿色教育是为了培养大学生的绿色意识，使其认识到环境保护的重要性，然后学习专业知识，掌握可持续发展的能力。它是传统高校教育的一种全新的理念、内

容和方法。近年来，大学中进行的环保教育课题，涵盖的范围日益宽广，各专业之间持续有交叉融合。目前，从绿色教育理论的教学来看，多采用集中灌输的教育方式，各学科单兵作战，而缺乏对学科课程的渗透，缺少跨学科综合。[①]高校开展的绿色教育，没有将环境保护放在首要位置，导致环保方面的宣传教育非常缺乏。绿色教育应该对高校学生进行生态学科普教育，使其能在较短时间内认识并运用生态学技术，以更好地为社会服务。传统观念认为大学就应该专攻专业知识，提高专业能力，受到这种思想的限制，很多高校对绿色教育的重视程度不足，即使学校积极开展了相关的活动，学生的参与度也不高。总体来看现阶段高校的绿色教育水平与人的整体发展要求存在着较大的差距。

■三、高校体验式的实践教学亟待拓展

高校绿色教育工作如果只停留在理论教学上就显得太单一，更要注重多学科之间的融合和社会实践，让学生在学习中树立绿色意识，然后应用在生活中。大学校园的绿色教育需要贯彻落实在每个学科中。现在高校绿色教育存在着一些问题，如"实用性缺失"等。一是在教育方法上，很多教师采用的是死记硬背的讲授方法，而且只有一种形式。更多的是以理论知识为基础，导致学生所获得的知识大多来自书本，缺乏将理论知识应用在现实生活中的技能，导致绿色教育工作停留在表面，难以将其转化到个人的具体生态文明实践中。二是高校在进行生态道德教育时，缺少与现实生活紧密联系的方式，没有把生态文明理念纳入大学生的道德标准之中。三是活动流于形式。虽然有些高校已经开始推行"光盘行动"，清理白色垃圾，学生当起了环境保护义工，但浪费、攀比、不讲低碳节约、图一时之快的风气，在高校中依然十分盛行。在实施过程中，由于缺乏情景创设，缺乏自主设计的机会，缺乏经验性的指导，造成了当前高校出现的"知行不一"现象。绿色教育提倡"绿色、低碳、健康"的生活方式，使之成为一种自觉的行为。

■四、高校教育评价指标绿色要素缺失

高校办学水平评价是一种综合性的教育评估。它可以是对整个学校办学水平的综合评估，也可以是对高等学校中某一专业、学科的办学水平的评估，[②]或是对某一方面

---

①　罗贤宇，俞白桦．绿色教育：高校生态文明建设的路径选择 [J]．云南民族大学学报（哲学社会科学版），2017，34（2）：151–155.

②　杨有林．试论高等教育的大众化和教育模式的转变 [J]．重庆工学院学报，2001（4）：101–104.

的单项（如研究生学位授予质量、本科生培养质量、政治思想工作、科学研究工作及某门课程、某一教学环节等）评估。

通过分析艾瑞深中国校友会网中国大学排行榜中的高校评价指标体系（表3-1）可以发现，我国大学评价指标主要集中在人才培养、科学研究和社会影响方面，几乎没有将绿色要素纳入科学评价指标体系之中。教育部组织的院校教学水平评估、学士学位评审等活动，设置的评价指标中也没有关于环境保护、资源保护方面的内容，导致开展绿色教育缺乏动力。这与我国高校"以生为本"和"生态学"的理念尚未确立有关。

表3-1　中国大学排行榜中的高校评价指标体系

一级指标	二级指标	三级指标	指标权重/%
人才培养	教学质量	教学水平	10.4
		杰出校友	16.0
	师资队伍	杰出师资	12.0
	培养基地	学科建设	9.6
科学研究	科研成果	高端科研成果	16.0
	科研基地	创新基地	9.6
	科研项目	基础科研项目	9.6
社会影响	办学定位	办学层次	2.0
	社会声誉	生源竞争力	3.2
		媒体影响力	2.2
		校友捐款	5.0
	国际影响	国际影响力	4.4

■五、区域产业发展对绿色教育要求不高

我国高校遍布全国各地，大多数应用型高校位置都在三、四线城市，这些地方的经济发展速度较慢，经济水平不高，与一、二线城市相比有一定差距。有些高校甚至选址在边远城市靠近乡村的地区，这类地方自然环境比大城市好，经济建设与环境保护的矛盾不突出。当地及周边城市企业以传统产业为主，对具备绿色知识的人才要求不高，涉及专业性特别强的生态环境修复项目非常少，这种高校布局使得各地对绿色教育的需求度不高，将绿色教育的实际需求掩盖住了。

■六、高校绿色师资匮乏

教师自身的绿色教育意识和能力欠缺。部分教师自身的绿色教育观念淡薄。部分教师对绿色教育理念的概念认知较为模糊，未能对绿色教育理念深入地学习。教学绿色教育的综合水平有待提高，核心的理论知识没有系统梳理过，教学输出零散而抽象，未能结合具体的例子，使得教学枯燥效率低。很多老师本身没有接受过专业的绿色教育，他们的理论知识和教学意识薄弱，大多是字面意思解读给学生听，将绿色教育简单地理解为环境保护，忽视了绿色教育丰富的内容。绿色教育的内容并不是固定不变的，随着时间发展，绿色教育内容也在更新换代，老师应该紧随时代的脚步，不断学习积累，只有老师掌握了绿色教育的内涵，才能够更好地向学生传导知识。总体来说，绿色教育不是一句口号，也不是死板的理论。绿色教育是一种教育观的转变，需要长期实践，才能内化于心，外化于行。[①] 但是在现实生活中，老师面对繁重的工作压力，往往为了追求显而易见的工作成果忽视了绿色教育，也懈怠了对自己的要求，自己都没有能力学习践行绿色教育，更不要说向学生传输正确的绿色教育内容了。

第四节　大学生绿色教育目标

教育目标是培养受教育者的总目标。我国教育提倡德智体美全面发展，希望培养出爱国、有品德、有内涵，符合社会发展需要的综合性人才。大学绿色教育作为一种新教育理念，对人才培养标准进行重构，其目标是以人、自然和社会发展的平衡性、协调性、可持续性为着眼点，培养身心全面和谐发展、能够理性地处理人与自然、人与人、人与社会的关系，具有可持续发展观念、意识、能力和素质的复合型人才。[②]

近几十年我国绿色教育实践表明，大学不仅能够通过科学研究，为社会的可持续发展提供科学的决策依据和技术支持，而且可以通过教育理念的转变，努力培养具有良好环境意识的人才和环境保护领域的专业性人才。[③] 高校绿色教育工作至关重要，因为大学生接受绿色教育能培养他们的绿色意识，通过绿色教育潜移默化地影响大学生

①　王胤翔.绿色教育理念融入高中思政课教学研究[D].信阳：信阳师范学院，2022：32.

②　郝桂荣，汪敏.解读大学"绿色教育"[J].锦州医学院学报（社会科学版），2004（2）：57–59.

③　孙嘉格.基于绿色发展理念的绿色大学建设研究[J].创新创业理论研究与实践，2020，3（23）：79–81.

的思想，引领大学生行为，使其用"绿色眼光"看待世界，用"绿色观念"思考问题，提升大学生的绿色意识和绿色素质，为中国式现代化建设提供更多的绿色人才。

一、培养环保素养，树立绿色道德观

绿色教育具有环保素养和绿色道德的培育功能。现在很多高校开始意识到绿色教育的重要性，纷纷开始将环境保护、生态文明、资源节约等绿色教育内容纳入常规教学中，但是最新的调查研究结果显示，"大学生生态道德认知水准仍停留在浅显层次上"。[①] 究其原因，可能还是由于高校在开展绿色教育的时候，没有系统的理论知识和严格的考核制度，导致相关的学习缺乏监督，成果缺乏考核，最终学习效率就难以提升。有些学校没有真正认识到绿色教育的重要性，对相关的教学任务流于形式。

绿色道德是道德教育的内容之一，其实际上是为了解决人类社会发展对自然环境造成的负面影响的问题。随着经济快速发展，自然环境和生态资源被破坏的情况越来越严重。道德教育中必须增加一个新内容——绿色道德。绿色道德是为了迎合现代社会发展需求产生的新的道德教育内容，是将传统的道德规范覆盖至自然环境、生态资源领域，让人们意识到经济发展要兼顾环境保护。我们生活在地球上，一定要尊重自然、爱护环境、节约资源，这就是绿色道德的基本要求。高校开展绿色教育就是为了塑造学生绿色道德修养，使大学生重视环境问题，珍惜自然资源，注重可持续发展。大学生是建设祖国的中坚力量，大学生树立正确的可持续发展观，重视环境问题，珍惜自然资源，我国未来的社会发展才更有希望，更能朝着正确的道路走去。大学生应该敬畏自然，知道人与自然和谐相处的重要性，树立绿色意识，储备绿色知识，热爱自然，保护环境，节约资源。以上就是当前高校绿色教育的目标。

二、形成绿色发展意识，树立绿色价值观

美丽中国建设首先要求的就是绿色可持续发展。就现在大学生绿色教育的成果来看，大多数大学生未能树立正确的绿色发展观念。对于大学生绿色教育，形成绿色发展意识是提高大学生综合素质的重要表现。[②] 大学生在学习相关知识时，要不断审视和反思自己的行为和观念，纠正自己在思想上错误的地方，正确认识绿色教育的意义和重要性。绿色教育是高校对学生进行素质教育的重要内容，是为社会培养人才的基本途径。

价值观是人在不断学习和实践过程中对事物认知判断的习惯和立场。不同生活背

---

① 李志强.生态文明视域下高校生态道德教育困境与改进路径 [J].高教论坛，2018（3）：122-124.

② 冯梅.浅谈大学生绿色发展意识的培养 [J].科教文汇（上旬刊），2019（28）：44-45.

景、教育环境下形成的价值观不同。价值观在人们遇到问题、需要分辨是非、需要做出抉择的时候发挥导向引领作用。随着社会经济文化发展，绿色发展成为时代所需，绿色价值观显得尤为重要。在人们学习工作等日常生活中，绿色价值观成为面对抉择时的思想引领。价值观对个人世界观的形成非常重要，也是社会文化的关键因素，绿色价值观更是符合时代需求。大学生在学习的过程中应当注意当今社会保护自然环境、节约自然资源的重要性，正确认识绿色意识，树立绿色价值观，注重可持续发展，平时从小事做起，保护环境，低碳出行。为了缓解经济发展与自然环境破坏之间的矛盾，要提高资源使用效率。大学生接受绿色教育，树立绿色意识，养成绿色惯性思维，时刻做到保护环境，珍惜资源，为建设美丽中国贡献自己的力量。

■ 三、培养绿色行为和绿色技能，树立绿色发展观

绿色行为是人们绿色思维的体现，具体来说就是面对身边的自然环境所采取的实际行动。将绿色发展理念融入工业、农业、服务业全链条各环节，积极构建绿色低碳循环发展的生产体系，以节能、减排、增效为目标，大力推进技术创新、模式创新、标准创新，全面提升传统产业绿色化水平。[①]绿色行为不是只具备绿色理论知识就可以，还需要有相关的道德意识作为基础，有强大的责任心才能贯彻落实绿色行为，否则绿色教育只能停留在书本上、校园里。我们要在实践中检验绿色教育成果，优化绿色行为，促进绿色经济发展。

绿色技能是指降低消耗、减少污染、改善生态，促进生态文明建设、实现人与自然和谐共生的新兴技术和能力，涵盖节能环保、清洁生产、清洁能源、生态保护与修复、城乡绿色基础设施、生态农业等领域。[②]绿色技能范围很广，从设计理念、生产过程再到回收利用整个周期都覆盖。现在重视绿色教育就是为了普及绿色技能，加强绿色技能创新，使身边的环境问题得以缓解。比如说具备分析环境问题的能力，能够选择有利于环境保护的工作方法，针对环境问题制定改善措施。开展绿色教育，帮助大学生树立绿色意识，从而养成绿色行为习惯，掌握绿色技能。在生活工作中，保持对自然的敬畏心，从小事做起，爱护环境，珍惜资源，保护自然。我们每个人生活在地球上，都有义务保护环境，也都有权拥有健康的环境。每个人都应该积极主动维护我们的生态环境，贯彻落实相关规定；在享受经济发展带来的幸福生活时，也要勤俭节约，爱惜资源，积极主动保护环境，养成绿色生活的习惯。只有人人树立绿色意识，积极塑造绿色生活，才能为绿色发展增加新动力。

---

① 《新时代的中国绿色发展》白皮书 [J]. 资源再生，2023（1）：54-64.

② 滕玥. 构建绿色技术创新新格局 [J]. 环境经济，2023（2）：50-51.

第五节　大学生绿色教育的主要内容

我国政府倡导建设生态文明，认为环境与人们的生活息息相关，是关乎民族未来和子孙后代的重要因素。高校积极开展绿色教育正是符合时代所需，是贯彻落实生态文明的行动，为我国绿色发展培养人才。2023 年 11 月 7 日中共中央全面深化改革委员会第三次会议审议通过《关于全面推进美丽中国建设的意见》，我们要立足绿色教育，为美丽中国建设培养更多高素质综合性人才。

■一、生态理念教育

美丽中国建设与中华传统优秀文化相结合是绿色教育的重要方法。中华民族上下五千年，中华文化源远流长。随着我国经济不断发展，人民生活水平日益提高，对环境的关注度越来越高，中华优秀传统文化中的生态理念教育是高校绿色教育的重要内容。

我国传统思想中儒家文化影响深远，其倡导的"天人合一"放到现在可以理解为人与自然和谐发展。我国古代思想家就已经意识到人与自然共存的重要性。道家思想则是强调对自然的敬畏之心，认为尊重自然规律是一切行为的基本要求，无论是从事农业生产还是为了满足基本生活所需，都绝不可以有违背自然的情况发生。佛教重视生命，认为众生平等，要求思想上一定要约束自己的行为，尊重生命，敬畏生命。以上所讨论的我国古典文化，即使放到 21 世纪仍然适用，绿色文明的发展并不是要一味地革新，应该立足于传统文化，结合现代需求。中华传统文化博大精深，是我们宝贵的财富，将传统文化与绿色教育相结合，是与时俱进的表现。

我国学者在提出绿色发展相关的内容时，总是能够从传统文化中找到依据。我国在发展高校绿色教育的过程中，必须立足于现实需求，取传统文化之精华部分加以融合，为我国绿色发展提供强有力的理论支撑。大学生积极学习传统文化中的生态智慧，同时接受现代化绿色教育，有利于从理论走向实践，将传统文化运用到现实生活中，为保护生态、节约资源、建设美丽中国添砖加瓦。

■二、资源环境教育

环境影响人，环境教育人。资源环境教育是绿色教育的重要内容和重要手段。不只是中国，美国等发达国家同样重视资源环境教育，它们往往是在其他学科中融合资源环境教育。从发展时间上看，我国资源环境教育从 20 世纪 90 年代初起步，至今三十多年历史，但是将绿色教育纳入大学教学内容中，并与学生综合素质考核相挂钩，是近年来才付诸实践的，总体来看发展速度较慢。

应该足够重视资源环境教育，在教学方法上灵活多变。兴趣是最好的老师，只有让学生对资源环境教育感兴趣，他们才能积极学习。老师在课堂教学的同时要引导学生勇于实践，从小事做起，爱护环境，保护生态，发挥主人翁意识。要相信自己是祖国的未来，自己的勤奋和专业能够为世界生态做出贡献。资源环境教育一方面夯实了学生的理论基础；另一方面有助于形成正确的世界观，正确认识人与自然的关系，今后面对环境问题时，能够从可持续发展的角度去分析，促进社会发展的同时兼顾环境保护。

高校的绿色教育水平普遍不高，资源环境教育作为其中关键部分，很多学生没有足够重视。大学生花费很多精力时间寒窗苦读，对生态问题的感受并不深，缺乏环境保护的责任感，开展绿色教育正是希望改变这一点。通过绿色教育帮助学生树立环境保护意识，理解资源环境教育的迫切性，树立正确的环境资源观。

■三、生命健康教育

马克思指出："全部人类历史的第一个前提无疑是有生命的个人的存在。"[①]实际上生命自由实现形式的建构不仅表现为联系密切的社会性存在，还表现为超越个体生命的感性自然存在和精神性存在。人的生命现象首先属于自然存在形式，但是作为人的同一进化中的另一个侧面，精神性存在表现为对物质世界的认识与感知。生命教育作为一种全过程、全人教育，涵盖对生命本身的自然存在、生命情感的自觉感悟与生命价值的自我提升，生命教育是培养社会主义接班人的关键环节，是树立人与自然、人与人、人与社会生命共同体意识的动力源泉。从人类生命的整体发展进程来看，生命教育应该跟随时代潮流，要做到与时俱进，更新换代，不断丰富其内涵。

对学生来说，学习知识固然重要，但是生命健康永远应该放在第一位。生命教育的意义是让学生认识到生命的可贵，珍惜生命，尊重生命。在生活中珍惜来之不易的美好生活，知道所拥有的一切都是大自然的馈赠，爱惜生命就应该尊重自然，这样才能更好地实现人生的个人价值和社会价值。

---

① 马克思恩格斯选集：第一卷 [M]. 北京：人民出版社，2012：146.

■四、绿色消费教育

我们每个人都是绿色发展的主人翁，都应该积极行动，主动学习绿色文化知识，在现实生活中从小事做起，爱护环境，节约资源，珍惜美好生活，做绿色观念的弘扬者，做一个绿色消费者，比如说低碳出行，不使用一次性餐具等。

绿色消费主要提倡的是环保节约，这是一种行为也是一种意识。我们在做出消费决定时，应该评估一下是否会带来环境问题；在做出消费行为时，尽量不为生态环境增添负担。绿色消费是一种可持续性、健康环保、理性的消费行为。高校在开展绿色消费教育时，一般会通过思想政治课来实现，在课堂上通过一些生动的例子让学生认识到绿色消费的重要性，引导学生树立正确的消费观。在生活中不攀比、不浪费、不焦躁，认真学习，简朴生活，自觉树立绿色消费意识。不仅仅自己做到绿色消费，还要倡导身边人加入绿色消费行列中来，为我国实现可持续发展奠定基础。一个人的消费观念改变不了身边的人，但是从我做起，积极弘扬正确的绿色消费观念，就能够发挥强大的作用，形成良好的社会风气，为我国绿色发展提供动力。

绿色消费教育一方面是消费理论知识的传授，另一方面就是消费实践行为的引导。绿色消费意识要求我们在消费享受的同时，重视环境负担，改变传统消费观念，养成绿色环保的消费习惯。现在绿色消费已经成为潮流，比如说现在鼓励乘坐公共交通出行，一方面节约汽油能源，另一方面减少排放有助于环境保护。对大学生进行绿色消费行为教育正是帮助他们树立这种意识，改变攀比、图便捷的传统消费观念，树立勤俭节约的消费观念，培养绿色消费意识。

高校开展绿色消费教育，要注意不是简单地进行理论知识的宣传，而是要让学生充分意识到绿色消费教育的意义和重要性，鼓励他们积极学习相关知识，并运用于实际生活中，树立正确的消费观，理性消费、绿色消费。为了激发大学生学习绿色消费知识的积极性，可以将其添加到学校基础教育考核中，让大学生重视绿色教育，在学习中养成正确消费思维，转变传统消费观念，形成绿色可持续的消费方式，提升消费层次和质量。

■五、绿色行为教育

绿色行为顾名思义就是对行为规范上的要求，绿色行为要求学生不仅学习绿色理论知识，更要在生活中合理应用。事实上很多小事都与绿色行为有关，比如说随手关灯、不践踏草坪、不乱扔垃圾、低碳出行等，这些生活小事都是符合绿色行为要求的。绿色行为教育就是通过开展一系列的绿色活动，让学生在实践中感受绿色文化，以此来加深对绿色知识的理解，使绿色教育在实践中得到升华。绿色行为教育的形式多样。一是开展绿色社团活动。绿色社团活动大家都喜欢参与，学生会和各个专业协会都可以成立社团，组织活动，具体的活动内容有植树节活动、低碳出行活动等。二是开展绿色主题的竞赛活动。为了鼓励学生积极主动地践行绿色行为，可以围绕绿色行为开展一系列的竞赛活动，比如说绿色知识竞赛。三是举办绿色公益活动。举办方一般是社会爱心组织，主要内容是绿色常识宣传、鼓励绿色行为、组织绿色活动。通过这些活动，教育学生积极将绿色知识应用于实践，保护环境，承担社会责任。

高校的绿色教育实际上是给予大学生理论引导，在工作的时候注重保护环境和资源，做相关抉择时，考虑到环境的承受能力和资源再生能力，综合考量后做正确决定。使用自然资源时应用专业技术和知识，为改善自然环境做出努力，降低对大自然的伤害，主动承担起环境保护的责任，促进资源可持续利用和环境良性循环。大学生一方面积极学习绿色理论知识，另一方面要主动参与社会实践，让绿色知识得到运用，并在实践中得到提升。

■六、绿色创业教育

21世纪是创新的时代，创新时代呼唤创业教育。党的十八大实施创新驱动发展战略的重大部署，将"大众创业、万众创新"作为经济发展的新引擎。建设创新型国家，这一切都要从教育抓起。创业教育非常重要，是世界公认教育类的"第三本护照"。大学生就业形势严峻，正面临着人生道路的重要选择，培养创业意识和创业能力，鼓励大学生把创业作为职业选择，并为其提供创业和经营中小企业所需的知识与技能是高等教育供给侧改革的重要方向。

绿色创业必须坚持绿色发展观念，注重保护生态环境，尊重自然，开展创业活动时坚持走人与自然和谐相处的道路，实现自己创业梦想的同时，充分发挥课堂所学的专业知识解决企业生产中的环境保护难题。

绿色创业教育目标是能让学生站在人与自然和谐共生的现代化的高度来理解创业的生态责任与生态担当，在创业项目选择上能从国家生态文明建设的角度来思考创业项目对国家、对社会、对个人发展的意义。选择生态环保的项目进行创业实践，从新能源、新材料、新技术的三个方面进行创业，为群众提供大量优质生态环保产品和生态服务。绿色教育应该与创业教育相融合，鼓励大学生开展绿色创业活动，通过竞赛、创业孵化等方式为绿色创业提供发展机会。通过政策、制度等方式引导学生绿色创业，大力发展节能减排、新能源等绿色产业，倡导学生通过绿色创业参与绿色校园建设。

第四章

大学生绿色教育实施环境建设

第一节　绿色教育环境概述

从词源学的角度来看，"环境"有两层含义：第一，"环境"这个词被定义为一个整体，它是围绕着我们每一个人以及我们整个社会的所有东西，它是非常坚固的，很难被分离开来。第二，从"包围"中引申出来，暗示着某种行为或互动。无论其本质是什么，环境都不仅仅是一种没有生命的现象，当受到刺激时，它也不是完全没有反应，对生物体没有影响。环境是一个相对的字眼，因为它意味着某些东西"被包围"或"被围绕着"。

人们生活在真实的环境之中，优美的环境对我们的日常生活和健康产生了显著的影响。环境建设建立在价值判断和价值选择的基础上，需要行为人具备生态科学的基本知识与技能，对人与自然之间的关系具备理性认识，对学校、社区、城市、国家甚至世界范围内的可持续发展问题保持关注，这对于普通大众来讲并非易事。绿色教育作为人类的一项实践活动，它的正常进行离不开良好的环境氛围。在党的十九大报告中，习近平号召"开展创建节约型机关、绿色家庭、绿色学校、绿色社区和绿色出行等行动"[①]。从宏观角度看，绿色教育所处的环境可以分为学校环境、社会环境以及家庭环境。基于这三种视角，我们对绿色教育的环境建设有了更深入的了解。

一、绿色教育的学校环境

美国教育家约翰·杜威提出"学校是特殊的环境"。学校作为教育的主要载体，是高校大学生接受绿色教育的主阵地。学校环境对于教育活动的实施以及学生个人成长和进步起到了至关重要的作用。在评估学校环境时，我们可以从学校的自然环境和文

---

① 党的十九大报告辅导读本 [M]. 北京：人民出版社，2017：21.

化环境两个维度进行思考。

（一）自然环境

自然环境构成了人类生活和进步的根基，它涵盖了水、土地、空气、生物种类、能源资源等多种元素的综合和空间结构的理念。绿色教育所强调的是学校内部的自然环境，而不是更广泛的生态环境。校园内的自然环境与生态环境是和谐的，也是以人工创造的校园物质环境为主，会对人们的行为产生潜移默化的影响。一个宜人的校园环境对于那些正处于精神和人格发展阶段的学生具有非常积极的推动作用。想象一下，在一个绿意盎然、环境宜人、空气清新的校园里，学生会自然而然地得到情感的熏陶和精神的滋润，这有助于他们摆脱学业和日常生活的压力，放松心情，减轻压力，并最终塑造一个平和的心态。在这样一个既美观又健康的环境里，学生们更有可能对自然产生浓厚的兴趣和热爱，这不仅能激发他们保护自然的热情，还能进一步提升他们的精神品质，并塑造开朗和谐的个性，这同样代表了绿色教育思想的核心意义。在进行学校自然环境的建设时，首要任务是确保其与外界的生态环境保持和谐，并与当地的环境特色相匹配。再者，在特定的学校环境里，我们需要在景观设计和色彩搭配上，充分考虑学生的认知需求和他们的身心成长模式，以凸显环境对人的教育作用。校园自然生态环境的营造并非孤立地进行，而是要综合考虑校园的文化背景、校园特色等多种文化要素。

（二）文化环境

学校的文化环境可以被划分为两大部分：首先是教育和教学领域，这与教育者和学生之间有着紧密的联系，反映了学校的教学风格和学习氛围。其次，学校的意识形态领域是一个更广泛的定义，它不仅涵盖了学校的历史和文化背景，还包括学校当前的主导价值观，例如办学理念、办学目标、校训和校风等，这些都反映了学校的整体文化底蕴。和谐的校园文化对教育活动的推进产生了深远的影响。在学校文化环境的建设方面，在教育和教学环境中，有必要持续地寻找先进的教学方法，并对课堂生态进行优化。我们鼓励采用实践性教学、情境式教学以及合作式学习方法，以构建健康的人际交往网络。在意识形态的范畴内，应当重视推广社会的主流思想和文化，并努力塑造学校的独特性，通过多种多样的推广策略和实践活动，致力于打造和谐的校园文化环境。

视角下大学生绿色教育

二、绿色教育的社会环境

教育是一种社会实践活动，不是远离社会的独立活动。这里所说的"社会"是一个相对于自然界的更广泛的社会观念，它源于人类的实际行为和实践。教育体系本质上是社会大体系中的一个分支，其进展受到了周边多种社会因素的制约和影响。为了更好地理解绿色教育的社会环境，可以从经济、政治、文化以及网络等多个维度进行深入研究。

（一）经济环境

经济环境是教育活动的外部社会经济条件。市场规模的大小，不仅是人口的数量决定了结果，购买力的有效性也起到了关键作用。在经济环境中，购买力的强弱是由多种因素共同作用的结果。在不同的历史时期，上层建筑的状态是由当时的经济基础所决定的，经济的发展水平不仅决定了社会可以达到的发展水平，而且对教育的发展模式产生了影响。教育资源如何分配、教育的增长速率与规模以及教育的方法和目标如何选择，都受到社会物质生产力水平的制约。

（二）政治环境

政治制约教育，统治阶级总是利用国家政权掌握教育的领导权，制定教育方针、政策、目的、制度和教育内容。教育的未来走向和培养人才的目标，很大程度上受到政治环境的影响。在我国的教育体系中，必须坚守正确的政治导向，即始终遵循马克思主义的原则，并始终秉持"四个服务"的核心理念。

（三）文化环境

文化环境可以定义为影响社会基础价值观、观点、喜好和行为的各种风俗及其他相关因素。在特定的社会背景下，人们逐渐形成了自己的核心价值观和价值体系，这也塑造了他们与周边人建立关系的世界观。文化背景对社会的核心价值、认知、倾向和行动产生影响。人们是在一个特定的社会环境中成长起来的，这个社会塑造了他们的核心信仰和价值观念。文化环境是影响社会意识形态的关键环境元素，它塑造了社会的道德观点、价值导向等，并且与学校的文化有着紧密的联系。

（四）网络环境

网络环境成为影响绿色教育进步的另一项关键要素。在过去的几年中，随着网络技术的迅猛进步，传统的教育模式正在经历深刻的变革，为广大学生提供了更多的学习途径，获得了更多的教育资源。当前，网络环境中存在着监督不力、意识形态混乱等诸多问题，其中充满了虚假、丑恶的信息，这些信息很容易对学生的身心健康造成不良影响。

在市场经济背景下考虑到社会环境中的多种元素，应当在大幅提升生产力的前提下致力减少经济不平等，公正地分配教育资源，并推进教育扶贫工作。从政治环境的角度看，在坚持正确政治导向的基础上，我们要主动开展社会管理工作，把不利于社会和谐稳定的因素剔除，确保社会能够健康、稳定地运行。在网络文化背景下，需要主动面对外部思想和意识形态的冲击，深入挖掘中华优秀传统文化，在借鉴国外优秀文化的基础上，结合我国国情，对其进行综合构建，从而创建符合时代特点、符合人民需要的社会主义先进文化。对于网络环境的管理，要树立法治思维，依法强化对网络服务的监督，严厉打击网络电信的非法行为，以净化网络环境和社会风气，进而为绿色教育的开展创造一个风清气正的网络空间。

■三、绿色教育的家庭环境

家庭是社会的一个基本单位，是除了学校之外进行教育的另一个关键场所。在人的一生中家庭教育始终起到至关重要的作用，其重要性不言而喻。家国情怀一直是中华文明的显著标志之一。自古以来我国就高度重视家庭建设和家庭教育，家书家训相关的文献就是例证。党的十八大以来，党和国家对家庭建设的重视程度明显增强，习近平曾多次提出家庭、家庭教育和家风三个方面的重要性。他指出："家庭是社会的基本细胞，是人生的第一所学校。不论时代发生多大变化，不论生活格局发生多大变化，我们都要重视家庭建设，注重家庭、注重家教、注重家风。"[①] 家庭教育是教育孩子的基石和重要组成部分。没有天生成功的父母，也没有不需要学习的父母。"广大家庭都要重言传、重身教，教知识、育品德，身体力行、耳濡目染，帮助孩子扣好人生的第一粒扣子，迈好人生的第一个台阶。"[②] 一个人的家庭环境可以分为四个主要部分：软环境、硬环境、内环境和外环境，它们都对一个人的整个生命周期产生了深远的影响。软环境指家庭的心理道德环境，包括家庭组成以及教育方式。硬环境主要是指在家庭环境中可以用特定的、定量的指标对各个要素进行评估和定量的要素，包括家庭的资源状况、父母的教育程度以及职业状态。家庭内环境是指家中的成员或发生的事情，外界很难轻易了解。家庭外环境是指家庭之外的各种因素，例如家庭所处的环境、

①　习近平. 在 2015 年春节团拜会上的讲话 [N]. 人民日报，2015-02-18（2）.

②　习近平. 在会见第一届全国文明家庭代表时的讲话 [N]. 人民日报，2016-12-16.

附近的人群状况、外部的活动场所以及外部的人际关系。心理道德环境作为家庭环境的核心，是人类社会化发展的"温床"。它对家庭成员之间的良好关系、家庭收入状况和财产及父母的道德水平、对孩子的教育方式、人的自我概念的发展、师生关系、行为问题等均有较大影响。当今社会的主题是和谐，讲求的是人与自然的和谐、人与人以及人与社会的和谐。家庭软环境就是和谐中分出的一个大的课题。以人为本的观念，以和谐为主题的生活，家庭软环境的协调性是最重要的。

构建家庭环境是实施绿色教育时必须考虑的因素。在教育孩子的过程中，家长应该将焦点从单纯追求学业成绩转向更多地关注孩子的综合能力和道德品质，这样可以帮助孩子从小就培养出良好的学习习惯，并学会如何更好地做人和做事。需要为孩子创造一个积极的家庭环境，鼓励他们更多地参与家庭建设，而不是让他们从小就过着被溺爱的生活，这对他们未来的发展是非常不利的。目前，众多的学校和社会组织也推出了各种形式的"家长学校"，这些学校通过各种培训、讲座和交流讨论的方式，旨在普及家庭教育的相关知识，这对于增强家长的教育技能起到了积极的推动作用。

■四、绿色教育的社区环境

社区是指由居住于同一地理区域内的人群所构建而成的文明与生活共融的共同体。社区作为现代都市社会结构中最为关键的环节而存在着。如今，所崇尚的"绿色社区"即是以遵循可持续发展的理念为主旨，以完备周全的硬性设施及软性服务配套为特征的社区实体形态。社区环境的建设被视为绿色教育的核心部分，而创建绿色社区则是实现社区环境建设的关键目标。

在经历了1992年巴西里约热内卢联合国环境与发展大会之后，我国于1994年制定并颁布了具有重要意义的《中国二十一世纪议程》，强调了未来我国的可持续发展所必需的政策蓝图，为中国"绿色社区"的构建提供了理论支持、政策支持和现实指引。"绿色社区"既是文明社会的一个突出标志，又是任何一个国家、任何一个民族迈向更高级别文明发展阶段的必然趋势和需求。

社区环境建设的核心理念和目标是以人为中心，持续提升环境的品质，并满足大众对更好居住环境的期望。社区环境建设旨在解决社区的环境问题。在当下强调"人本主义"和倡导"绿色文明"的社会背景下，人们往往将"人本主义"解读为西方文化的一部分，认为人是高于自然的存在。这一想法孕育出了西方文化中所独有的享乐主义观念、自我中心主义以及功利主义思维模式。然而，这种思维模式并没有缓解人与人之间的紧张关系，还触犯了古老的道德规范，破坏了生物圈的生态平衡，进而引发了所谓的"人本主义"所导致的生态失衡问题。更加鲜活的例子便是在我国部分社区的规划与建造过程中，某些地方过分强调以社区内居民为主体的利益考虑，忽视或者排斥周边地区其他族群的交流与融洽。这种行为以极其怪异，甚至不和谐的建筑设计、空间形态以及所呈现的景观寓意，将整个城市有机系统分割成了若干人工制造的"文化孤岛"和"生态孤岛"。

对于打造适宜居住的社区环境而言，应当紧扣以人为本的核心理念，关注并关照到每个人的思想、认识及行为举止，注重人与自然之间和谐共生、相辅相成的关系，同时响应并致力于城市中各群体间的协调发展，审慎调整大众的思想意识认知以及行为规范，在时空上不断地体现人文关怀，让发展确实是为整个人类的生存与发展服务，这就是"以人为本"的思想。

绿色社区建设乃实现可持续发展策略的一项中微观手段，不仅为环保基本国策的切实贯彻提供了有力支持与依赖，更充分彰显了当下城市社区的独特文化底蕴，亦堪称衡量我国全面迈入小康社会之重要标准。在此基础上，政府借助社会团体的力量，开展绿化活动，创造出富有中国特色的"绿色社区文化"。

第二节　绿色大学建设

■一、绿色大学起源与发展

（一）绿色大学起源

1990 年世界各国大学校长齐聚美国塔夫特大学，参加主题为"大学在环境管理及可持续性发展中的作用"国际研讨会，会上校长们共同签署了《塔罗里宣言》。它是全球第一份大学走向绿色的宣言，也是全世界绿色大学的行动宣言。该宣言指出，"大学在教育、研究、政策形成与信息交换方面，均扮演了重要的领导角色，可以促成可持续发展目标的实现"。

在塔罗里发表声明之前就已经有许多宣言论述了可持续发展的重要意义。但是，从历史的角度来看，《塔罗里宣言》可以说是把大学自身可持续发展使命与其主题结合起来的最早的一份宣言。现在，全世界已有 400 多所高校在《塔罗里宣言》上签字，直接促进了世界各国绿色大学的发展。

近年来国内外高校纷纷开展了有关"绿色大学"的理论与实践研究，使绿色大学这一概念在学术上得到了更为广泛的关注。从 1996 年起，每两年在美国印第安纳州鲍尔州立大学举办一次"校园绿色化"研讨会，汇集了全球众多高校永续性研究与实际执行者的经验和理念，是这一领域中最有代表意义的研讨会。自 2000 年起，大学领导人促进永续未来协会开始出版 *International Journal of Sustainability in Higher Education* 学术杂志，该杂志全面报道全球范围内关于校园可持续发展的各类研究和实践经验，这一行动已经吸引了社会各方面的广泛关注和高度重视。

（二）绿色大学发展概况

《塔罗里宣言》发布之后，以美国、加拿大等国为典型的"绿色化"高校项目相继启动。加拿大滑铁卢大学自 1990 年 3 月开始，就开始推行绿化活动，并制定了一套行动策略；在欧洲，如德国阿伦技术研究院，以"绿化活动"为核心，制定了以"绿色"为中心的高校战略；1997 年英国 25 所大学共同成立了"高等教育委员会"，拟定关于高等院校可持续发展的行动策略；美国布朗大学所提倡的"绿色布朗"理念、加州大学的"校园规划"理念，以及威斯康星大学的"营造一个生态学校"理念，都是值得密切关注的教育方向，世界范围内绿色大学建设颇具影响力。亚洲国家纷纷建立"绿色大学"，如日本京都大学、东京大学、名城大学、东海大学，韩国汉阳大学、延世大学，印度新德里大学、印度统计学院。

（三）我国绿色大学的发展

随着经济的快速发展，我国高等院校经历了一段快速发展的历程，大学城建设成为高校规模扩大的显著标志。比如福州大学城、南京大学仙林校区、南开大学津南校区、郑州大学新城校区等。然而，尽管拥有迷人的自然风光和令人愉悦的校园环境，但仍然存在一些令人担忧的问题。当前我国大学文化建设中出现了一些问题：重物质、轻精神；大学校园建设受到外国文化的侵蚀，产生了负面效应；大学生的"绿色"文化意识淡薄，由于人格修养不足，他们遭受了互联网文化带来的巨大冲击；在精神生活的层面上，人们往往只关注自己，却很少具备集体意识和社会责任感，也不知道如何去关心他人、社会和自然。高等教育机构在环境文化建设方面的不足，导致了大学生在环境伦理方面表现出明显的不足。学生个人主义、拜金主义和享乐主义的思想占据了相当的比重，他们不仅在物质生活上高消费，而且还出现了互相攀比的情况，他们对公共环境没有关爱，对物资和资源的无节制消耗，完全抛弃了传统的节约、环保等基本道德。校园内，长明灯和长流水随处可见，随地吐痰，乱扔垃圾，踩踏草坪。建设"绿色"的高校已成为众多学者和有识之士的共识。

1998 年 5 月，教育部、科技部、环保总局等国家主管部门对清华大学提出的《建设"绿色大学"规划纲要》给予了充分肯定，并在此基础上发布了《关于清华大学建设绿色大学示范工程项目的批复》。规划纲要明确了"绿色大学"的内涵，其中包括"绿色教育"、"绿色科技"和"绿色校园"三个方面，并以"绿色教育"为核心，以"绿色"为根本，在"绿色"教育中高校承担着重要的责任，承担为社会培养具有环境保护意识、可持续发展理念的高素质、高质量的"绿色"人才的重任。

2001年，清华大学被环保总局认定为第一所"绿色大学"，并在全国范围内得到了广泛的认可。

山西农业大学于2001年被山西省教育主管部门授予"绿色大学"称号，并取得了良好的社会声誉。

2002年，武汉市环保局宣教中心和武汉市教育局大学处联合制定了《武汉市"绿色大学"建设的评价标准》，并在武汉市江汉大学试行。

台湾绿色大学自2002年开始发展，高雄大学2004年6月签署塔罗里宣言成为绿色大学。

2004年6月，广西壮族自治区党委宣传部、广西壮族自治区环保局、广西壮族自治区教育厅建设广西大学、广西民族学院、广西医科大学、桂林电子工业学院、桂林工学院、梧州师范高等专科学校、广西电大钦州分校为绿色大学。

2005年，在新疆维吾尔自治区，新疆大学、新疆农业大学、石河子大学、伊犁师范学院、喀什师范学院、克拉玛依高等专科学校被命名为"自治区级绿色大学"。

2006年，广西壮族自治区党委宣传部、广西壮族自治区环保局、广西壮族自治区教育厅命名广西师范大学、河池学院和柳州师范高等专科学校为绿色大学；2010年1月，命名百色学院、广西生态职业技术学院、右江民族医学院为绿色大学。

2010年6月，贵州师范大学被贵州省教育厅和贵州省环境保护厅命名为绿色大学。
清华大学于2010年10月举办了"绿色大学"国际学术研讨会。

为了进一步加强各大学之间关于"绿校"的沟通和协作，建立一个信息分享和资源补充的平台，促进全国各大学成为"绿校"，同济大学扮演主导角色，与众多高校一起发起倡议，于2011年3月10日在上海召开了"中国绿校联盟"的筹备大会，并在此基础上进行了深入的探讨与协商，最终确定成立"中国绿色大学联盟"，旨在加强各大学在绿色校园方面的合作和交流，以及在校园设施和建筑物上开展节能减排技术的创新和合作，为国家和地方政府在绿色校园建设和管理方面制定相关政策提供科技支持，并促进校园节能减排领域高级人才的培养和发展。

2011年6月，南京大学与香港中文大学、台湾大学等多家教育机构共同成立了"绿色大学联盟"，在三所学校的共同努力下，三位校长陈俊、沈祖尧、蒋伟宁提出以"绿色教育"的理念来培养人才，以"绿色科技"的成果来造福人民，以"绿色校园"的项目来为人民服务，联合发表《绿色大学联盟宣言》，强调"高等学府在推进绿色科研、开展绿色教育及社会服务以及推广绿色文化方面更是义不容辞"。中国绿色大学联盟于2014年2月20日在杭州举行了"2014年中国绿色大学联盟理事会工作会议",确定了联盟2014年度的几项重大工作,联盟的职责包括:

（1）推动高校与高校之间在"绿色校园"方面的合作与交流。

（2）支持我国高校能源效率管理相关政策的制定。

（3）促进我国在绿色施工方面的科技创新、合作研究与推广。

（4）对"绿色校园"和"绿色建筑物能源管理"高级人才进行培养。

（5）建立一个"绿色"的实验和示范基地,以培育"绿色"的学校文化。

（6）以"绿色"为导向,打造"绿色"的学校。

2016年11月23日,在广州成功举办了中国绿色校园社团联盟的创立大会,教育部下属的学校规划建设发展中心、中国质量认证中心、国家节能中心、联合国开发计划署等单位领导出席了会议,30余所会员单位代表参加会议。教育部学校规划建设发展中心主任陈锋为联盟揭牌,标志着中国绿色校园社团联盟正式成立。联盟第一批会员由清华大学、同济大学、浙江大学、厦门大学等48所高校组成。中国绿色校园社团联盟挂靠教育部学校规划建设发展中心,致力于打造绿色社团合作交流平台、绿色创新创业指导平台、绿色学生领袖培养基地和绿色校园建设参与基地,围绕创新创业、文化传播、交流培训等板块开展活动。

党的十八大以来我国社会主义进入新时代,为绿色大学建设开辟了新篇章。我国绿色大学不是西方绿色大学的"翻版"或"再版",新时代绿色大学建设不仅要注重校园生态景观和节能环保,还要以新时代高校五大职能使命的生态化转型为内在规定、以绿色大学治理制度体系为根本保障,从而构建"三维一体"协同体系,促使高等教育整体性转型,为世界高等教育生态化发展提供可资借鉴的中国方案,贡献可供分享的中国智慧。

■二、绿色大学概述

（一）大学内涵

国内外学者关于大学的认识,可谓仁者见仁,智者见智。

原北京大学校长、教育家蔡元培持有这样的观点:"大学者,'囊括大典,网罗众家'之学府也";"大学者,研究高深学问者也";"大学为纯粹研究学问之机关,不可视为养成资格之所,亦不可视为贩卖知识之所"。

清华大学老校长梅贻琦曾在1931年12月4日的就职演说中说过:"一所大学之所

以为大学，全在于有没有好教授；所谓大学者，非谓有大楼之谓也，有大师之谓也。"

专门研究高等教育的学者杜作润从研究学问、传授知识等方面界定大学："大学是学术殿堂，它研究高深的学问，发展和传授知识；大学是专业教育机构，它实施高等专业教育计划，培养专家和专门人才；大学是社会服务机构，它介于国家和地区的社会、经济生活之中，并为之服务；大学是岗位培训站，它通过各种形式的教育和教学，培训各类职业岗位人员，使他们能够胜任本职工作或适应工作的变换。"

在西方，从中世纪大学与行会组织的产生来看，学者及教育家们认为"大学是学者的社团"，"大学是由学者和学生共同组成的追求真理的社团"。

德国柏林大学的创始人、现代大学之父威廉·冯·洪堡认为："大学是必须经常给予社会所需要的东西的地方，是探索知识和培养人才的基地。"

从国内外学者关于大学的界定来看，我们认为大学应当具备以下四个方面的特征：

（1）大学是一个有大师的地方；

（2）大学是一个传播知识、探寻真理、研究科学的地方；

（3）大学是一个培育人才，使大学生提升自我的地方；

（4）大学是一个有馆藏丰富的图书馆，设备先进的教学大楼、实验室和浓郁校园文化氛围的地方。

大学不仅是社会人才培养的重要场所，而且在推动社会进步方面具有不容忽视的作用。大学构成了一个错综复杂的社会结构，无论是教职工还是学生，他们在工作、学习、教育、研究以及校园的日常运营和维护中，不仅消耗了大量的能源、建筑材料、实验用品和其他社会资源，还导致了废气、固体废物和潜在危险物质的产生。大学是进行绿色教育的主阵地，绿色大学是绿色教育环境建设的重要内容。在全球迈向可持续发展的时代，大学应责无旁贷地走在绿色减排的最前面。

（二）绿色大学内涵

高等教育将环境保护和可持续发展理念作为指导思想，以培养绿色人才为目标，引导社会树立绿色环保理念，为社会提供一个绿色教育平台，做出高校应有的贡献。关于绿色大学的内涵，每个人对此都有自己的看法，不同的学者根据自己的研究角度提出了各自的解释。

清华大学原校长王大中持有这样的观点：所谓的"绿色大学"实际上是以人的教育为中心，确保可持续发展和环境保护的理念和指导方针在大学的各种活动中得到实施，并深入大学教育的每一个环节中。课程内容用"绿色教育"思想培养人、用"绿色科技"意识开展科学研究和推进环保产业、用"绿色校园"示范工程熏陶人。[①]

华东师范大学的张远增持有这样的观点：绿色大学的办学理念是以可持续发展为导向，从学校的长期发展角度出发，来组织和执行学校目前的各项任务，以确保学校的持续发展潜能得到维护。

绿色大学建设是围绕教育这一核心，将可持续发展和环境保护思想落实到大学的各项活动中，融入大学教育的全过程。核心内容包括五个方面：

1. 绿色教育

绿色教育着眼于学生终生可持续发展，关注学生的发展后劲，努力为学生终生健康、持续发展奠基。绿色教育的核心目标是提升全体学生的综合素质，不受社会阶层、社会地位、经济状况或智力水平的影响，全面尊重每一名学生的个人成长权利，并将追求教育公平和民主视为一项神圣的使命。绿色教育为大学本科生和研究生提供了一系列关于可持续发展和环境保护的必修和选修课程，并积极推动学生绿色教育课外实践，培养学生的环境意识。

2. 绿色科研

高校是培养人才的摇篮和科技创新的重要力量。21世纪是生命科学的世纪，资源、环境、食物等日益困扰人类文明的未来。绿色大学要加强环境污染治理与环境质量提高方面的科学研究，开发一批符合清洁生产原理的新工艺、新技术；加快重大环境科技成果的转化工作，建设规模化、集成化的科技环保企业和示范区；加强环境软科学研究，为国家和地区的相关决策提供科学依据。

3. 绿色校园

逐步推进学校的绿化项目，高度重视植被的多样性，并持续增加校园的绿化覆盖面积，确保学校成为各种生物的天然栖息地。打造一个与中华文明的历史、文化环境和建筑特色相协调的园林景观。人们采纳了环保技术，对学校的环境污染进行了全面的治理，例如建立了水的处理和再利用项目、垃圾的收集和处理系统、烟尘污染的治理项目以及校园生态环境的监测网络等。

4. 绿色管理

学校管理是一项复杂而又富有创意的活动，要想将人、财、物、时间等管理因素有效地组织起来，最大限度地提高工作效率，确保学校教育目的的成功实现，学校管理人员必须掌握并自觉地遵守学校管理的原则。绿色管理以科学化、人性化的办学理念为指导，以求学校的可持续发展。"用情感凝聚人心，用制度保证发展"是绿色管理的基本原则。

---

① 王大中.创建"绿色大学"实现可持续发展 [J].清华大学教育研究，1998（4）：8–12.

5.绿色课堂

绿色课堂是针对过去不适合学生自主发展，不适合现代教育要求的落后的教育教学模式提出来的新一代课堂教育教学模式，其核心是促进教育的可持续发展，促进人的可持续发展，促进人的和谐全面发展。在和谐、民主、平等、活跃、自然、宽松的教学环境里，学生的思想和思维可以自由自在地驰骋，不同的思想、相悖的观点，可以无拘无束地碰撞，"胡言乱语"不会受到歧视，"异想天开"不会遭遇嘲笑。绿色课堂将德育目标和任务融入学科教学中，始终遵循"用科学方法培养人、用人文精神塑造人、用绿色环境熏陶人"的原则，以实现人的全面发展的教育目标。

绿色大学是以习近平生态文明思想为指导，以培养社会主义生态文明建设的时代新人为目标，以绿色现代大学治理体系为支撑，集生态校园景观空间、生态人才培养、生态科学研究创新、生态治理有效参与、生态文化传承培育等各种功能的大学。

（三）绿色大学的意义

1.绿色大学是提升高等教育质量的环境要素

高等教育机构是学生的学习和长时间居住场所。绿色大学追求的愿景是把高等教育机构打造成一个拥有宜人的校园环境和绿色生态的地方。身处环境、生态良好的高校，无疑可以陶冶人的性情，促进身心健康。缺乏一个健康的校园生态环境可能会对学生的全面发展和教学效率产生不利的影响。各学校虽然在区域、位置存在差异，但是都肩负着立德树人的重任。绿色大学的目标是将高校建设为拥有优美校园环境、绿色生态之所。良好的校园生态能为教学与教育事业的顺利发展提供基本保障。

2.绿色大学是传承生态文明理念的重要阵地

社会主义的生态文明包括物质、制度和精神这三个方面，绿色教育也被认为是绿色大学的核心组成部分。绿色大学的目标不仅仅是对其外部环境进行环保改造，更强调对生态文明观念的培养和普及。高等教育机构代表了一个地区的文化高地，汇聚了众多的知识精英和社会领军人物，它们体现了一个城市在教育、科技和文化方面的前沿水平。高校毕业生既是祖国的未来和中坚力量，还肩负着重要职责，即推动生态文明建设的持续进行。高校有责任保证其学生能够深刻领悟并积极响应绿色发展理念，通过广大学生群体的影响力，将对自然充满敬畏之情、珍惜资源且关注环保的绿色与生态观念传达给全社会。

3.绿色大学是培养绿色发展人才的摇篮

高校是育人的摇篮，为党育人，为国育才。绿色发展人才主要可以划分为两大类：一类是具有绿色发展意识、理念的公共型人才；一类是直接服务于绿色发展产业的专业型人才。公共型绿色人才并不直接从事于绿色产业与生态产业，但是他们拥有爱护自然、保护生态的基本常识，拥有爱护环境与生态系统的文明习惯与道德修养，他们可以把个人所学的知识与生态建设、环境保护进行有机结合，从而推动社会生态建设的发展。作为高校人文学院的在校生，可以充分利用各种传播手段，以达到推广并普及生态文明观念的目的；而对于艺术院校的莘莘学子来说，则可以通过运用音乐、绘画等多元艺术形式来提高自己对生态文明的认识水平。值得一提的是，那些专门致力于推进生态文明建设的绿色专业人才，包括但不限于环境工程、园林景观设计、建筑环境及土木工程等诸多领域内的从业者。当他们圆满完成学术生涯后，便有机会直接投身生态文明建设的实践行动之中。所有高等教育机构都应利用其独特的优势，着重围绕自身所设的优势学科实施绿色教育。我们的长远目标旨在为我国培育更多具备专业特色的绿色人才。

4. 绿色大学是引领绿色科技发展的主力军

绿色科技是绿色大学的重要范畴之一。高等教育机构作为科技的前线阵地，对我国绿色科技的进步起到了重要的推动作用。从一方面看，高等教育机构的研究成果能够直接用于绿色科技的研究和开发，为了推动我国绿色科技的发展，为城市的绿色科技发展提供学术研究上的驱动与支持，是绿色技术发展的"动力源"。高校研发推动绿色工业发展的新方法、新技术、新产品，成为引领绿色工业创新发展的主力军，既是高水平绿色大学的使命之所在，也是支撑高水平绿色人才培养所必需。另一方面，坚持问题导向，树立环境保护和可持续发展的意识，全面进行绿色科技创新。高校发挥科研服务社会的功能，成立了绿色发展相关实验室，重点研究中国和世界未来能源和节能减排的关键科学问题、尖端技术问题、发展战略和技术路线，为美丽中国建设破解技术难题，提供技术支持。通过高等教育机构与企业的合作，确立稳固的绿色科技发展策略，无疑对绿色科技的进步起到了巨大的推动作用。

■三、绿色大学评价指标体系

创建绿色大学是把绿色大学作为一种价值进行追求，使期望和理想状态的绿色大学变成现实的过程。

新时代绿色大学创建是一个内外兼修、协同推进的系统工程。不仅仅要注重外在的绿色校园景观建设，更要练内功，将生态化发展作为高等教育的内在规定。绿色大学的核心任务是评价指标体系的革新。评价指标体系是绿色大学建设的科学度量和风向标。一个科学合理的评价指标体系不仅能反映绿色大学自身的功能和性质，还能监测其发展进程，通过分析建设过程中的优势与不足，可以及时调整绿色大学建设的路线和政策，促进绿色大学高质量发展。

（一）指标体系的内容

我国教育部曾指出："创建一所绿色大学，就是要以实施绿色教育、发展绿色科技、创建绿色校园、推动绿色文明、推动绿色消费、提倡绿色服务为宗旨，将可持续发展和环保的理念和思想，纳入学校的所有工作之中。"[①]这为评价绿色大学提供了根本遵循。学校要根据学校的发展计划，健全督导机制，构建和健全学校的评估指标，并坚持评估常态化制度化，以评估促进学校的发展，推动"绿色大学"的发展。

为衡量高校绿色大学建设的水平，国内外已逐步形成一系列的评价指标体系。目前，国内外高校对绿色大学的评价标准虽有不同，但在基本思想与评价指标的划分等方面存在诸多共性。例如，加拿大多伦多大学从水资源管理、可持续交通、可持续能源利用、绿色经济发展、教育和宣传等五个维度对绿色大学进行了评价，并在这五个维度下又细分出几个维度。美国华盛顿州立大学，通过问卷调查的形式，确定各项评价的重要性，并对各项评价的重要性进行了排名。以加拿大卡尔加里大学为例，他们对于该校所倡导的绿色理念校园建设相关措施和成果进行了全面监测和评估，并最终提取出了四个相对重要的一级评估指标：能源高效利用、关于教育和培训领域的措施和成果、固体废弃物的处理方法及效果以及有害废弃物的处理及效果。

1998年清华大学在已有的环境教育与研究的基础上提出从"绿色教育"、"绿色科研"和"绿色校园"三个指标进行"绿色大学"的建设与评价。

我国张远增把绿色大学的评估标准划分为可持续办学的理念、绿色大学的教育内容、绿色的科研方法、绿色的实践流程、绿色校园、绿色大学对可持续发展的促进效应，并对它们进行了进一步的分析。罗泽娇等学者从五个方面将高校绿色发展分为绿色管理、绿色教育、绿色科研与产业、绿色校园和绿色消费。陈文荣和张秋根从绿色管理、绿色教育、绿色科研与产业、绿色校园和绿色消费五个方面着手，构建了"绿色高校"的"绿色教学"评价标准。杨华峰认为，应从绿色教育、绿色研究、绿色管理、绿色校园、绿色实习等方面构建一系列绿色高校教育与绿色研究体系。

基于上述学者对绿色大学的评价标准，我们从绿色教育、绿色校园、绿色科研、绿色实践和绿色办学5个准则层指标和20个指标层指标（表4-1）出发，构建了一个科学全面的绿色大学评价体系。

---

① 王民，蔚东英，李红秀，等.国内外绿色大学评价的指标体系[J].环境保护，2010（15）：47-49.

表4-1　绿色大学评价指标体系

目标层	准则层	指标层
绿色大学绿色度G	绿色教育G1	课程设置G11
		课堂渗透G12
		专题教育G13
		专题活动G14
		教育氛围G15
		师资力量G16
		教育效果G17
	绿色校园G2	生态园林景观G21
		绿化美化工程G22
		环境卫生状况G23
		污染控制措施G24
	绿色科研G3	绿色技术G31
		绿色项目G32
		绿色产品G33
	绿色实践G4	绿色课程实践G41
		绿色社会实践G42
	绿色办学G5	绿色教学G51
		绿色管理G52
		绿色机构G53
		绿色制度G54

1. 绿色教育

　　绿色教育作为提升在校学子社区归属感的关键策略之一，正日益受到广泛关注。伴随着新时代的步伐，高等教育机构需要审时度势，革故鼎新，更新其教育理念框架，弘扬绿色教育的主旨，将环境保护及可持续发展的教育思想全面渗透至自然科学乃至社会科学的多元化教学和实践活动当中，确保其真正成为学生获得基础知识和全面素质养成的重要组成部分。在进行绿色教育评估时，选择课程设置、课堂渗透、专题教育、专题活动、教育氛围、师资力量、教育效果等7个指标。[①]

　　（1）课程设置。高校精心设计并呈现出众多紧扣生态环保及可持续发展主题的绿色教育课程，同时在所制定的教学大纲及人才培养目标层面也明确包含具有显著意义

―――――――

　　① 张远增. 绿色大学评价 [J]. 教育发展研究，2000（5）：16-19.

的可持续发展议题。

（2）课堂渗透。除上述提及的多样化课程外，其他教学环节亦将环境教育及可持续发展的核心理念巧妙地融合于课堂之中，使之能够得到有效而精确的贯彻实施。

（3）专题教育。为了进一步深化对环境教育与可持续发展学习的理解，高校定期或者不定期举办一系列以环境教育与可持续发展为核心议题的主题演讲或者深度研讨会。

（4）专题活动。在校内积极组建各类环保组织、专项工作组或者学生社团，并定期开展丰富多彩的环保宣传实践活动。

（5）教育氛围。学校图书馆不仅收藏了众多与环境保护及可持续发展领域相关的书籍资料、宣传展板和广播设施，更通过多种渠道进行环境保护的宣教普及，例如在校园内部张贴环保标语等。

（6）师资力量。学校拥有一支出色的教师团队，他们具备优秀的专业素养和丰富的教学经验，涵盖了多元的教师资源、专业的学术梯队以及不同年龄层次的教师结构。

（7）教育效果。通过全体师生的共同努力，学校在环境知识掌握度、环保意识强化以及可持续发展观点认知等多角度均取得了显著成效。

2.绿色校园

绿色校园不仅具备深远的教育价值，更具有实践环保理念，它以展示环境友好和清洁生产技术的运用为主要目的，构建出一个精致而和谐的发展框架，让生态园林与自然风景相映成趣，使得绿色的校园面貌处处可见，营造倡导环保与可持续发展的校园文化。

对于如何塑造一个绿色的校园环境，可以从以下四个重要指标来进行评估：生态园林的景观设计、绿化美化工程的实施、环境卫生的当前状况以及污染控制的有效措施。

（1）生态园林景观。在生态环境伦理学和可持续发展的指导思想下，学校构建了与其历史文化背景和建筑设计风格高度匹配的，供教师和学生休闲和欣赏的园林景观。

（2）绿化美化工程。为了逐渐提升学校的绿色植被覆盖率和生物多样性，并使整个校园布局更加合理和舒适，通过种植草地和树木等多种手段，确保了校园内所有可绿化区域都得到了全面的绿化和美化。

（3）环境卫生状况。学校的道路干净、教室干净，师生的宿舍和食堂都达到了卫生的标准。

（4）污染控制措施。为了有效地预防和控制学校产生的污水、垃圾、噪声和烟雾等环境污染，学校采用环境友好的清洁技术，确保校园环境达到零排放标准。

3. 绿色科研

绿色大学有责任进行高品质的绿色科研活动。绿色科研的核心是将环境保护和可持续发展的观念融入科学研究的每一个环节中，推动科技研究领域不断取得突破性的发展成果，同时在环保和经济效益之间寻求平衡，实现二者互利共赢。对绿色科研进行评价时需要考虑绿色技术、绿色项目以及绿色产品等多方面因素。

（1）绿色技术。全力投入针对环境污染治理以及环境质量升级的尖端科技研发工作之中，深度挖掘和开发与清洁生产观念相吻合的创新工艺及高新技术。

（2）绿色项目。学校除了在硬环境、软环境两个方面进行科学研究外，还开展了可持续发展方面的科研课题、环境科技方面的咨询和服务方面的科研课题。

（3）绿色产品。基于对于绿色科技领域的深入研究与实践，研发低成本、低污染和高性能的产品。学校应提供高品质的学术论文、绿色科研成果，为政府决策提供有力的参考依据。

4. 绿色实践

作为一所绿色大学，应致力于通过开展一系列的绿色实践活动来充分展示自身在环境保护方面的积极影响力以及对地区社会可持续发展的推动力。

（1）绿色课程实践。通过对相关学术领域进行深入细致的考察及研究分析，高校确保学生能够全面而深刻地领悟可持续发展与生态环境保护的核心理念。

（2）绿色社会实践。全体教职工及在校生积极参与并致力于环保监督工作，同时也承接相关的培训课程，高度重视资源管理，切实投入社区服务，积极开展环境与社会问题的实地调研实践活动。

5. 绿色办学

绿色大学应遵循并坚定不移地贯彻可持续发展的办学理念，并以持续不断地进行绿色创新活动为手段，全面提高学校教育事业的综合品质。

在评估绿色办学成效方面，更加关注和重视绿色教学方式、管理模式、组织架构及健全完善的绿色管理机制等关键要素。

（1）绿色教学。学校采用绿色教学技术和模式，旨在降低教学成本、减少环境污染，并提高教学效果。

（2）绿色管理。学校致力于减少管理的成本和资源开销，同时提升管理的效率和质量。

（3）绿色机构。设立一个专业机构，致力于建造绿色大学并开展环保教育，对学校的全面建设进行研究和规划。

（4）绿色制度。用可持续发展思想创新学校各项规章制度。

（二）评价指数测算

大多数学者在探索绿色大学的评价指标体系时，构建的是三个层次的指标结构，具体运用了以下几种算法：先是将各指数进行了定量，再是确定各指数的权值；然后，针对每一种具体的指数进行加权，得到一种综合评判指数，从而对"绿色大学"的创建程度进行评价。

在具体计算时，学者们采用了德尔菲法、AHP法、专家问卷打分、加权平均等多种方式来确定权重。张远增建立二级指标体系，探索在一级指标中引入一个综合指标值（用 S 表示），也就是计算出一级指标的几何均值，作为最终的指标值。S 的计算公式为：$S=(A, B, C, D, E, F)/6$（$A \sim F$ 指各一级指标）。同时，利用加权平均的方法将二级指标合并为一级指标。

目前不仅国家层面的评价指标体系缺失，国内高校也仅有南开大学和重庆大学等少数院校编制了包括绿色教育、绿色校园管理、绿色文化、绿色科技等要素在内的绿色大学评价指标体系。新时代绿色大学评价指标体系的构建应该立足于美丽中国对高等教育的新要求，以习近平生态文明思想为指导，将生命共同体下的绿色校园建设、高等教育生态化发展、绿色大学制度建设等纳入评价指标体系中，从而推动中国特色绿色大学建设进程，提升绿色大学建设质量。

■四、绿色大学建设策略

（一）做好绿色大学建设规划

为了推进绿色大学的建设，我们必须重视顶层的规划和组织管理，确保绿色大学的建设纳入学校的整体发展计划中，并每年都制定专门的行动计划来持续推进。早在2006年，教育部就发布了《关于建设节约型学校的通知》，要求"把建设节约型学校作为学校发展战略列入学校'十一五'规划和中长期发展规划"，并积极推进技术进步，提高资源利用率。[①]绿色大学创建，重在规划。高校管理者应该从学校发展的全局通盘考虑绿色大学的建设问题，不断为庞大的办学体量瘦身，优化调整办学层次结构、学科专业结构、资源收入结构、教师队伍结构、薪酬组成结构、科学研究结构等方面，大力推进结构化改革，移除制约学校绿色可持续发展的绊脚石。[②]现阶段，在我国绝大

---

① 教育部关于建设节约型学校的通知 [Z]. 中华人民共和国教育部公报，2006（6）：14-15.

② 刘旭东，赵梦霖，解佳琦."两山"理论的"转化"意蕴与绿色大学建设路径探索 [J]. 华北理工大学学报，2022，22（1）：102-107.

多数高等教育机构的发展规划里，绿色大学并没有被明确列为一个关键的组成部分或目标。高等教育机构的领导团队、决策层和管理人员都应该高度重视绿色大学的建设，纠正对绿色大学的轻视态度，并将绿色大学视为学校发展的核心部分。我们需要合理地分配资金，确保每年都有稳定的金额用于绿色大学的建设工作。通过科学和合理的资金分配与使用，可以更高效地完成建设规划，从而为绿色大学的建设提供更加稳固的支撑。

（二）建立健全绿色大学保障制度

需要构建一个健全的规章制度体系，制定一套长期有效且与学校实际情况相符的绿色大学建设方案，并邀请相关领域的专家进行深入的研究和论证，之后才能正式实施。一旦这一制度体系开始实施，就必须在规定的时间范围内得到严格的执行，不能随便进行修改。为了确保制度得到有效的执行，巡查和监管是不可或缺的。只有通过长时间的监督和定期的巡查，才能真正评估制度的执行效果和成果。一个完备的制度框架应当涵盖巡查和监管的相关制度。要成立一个专门负责制度管理的部门，该部门由学校高层直接领导，并专门负责制度的规划、监督和实施，以确保制度执行具有明确的计划性和有效性。

（三）加强绿色校园建设

绿色校园成为新时代绿色大学建设的外在形式，成为培育和践行绿色生活方式的空间载体。首先，建设园林景观型校园。通过利用现有的山水、林田和湖泊进行景观设计，栽种有美学价值的花木，营造出富有艺术气息的楼阁，从而让校园既具有绿色之美，又具有人文之美。其次，建设区位和谐型校园。最大化地利用高等教育机构周围的高品质环境资源，以实现高校校园与其周围环境在地理位置上的一体化生态布局。生态环境的提升和优化不应仅仅局限于学校内部，而应将学校内外融合为一个高质量的环境整体。再次，建设低碳环保型校园。这包括对生态水系进行合理的规划，以提升水资源的整体使用效率；构建一个旨在节约能源和电力的工程结构；构建一个环境友好的能源结构，确保能源供应的安全性，并减少能源的使用成本；致力于绿色交通体系的建设，并积极推行环境友好和节能的校园交通方式等。最后，重视并强化学校的文化氛围。学校文化彰显出始终秉持以学生为本的校园精神风貌。绿色大学的核心理念源于校园文化的塑造与发展，它致力于将绿色理念及相关生态文化精髓融入校园文化的构建，以此推动广大青年学子树立正确的环保意识，践行绿色生活方式。绿色大学对大学生的思想观念和行为模式均产生了深远且积极的影响。通过精心调整优化课程设置，相应地合理规划布置教学场所，进一步提升教室资源的利用率，从而达到更好的教育效果。要强化新能源技术应用于校园能源保障体系，并逐步减少对高能耗设备的依赖。

第三节 绿色家庭建设

■一、我国绿色家庭发展历程

家庭作为社会的细胞，是社会的一种缩影，与社会之间相互联系、相互依存。在人类的经济和社会发展历程中，家庭不仅是文化传统的最忠诚的承载者，而且在传承文明和社会延续方面起到了至关重要的作用。绿色家庭是指那些拥有环境知识和意识的家庭，能够主动地实践并引领简洁、适中、绿色和低碳生活方式的家庭。

绿色家庭创建作为一种新型的环境保护措施，在我国推行时间不长。通过对我国绿色家庭的发展历程的考察，我们能够从有关的环保政策以及创建绿色家庭的实践活动中加深对绿色家庭的了解。

2003 年 6 月 5 日世界环境日，全国妇联和国家环保总局发起"人人行动起来，营建绿色家庭"的倡议。2004 年 6 月 5 日，作为"绿色家庭"创建活动的延伸，国家环保总局联合全国妇联举办"全国绿色社区创建活动启动仪式暨绿色家庭现场演示会"，对提高人民群众对绿色家庭创建活动以及绿色家庭创建技术和方法的认识具有重要意义。2005 年全国妇联和国家环保总局联合举办第一届全国"绿色家庭"评选活动，并下发了《关于开展全国"绿色家庭"资源节约行动的通知》，决定联合开展"绿色家庭"资源节约行动，并随后组织了"绿色家庭"资源节约行动 DIY 大赛，宣传了家庭及其成员在建设资源节约型、环境友好型社会中的作用。

在 2007 年 10 月召开的中国共产党第十七次全国代表大会上，时任中共中央总书记胡锦涛同志要求"必须把建设资源节约型、环境友好型社会放在工业化、现代化发展战略的突出位置，落实到每个单位、每个家庭"。[1] 将家庭视为实施资源节约和环境友好社会建设的核心单位，可以使家庭在双型社会建设中的角色变得更为显著。我国政府于 2007 年 12 月颁布的《中共中央、国务院关于全力加强农业基建以促进农业发展农民增收的多项重要政策建议》指出，要"有序推进村庄治理，继续实施乡村清洁工程，

---

[1] 胡锦涛.高举中国特色社会主义伟大旗帜 为夺取全面建设小康社会新胜利而奋斗——在中国共产党第十七次全国代表大会上的报告 [M]. 北京：人民出版社，2007：24.

开展创建'绿色家园'行动"。[①]2011年7月，国务院发布了《中国妇女发展纲要（2011—2020年）》，强调"倡导妇女参与节能减排，践行低碳生活"，[②]明确了如何在家庭环境中促进妇女参与生态建设和环境保护工作的途径。

党的十八大以来，中国大力推进"美丽中国""绿色生活"等各项活动，对"绿色家庭"的建设给予了极大的关注。2015年《环境保护部关于加快推动生活方式绿色化的实施意见》提出"全面构建推动生活方式绿色化全民行动体系"，强调开展生活方式绿色化活动，将绿色生活进家庭作为绿色生活"十进"活动之一。[③]

在2017年10月的党的十九大报告中特别强调了需要"倡导简约适度、绿色低碳的生活方式，反对奢侈浪费和不合理消费，开展创建节约型机关、绿色家庭、绿色学校、绿色社区和绿色出行等行动"。[④]2018年5月份举办的全国性生态环境保护大会上，习近平明确地提出了推进构建节约型机构、绿色家庭、绿色学校及绿色社区等多个层面的建设，同时倡导绿色交通出行以及以绿色生活方式为主导的社会变革，促进生产方式向更加环保的方向发展。深入学习习近平的观点，可以发现绿色家庭作为推动经济绿色发展模式转换的关键环节具有极其关键的地位。2019年10月国务院下属部门——中华人民共和国国家发展和改革委员会正式发布了《绿色生活创建行动总体方案》的文件，其中明确将"绿色家庭"及另外七个核心领域列为未来全面建设的重点对象。

家庭是绿色生活、生态文明建设的主战场，保护生态环境是人类生存发展的前提和基础，崇尚和倡导简约适度、绿色低碳、文明健康的生活理念，是各家庭义不容辞的责任。2020年1月，全国妇联、国家发展改革委、生态环境部、教育部、财政部、住房和城乡建设部、市场监管总局共同印发《绿色家庭创建行动方案》，目的是全面推进生态文明建设，践行绿色和谐发展的思想，倡导全社会以城市和农村家庭为主体开展绿色生活的创建。《绿色家庭创建行动方案》中提出"到2022年，力争全国60%以上的城乡家庭初步达到创建要求，生态文明理念进一步深入人心，家庭中简约适度、绿色低碳的生活方式初步形成，全国涌现一批绿色家庭优秀典型案例，全社会形成崇尚绿色生活的文明新风尚"的建设目标，并针对城镇和农村的绿色家庭创建提出了两

---

① 中共中央文献研究室.十七大以来重要文献选编（上）[M].北京：中央文献出版社，2009：145.

② 中国妇女发展纲要（2011—2020年）[EB/OL].（2011-08-08）[2021-11-16]. http://www.scio.gov.cn/ztk/xwfb/46/11/document/976066/976066_6.htm.

③ 环境保护部关于加快推动生活方式绿色化的实施意见[EB/OL].（2015-10-21）[2021-11-16]. http://www.gov.cn/gongbao/2016-02/29/content_5046109.htm.

④ 中共中央党史和文献研究院.十九大以来重要文献选编（上）[M].北京：中央文献出版社，2019：36.

套不同标准——《城镇绿色家庭创建标准》和《农村绿色家庭创建标准》，引导广大家庭践行简约适度、绿色低碳的生活方式，分类为绿色家庭创建指明了具体方向。

为了构建绿色家庭，需要一个既合理又全面的评估机制。没有门槛的绿色家庭往往是模糊和泛滥的，其最终将难以存续。缺乏适当的筛选机制可能会导致绿色家庭的模范带头角色变得毫无意义。美国的打分卡模式使得每个绿色建筑都有对应的分值，居民可以根据打分表对自己的家庭进行评定，改善不足。

城镇居民根据《城镇绿色家庭创建标准》（表4-2）的内容，推动城镇绿色家庭的创建与推广。

表4-2　城镇绿色家庭创建标准

创建内容		创建标准
生态文明素养	1	家庭成员遵纪守法，自觉遵守社会公德，维护公共环境
	2	家庭成员注重通过报纸、电视、网络等多种渠道，学习生态文明和节能环保知识，了解生态环保热点，关心生态环境状况
	3	家庭成员有较强的环保意识，发现违反环境保护相关法律法规或破坏环境的情况，主动制止或向有关部门举报
	4	家庭成员热心公益，积极参加绿色家庭创建活动
	5	家庭成员积极树立节约光荣、浪费可耻的家庭风尚
节约能源资源	6	节约用水，尽可能做到一水多用
	7	节约用电，设定适宜的空调温度，减少各类家用电器待机状态
	8	使用清洁燃料，提倡使用太阳能产品
	9	节约粮食，家庭成员相互提醒监督，无论是在家里还是外出就餐，没有浪费粮食的现象
	10	家庭成员了解生活垃圾分类的基本常识，能够做到正确分类投放，减少生活垃圾产生量
鼓励绿色消费	11	购买可循环利用的产品，善于旧物改造和利用
	12	购买和使用获得节能产品或绿色产品认证，并依法加贴能效标识或绿色标识的冰箱、空调、热水器、微波炉等家电产品
鼓励绿色消费	13	购买和使用获得节水产品或绿色产品认证的坐（蹲）便器、水龙头、淋浴器、花洒、洗衣机、太阳能热水系统等生活用水产品
	14	购物不使用不可降解一次性塑料袋，使用可重复利用的环保购物袋
	15	不购买、食用、使用受保护的野生动植物制作的食品和产品
倡导绿色出行	16	优先选择步行、骑行、公共交通、共享交通等绿色出行方式
	17	购车时优先考虑新能源汽车或小排量型汽车

我国是一个农业大国，大多数人口生活和居住在广大农村，农村要根据《农村绿色家庭创建标准》（表4-3），推动农村绿色家庭的创建与推广。

表4-3　农村绿色家庭创建标准

创建内容		创建标准
生态文明素养	1	家庭成员遵纪守法，自觉遵守社会公德，维护公共环境
	2	家庭成员注重通过报纸、电视、网络等多种渠道，学习生态文明和节能环保知识，了解生态环保热点，关心生态环境状况
	3	家庭成员有较强的环保意识，发现违反环境保护相关法律法规或破坏环境的情况，主动制止或向有关部门举报
	4	家庭成员热心公益，积极参加绿色家庭创建活动
	5	家庭成员积极树立节约光荣、浪费可耻的家庭风尚，积极倡扬婚事新办、丧事简办等文明新风
节约能源资源	6	节约用水，尽可能做到一水多用
	7	节约用电，设定适宜的空调温度，减少各类家用电器待机状态
	8	种植时减少使用对环境有害的农药、化肥
	9	房前屋后及庭院干净整洁，无杂物堆放，无异味，积极种植花草树木。家畜家禽圈养，不影响公共环境
	10	无焚烧秸秆、随意倾倒生活垃圾行为，倡导生活垃圾分类投放，减少垃圾产生量
	11	完成卫生厕所建设或改造
鼓励绿色消费	12	购买和使用获得节能产品或绿色产品认证，并依法加贴能效标识或绿色标识的冰箱、空调、热水器、微波炉等家电产品
	13	购物不使用不可降解一次性塑料袋，使用可重复利用的环保购物袋
	14	不购买、食用、使用受保护的野生动物制作的食物和产品
倡导绿色出行	15	优先选择步行、骑行等绿色出行方式
	16	购车时优先考虑小排量型汽车

2020年6月，全国妇联推出了"绿色生活　让家更美"的绿色家庭创建行动云启动活动，将绿色家庭的典型案例通过互联网平台进行重点宣传，以提高市民对绿色家庭的认识和参与程度。2021年1月，《"美丽中国，我是行动者"提升公民生态文明意识行动计划（2021—2025年）》指出，"各级妇联组织要发挥妇女在家庭领域作用，依托妇女之家、儿童之家等阵地，广泛开展绿色家庭创建"，[1]强调妇联和妇女在绿色家庭创建中的作用和绿色家庭创建的阵地依托。

---

① "美丽中国，我是行动者"提升公民生态文明意识行动计划（2021—2025年）[EB/OL].（2021-02-23）[2024-04-28]. https://www.sohu.com/a/452253550_656705.

随着社会主义生态文明建设实践的深入推进，党对"绿色家庭"的认识也在不断深化，体现了我们在构建"美丽中国"的大背景下，深化了构建"绿色家庭"的基本规律的认识。

■二、绿色家庭内涵

古人云"天下之本在家"，习近平在多个场合多次强调"家庭是社会的基本细胞，是人生的第一所学校"。

"绿色"指家庭的自然环境和物质环境，还包括和谐的家庭关系、健康的家庭生活、良好的家庭教育环境。我国在加快生态文明建设的进程中提出了倡导简约适度、绿色低碳的生活方式，反对奢侈浪费和不合理消费，开展创建节约型机关、绿色家庭、绿色学校、绿色社区和绿色出行[①]等活动。绿色家庭是在居民家庭层面促进低碳发展、绿色社区、绿色城市建设的重要方式。绿色家庭是指创建自然、和谐、科学、民主的家庭教育环境，以简约适度、低碳环保的生活方式，崇尚生命的价值观念为主要内容，意味着家庭对生态环境保护保持着较高关注度，提升家庭成员对生态文明的责任感与使命感，注重形成生态型居家方式。

■三、绿色家庭创建的理论基础

（一）绿色家庭创建的哲学依据

家庭是物质生产和人口生产的载体。物质生产是指人们吃穿住所用生活资料及其所需工具的生产。人口生产主要是指以种族繁衍为核心内容的生产活动。物质生产与人口生产之间有着紧密的联系，它们都涵盖了人与自然以及人与人之间的相互关系。马克思、恩格斯指出："生命的生产，无论是通过劳动而生产自己的生命，还是通过生育而生产他人的生命，就立即表现为双重关系：一方面是自然关系，另一方面是社会关系。"[②]"两种生产"自然性是指物质生产和人口生产需要从自然界获取劳动资料或物质生活资料，这是人类社会存在和发展的基础。"两种生产"社会性是指物质生产和人口生产都是在一定的生产关系或家庭关系中完成的，尤其在人类社会历史发展初期，家庭关系曾是唯一的社会关系，人们的物质和社会需要都是在家庭中完成的。"这种家庭起初是唯一的社会关系，后来，当需要的增长产生了新的社会关系而人口的增多又

---

① 习近平谈治国理政：第三卷 [M]. 北京：外文出版社，2020：40.
② 马克思恩格斯文集：第一卷 [M]. 北京：人民出版社，2009：532.

产生了新的需要的时候，这种家庭便成为从属的关系了（德国除外）。[①] 而人类社会发展到一定阶段，人口生产也是在家庭关系中完成的。

家庭的物质生产功能和人口生产功能，使家庭与土地、气候等自然要素和生态系统有割舍不断的联系，使家庭成员在构建人与自然的关系中能够自觉尊重自然、顺应自然、保护自然，考虑代际生存利益，成为环境保护和生态治理的积极行动者。在以自然界为对象的社会活动中，两种生产的内容构成中都有共同的对象元素，故两种生产在人化的自然世界相交织。人口生产的数量、质量与经济、社会、资源、环境以及可持续发展密切相关，是人与自然和谐的重要影响因子。家庭具有人口生产功能，既要通过计划生育工作合理控制人口数量，达到人口与自然资源承载能力相匹配，又要通过家庭教育、家风传承提升人口质量，优化生态文明建设主体条件，形成人的发展和生态文明建设相互促进的局面。

恩格斯在《家庭、私有制和国家起源》中从唯物主义的立场对"两种生产理论"进一步阐述："一定历史时代和一定地区内的人们生活于其下的社会制度，受着两种生产的制约：一方面受劳动的发展阶段的制约，另一方面受家庭的发展阶段的制约。"[②] 从"两种生产"理论看，家庭是社会的基础，家庭发展对人类生态文明建设具有制约性。家庭发展是生态文明建设的重要影响因素，也是生态文明发展的重要内容，构建新型现代文明形态必然要求加强绿色家庭建设。我国倡导"人类命运共同体"的观念，以促进人与自然之间的和谐共存。这两种生产模式的内部逻辑对于建立人类命运共同体的观念具有很好的参考价值。恩格斯说过：人类对自然界的每一次胜利，都将受到自然界的报复。[③] 绿色家庭创建是家庭文明建设的重要内容，是建设人与自然和谐共生的人类命运共同体题中应有之义。当今世界只有深入贯彻人类命运共同体理念，提供切实可行的解决全球生态问题的承载能力和行动空间，才能为两种生产的可持续发展提供必要保障，最终实现全球可持续发展。

（二）绿色家庭创建的政治经济学理论依据

所有的人类活动都是从自然环境中产生的，而人们的行为模式也会对自然环境产生相应的影响。人类对资源的过度开采和不恰当的污染排放，会导致严重的生态问题，并对人类的生活和进步构成威胁。在科学社会主义的观点中，资本追求利润的天性和技术在资本主义下的应用方式都破坏了人与自然的物质交换关系。资本的逻辑操作导致了对自然环境的无情掠夺，从而引发了资源和环境的逐渐衰竭。

---

① 马克思恩格斯文集：第一卷 [M]. 北京：人民出版社，2009：532.
② 马克思恩格斯文集：第四卷 [M]. 北京：人民出版社，2009：16.
③ 马克思恩格斯文集：第九卷 [M]. 北京：人民出版社，2009：578.

恩格斯指出，家庭是"以生产为目的的社会结合的最简单的和最初的形式"。[①]随着资本主义的科技进步和机械大规模生产的广泛应用，传统的工场手工业已逐渐转型为现代化的大型工业，这也相应地对以家庭为中心的农业和工场手工业生产造成了破坏。家庭劳动的传统模式正在经历深刻的改变，物质生产的职能也开始从家庭结构中独立出来。马克思指出："农业和工场手工业的原始的家庭纽带，也就是把二者的幼年未发展的形态联结在一起的那种纽带，被资本主义生产方式撕断了。"[②]随着资本主义大型工业的崛起，资本主义工厂制度已经替代了传统的家庭生产单位，这导致家庭的生产职能逐渐减弱，家庭与大自然之间的联系也被切断。资本主义的生产模式削弱了家庭在生产方面的功能，导致家庭更多地维持了作为一个生活共同体的角色，也就是在生活和消费方面的功能。这表明家庭消费的构成、数量和层次都将对自然环境和社会进步产生显著的影响。马克思关于异化劳动的理论和物质转换的观点向我们揭示，在资本主义社会中，由于劳动的异化，人民常常受到压迫与奴役。资本主义社会中的家庭及其成员，常常以挥霍无度的方式寻求心理上的快感，这一错误的消费理念使资本主义家庭及个人以物质的占有与消费为基础，形成了一种"过度消费"的局面。这种过度的消费，一方面导致了对自然界的过分索取，加重了自然的重负；另一方面，又阻碍了人们消费的各类天然资源，使其不能回归自然，从而形成了人与自然间的不可修复的裂缝，从而导致了人与自然物质交换的断裂。

马克思主义政治经济学认为，劳动是人与自然的中介，人类正是通过劳动使统一的自然界日益分化为"天然自然"和"人化自然"，并且推动"天然自然"不断向"人化自然"转化。绿色家庭创建史是一部不断推进马克思主义政治经济学中国化时代化的历史。作为一个社会主义国家，我国的生产资料公有制构成了其基本经济制度，广大家庭共同占有自然资源等基本生产资料，共同分享自然资源资产收益，能在根本利益一致基础上实现对自然资源的合理利用、科学管理和适度消费，从而促进人与自然之间正常的物质交换，实现人与自然的和谐统一。中国特色社会主义进入新时代，生态文明建设被纳入中国特色社会主义事业总体布局，党逐步确立绿色发展理念。马克思主义的物质交换思想促进人与自然合理的物质交换。马克思主义的物质变换思想是绿色家庭创建的政治经济学依据，展现了中国特色社会主义政治经济学的理论光芒，为马克思主义政治经济学的创新发展贡献了中国智慧。

（三）绿色家庭创建的科学社会主义理论依据

恩格斯在他的两部著作《反杜林论》和《社会主义从空想到科学的发展》中，对资

---

① 马克思恩格斯文集：第九卷 [M]. 北京：人民出版社，2009：102.

② 马克思恩格斯文集：第五卷 [M]. 北京：人民出版社，2009：578–579.

本主义制度对家庭及其成员产生的深远影响进行了深入的探讨。在这两部著作中，他深刻剖析了资本主义社会的家庭形式与特征，揭露了资本主义条件下家庭的衰败、解体过程以及给个人带来的消极影响。他强调，由于资本主义的影响，家庭关系已经崩溃，这也意味着家庭不再作为一个合作的单位来共同塑造新的生活方式；资本主义生产所造成的物质产品与精神产品之间的分离以及由此引发的社会不平等是家庭解体的根本原因。随时间流逝，家庭中的其他职能也逐渐被削弱。"一切传统的血缘关系、宗法从属关系、家庭关系都解体了；突然被抛到全新的环境中的劳动阶级，从乡村转到城市、从农业转到工业、从稳定的生活条件转到天天都在变化的毫无保障的生活条件的劳动阶级，大批地堕落了。"[①]城市化进程导致人口密度增加，从而破坏了维持原有生活模式的必要条件。城市的罗网不仅困扰了工人，还困扰了那些被从乡村赶出的农民，将他们困在一个无法再进行传统家庭自给经营的环境里。通过劳动获得的收益已经变成了从工业部门购买生活必需品的一种高效途径。资本主义的生产过程，成为奴役和毁灭工人的祸根。过去在履行众多社会职责时所依赖的家庭便利、家庭情感、集体情感以及与邻居的关系，如今都已逐渐衰退，留下了一片空白区域。在资本主义的社会结构中，工人与生产资源被分隔开来，工人的家庭和其他家庭成员都受到资本的支配，这导致了人们的贫穷、道德沦丧和片面的发展。工人存在是为了资本主义的生产流程，而人则被视为工具而非最终目标。马克思指出，资本主义生产使妇女、男女少年和儿童广泛参与生产过程，同时"为家庭和两性关系的更高级的形式创造了新的经济基础"。[②]大部分家庭成员目前都在外地工作，当他们需要帮助时，相互之间的关心和照料的机会逐渐减少，人们的相互照顾就越来越社会事业化了。都市生活的压力越来越大，在城市林立的情况下，要照顾一些需要照顾的人就更困难了。"在适当的条件下，必然会反过来转变成人道的发展的源泉"，[③]从而为社会进步以及家庭和家庭成员的发展指明了方向。

促进家庭建设是社会主义建设的题中应有之义。科学社会主义认为，只有在彻底消除了人与人关系异化的未来人类理想社会，才会彻底消除人与自然关系的异化，实现"两大和解"。中国共产党通过法律、制度、政策等方式，对家庭结构进行了强化，并对其进行了改造。它既是对两性平等、女性解放和发展的一种有力的推进，又是对社会主义家庭美德的发扬，对家庭建设、家庭成员素质的提高起到了积极的作用。

我国广泛地开展文明家庭和绿色家庭的创建活动。自党的十八大以后，全国各地都高度重视家庭、家教和家风的建设，大幅度地加强了家庭文明的建设。在推动社会

---

① 马克思恩格斯文集：第九卷 [M]. 北京：人民出版社，2009：392–393.
② 马克思恩格斯文集：第五卷 [M]. 北京：人民出版社，2009：563.
③ 马克思恩格斯文集：第五卷 [M]. 北京：人民出版社，2009：563.

主义物质、精神、政治、社会以及生态文明的建设过程中，家庭起到了不可替代的关键作用。2015 年春节团拜会上习近平明确表示："家庭是社会的基本细胞，是人生的第一所学校。不论时代发生多大变化，不论生活格局发生多大变化，我们都要重视家庭建设，注重家庭、注重家教、注重家风，紧密结合培育和弘扬社会主义核心价值观，发扬光大中华民族传统家庭美德，促进家庭和睦，促进亲人相亲相爱，促进下一代健康成长，促进老年人老有所养，使千千万万个家庭成为国家发展、民族进步、社会和谐的重要基点。"①创建绿色家庭，既是促进中国特色社会主义家庭建设，又是构建中国特色社会主义家庭形态的重要内容，是推进生态文明建设、共建美丽中国的必然要求。在绿色教育中强调绿色家庭创建，必将促进家庭建设进入新的阶段，促进家庭成员生态意识、生态道德和生态建设能力的提升及生态文明行为的改善，把生态文明建设融入绿色家庭创建之中，让生态文明理念在家庭落细落小落实。

我们要坚持以马克思主义理论为指导，深入推进绿色家庭创建行动，大力发挥家庭在构建绿色生活方式全民行动体系的作用，共建美丽中国。

■四、绿色家庭创建的内容

创建绿色家庭是推动社会生态文明建设的重要举措。建设美丽中国，既是中国人向往的理想，又是提高人们生活品质的重要保证。家庭是社会的细胞和国家发展的重要基点，是个人与国家连接的纽带。实现美丽中国的目标，需要千家万户贡献智慧和力量，需要广大家庭及其成员争做美丽中国的建设者、参与者、践行者和推动者。

绿色家庭建设是指家庭成员在具备生态文明素养条件下，通过绿色消费、绿色出行等方式节约资源。以《绿色家庭创建行动方案》为导向，实践绿色、健康和环保的观念，增强对生态环境的保护意识。这不仅是对家庭建设的重视，也是对公民全面成长的关心，同时也是人们对高品质家庭生活向往需求的回应。

（一）引导家庭成员提升生态文明素养

众力并则万钧举，人心齐则泰山移。生态文明建设功在当代、利在千秋，谁也不能只说不做、置身事外。保护生态环境就是保护我们赖以生存的家园，每个家庭有责更应尽责，提升每个人的生态文明素养，涵养生态道德，争当生态文明理念的模范践行者。充分动员广大家庭成员通过多种渠道，深入学习习近平生态文明思想，熟知与生态文明相关的法律和法规，掌握家庭环境保护的相关知识和方法，以增强公众对生

---

①　中共中央文献研究室 . 习近平关于社会主义文化建设论述摘编 [M]. 北京：中央文献出版社，2017：126.

态文明和环境科学的了解和修养，自觉树立绿色价值观念和社会主义生态文明观念，遵守和践行《公民生态环境行为规范（试行）》，养成健康文明的生活方式，并努力成为绿色生活理念的推动者、参与者和实践者。绿色的生活方式被视为一种文明的生活方式。从采纳"光盘"策略到追求低碳出行方式，再到追求创新和时尚的绿色消费模式，绿色生活方式对于个人而言，折射出现代人的文明素养；对于社会来说，照鉴着现代社会的文明品质，意味着社会成员懂得自我规约、懂得尊重公共空间、懂得人与自然和谐，标注着社会文明水准。

（二）引导家庭成员节约资源

众所周知，水资源、土地资源以及能源皆为维持人类社会存续及经济增长之关键因素，同时亦关乎实现可持续发展的重大课题。马克思的"物质观"强调，要达到人与自然的正常物质交流，就必须在日常生活中培育对资源的认知，需要积极降低对大自然环境的过度消耗，以此来促进人和自然的和谐发展和持续生存。家庭这个人类生活的基本单位，成为引领绿色生活方式转变的根本基石，迫切需要让全家老少共同加入这项有益的实践中来。需要极力倡导每个家庭在日常生活中采纳和使用更为环保、洁净的能源技术，如节省电力、水资源和纸张，避免粮食的浪费。使用节水器，使用节能电器，使用无磷洗衣粉，使用菜篮子、布袋子，拒绝过度包装，留意一水多用，提高废旧衣服、玩具、书籍等的再利用程度，降低家庭废弃物的产生量，达到节能降耗的目的。德国学者提出"生态包袱"这一概念，即生产单位生产产品所需的全部材料。比如，一枚 10 克的金指环，其生态价值就达 3500 千克；一件 170 克的汗衫，就有 226 千克的环保负担。减少生态系统下游单位产品的消费，不仅能节约巨大的资源投入，还能大幅降低排放量。

（三）引导家庭成员绿色消费

我们必须始终遵循绿色消费的原则，在食品、服饰、住宿、日常使用、交通和旅行等多个方面，立足于支付实力层面的审慎考虑，优先选择具有良好环保性能的商品或服务。在日常生活中，从抵制白色污染，采用环保型的出行方式，合理设置家用暖气及空调的温度，以及正确进行废弃物分类处置这几个关键环节着手。各界人士应自觉贯彻并遵守我国关于环境保护及生态治理的有关政策方针，致力于降低碳消耗，为节约能源、减排做出积极的贡献。期望每位公民能够积极购买并运用那些得到节能、节水标准或者绿色环保认证的家电产品以及节水装置。在法律允许的范围内，所有这些产品都需要张贴相应的能效标志、水效标志及环保标签，以确保公众的知情权与选择权受到尊重。尽量少使用或不使用塑胶制品，如塑胶袋、塑胶餐具等，防止甚至消除环境污染，提倡绿色环保理念，在日常生活中尽可能避免购买和使用由受保护的野生动植物制成的食品与物品。弘扬绿色发展理念，使全社会形成一种崇尚节约、节俭的消费观念，使之成为一种崇尚绿色消费和保护生态环境的光荣，反对奢侈浪费和增加生态负担的行为。

（四）引导家庭成员绿色出行

鼓励家庭成员在出行时优先选择步行、骑行、公共交通、共享交通等绿色出行方式，购车时优先考虑新能源汽车或小排量型汽车，做到节约能源、提高效能、减少污染。首先，做绿色出行的先行者。在节能和减少排放方面，始终走在前列，致力于低碳生活的每一个细节。如果打算购买汽车，推荐选用新型能源、低碳排放、低燃油消耗以及低环境污染的汽车型号。如果属于车主群体，建议每周减少一天的驾车时间，并尽量选择拼车方式上下班；如果确实需要开车出行，请务必遵循环保驾驶、文明驾驶和有序停车的原则。其次，做绿色出行的实践者。要积极地选择既节能又能提高能源利用效率，对环境污染少、对身体健康有益的绿色交通模式，并且要坚持"135"的绿色交通原则：1公里以内，推荐步行；3公里以内，建议选择骑自行车；而在5公里的范围内，建议优先考虑乘坐公交。最后，做绿色出行的推广者。在推广绿色出行方式的过程中，要积极倡导和推广能走就不骑车，能骑车就不坐车，能坐车就不开车的健康出行理念，动员广大群众积极投身到"135"绿色出行活动中来，营造一个低碳、健康、有序、文明、畅通的绿色交通环境。

（五）引导家庭净化生活环境

引领家庭成员积极参与家庭净化、绿化、美化，践行健康文明生活方式，改善人居家庭生活环境。鼓励家庭成员自觉进行垃圾分类，增强垃圾分类实践操作能力。清理无序堆放和随意悬挂物品，清理房前屋后畜禽粪污和垃圾，积极在庭院、阳台栽植花卉树木，促进居室美化、庭院绿化、房前屋后净化。《关于开展"美丽庭院"建设活动的指导意见》明确了庭院美、居室美、厨厕美、家风美的建设要求，提出室内门窗净、地面净、床铺净、厨房净、厕所净；院内无柴堆、无粪土、无垃圾、无污水、无散养；家中有合理布局、有花草树木、有文化氛围、有家风家教、有生活品位。《关于开展"美丽庭院"建设活动的指导意见》公布以来，各项措施有序实施，创建工作稳步推进。

五、绿色家庭建设策略

（一）强化顶层设计，牵头实施绿色家庭创建行动

2020 年在国家发改委、生态环境部等部门的大力支持下，全国妇联与国家发改委、生态环境部等 7 部门共同颁布了《绿色家庭创建行动方案》，针对家庭的生活特征和需要，为城市和农村制定了绿色家庭的创建标准，并明确了具体的创建目标。绿色家庭创建目标提出在全国范围内，使满足创建条件的家庭比例达到 60% 以上，从而使生态文明的理念更加深入人心。结合创建活动，全国妇联还制作发放了《绿色家庭指导手册》、绿色生活记事本、多功能环保购物袋、绿色生活宣传海报等绿色家庭宣传包，从培养生态文明素养、节约能源资源、绿色消费、绿色出行等方面，指导广大家庭成员积极践行"美丽中国，我是行动者"理念。在社会上已经形成了一个倡导绿色生活的新趋势。

（二）发挥绿色家庭典型示范作用

在全国范围内由中华全国妇女联合会以及各级地方妇女联合会共同发起并组织的"寻找最美家庭"这一富有创新意义的公益性活动正在广大农村与城市地区如火如荼地进行。要大力寻找宣传各级各类、各具特色的绿色环保家庭典型。如深入腾格里沙漠 20 载，压沙造林近 8000 亩的甘肃省王银吉家庭；真情守护滇池母亲湖 30 载，只盼滇池清如许的云南李云丽家庭；自制雨水收集和废水回收系统的北京欧阳湘萍家庭；义务改造社区楼道延时灯，大大节约用电量的天津田庆生家庭；全家义务捡拾垃圾，以实际行动带动更多人保护环境的重庆钟丛荣家庭；用自行车迎娶新娘，倡扬低碳环保、移风易俗婚恋新风尚的山西李吉家庭；等等。借助中央电视台及妇女联合会所掌握的融媒体资源，开展了深入社区的家庭好家风巡回演讲活动，全面地展示并宣扬那些优秀家庭的感人事迹。通过这种方式，希望可以激发并鼓励更多的家庭崇德向善、见贤思齐，自觉树立社会主义生态文明观，主动提升生态文明素养。

（三）强化实践养成，开展绿色主题活动

由中国妇女联合会主办的中国妇女网举办了一项名为"绿色家庭创建云活动——'绿色生活，让家园更美丽'"的倡议活动，该活动旨在通过广泛宣传与展示众多绿色家庭的故事，弘扬绿色家庭文化，并联合支付宝在线上发起了一场以"普及家庭健康以及节能资源技术、推广生活垃圾分类知识"为主旨的有奖知识竞猜活动，这种活动

方式可以提高公众对绿色生活理念的认识，鼓励广大群众以文字、图片、绘画、音频、视频等多种媒体方式来展现他们对于绿色家居环境、绿色出行方式以及绿色消费习惯等方面的理解与实践经验。这不仅能帮助人们更好地了解公众对绿色生活的认知度与接受程度，也有助于从小就开始培养孩子的环保意识，从而实现可持续发展的目标。这些家庭成员喜闻乐见、易于参与的活动，促进广大家庭主动学习绿色环保知识，养成绿色生活习惯，共同建设蓝天白云、清水绿岸、鸟语花香的美丽中国。

（四）增强居民的绿色环保意识

为了实现绿色家庭的建设及推广，我们亟须提升广大民众对于绿色环保意识的理解与认同。英国独特"朴素"绿色家居及日本先进且严格的垃圾分类制度等均充分展示出公众对于绿色环保的高关注度及对环保事业的高度责任感，民众自主自发地积极参与其中。这表明植根于每位公民内心深处的绿色环保观念，有望转化为实际的绿色环保行为，吸引全社会的力量投入绿色建设中来。应当将普及绿色环保知识、增强家庭环保宣传教育作为一项长期而重要的工作任务加以推进。在我国积极推动绿色家庭建设的道路上，可以充分利用各种媒体渠道，向全社会推广绿色家庭的理念，普及绿色生活的观念，并努力打造一个低碳的社会环境。广泛的家庭群体需要积极地推进家庭文明的建设，主动地提高他们的绿色意识，倡导建立以家庭为核心，以家庭成员积极参与为坚实基础的绿色家庭文化体系，确保生态文明建设所涉及的政策、法律、法规得以高效地执行。

（五）完善绿色家庭创建的体制机制保障

在美丽中国建设背景下，绿色家庭创建行动越来越受到社会的重视，人们以实际行动践行绿色家庭的创建。进入新时代，随着生态文明建设的推进，对于绿色家庭的顶层设计还需要进一步强化和完善；部分家庭参与绿色家庭创建的物质基础缺乏；绿色家庭创建意识需要进一步加强；绿色家庭创建缺乏充足资金支持；在挖掘中国传统文化，发挥生态家风引领绿色家庭创建作用方面还不够。一是要完善绿色家庭创建的领导机制。党的十九届六中全会通过的《中共中央关于党的百年奋斗重大成就和历史经验的决议》指出："党的十八大以来，党中央以前所未有的力度抓生态文明建设，全党全国推动绿色发展的自觉性和主动性显著增强，美丽中国建设迈出重大步伐。"[①]推动绿色家庭创建，要不断完善党的领导机制。党中央为绿色家庭创建提供顶层设计和政策支持，并建立系统完整的制度体系。党委组织部门要把绿色家庭创建效果作为考核领

---

①　中共中央关于党的百年奋斗重大成就和历史经验的决议 [N]. 人民日报，2021-11-17（01）.

导干部的重要依据，为推动家庭参与生态治理提供人事工作保障。二是要完善绿色家庭创建的组织保障机制。在绿色家庭创建中，政府、社区、人民团体要各司其职，在中国共产党的领导下，形成有序推进绿色家庭创建的工作机制，为绿色家庭创建提供坚强的组织保障。出台和不断完善生态文明建设和绿色家庭建设的相关政策和法律法规，健全绿色家庭创建标准，对绿色家庭创建形成硬约束。要完善组织保障机制，把政府、社区、人民团体作为绿色家庭创建的实施主体和推动力量。三是要强化绿色家庭创建的政策保障机制。绿色家庭创建标准是绿色家庭评价的依据，要坚持从实际出发的原则，因地制宜制订和完善绿色家庭创建标准，形成各具特色的绿色家庭。创新绿色家庭创建评选激励机制。利用国际家庭日等契机，广泛开展绿色社区、绿色家庭、家庭文明、美丽家园、"绿色生活·最美家庭"等群众性创建活动，为广大家庭参与绿色家庭创建提供载体和平台。

在推进绿色家庭建设的过程中，所有家庭都应处理好家庭与国家之间的辩证关系，把建设美丽中国的愿望化为实实在在的行动，全力以赴地推进家庭新型文明的构建，从而使每个家庭及成员能成为保护生态环境的重要参与者与实践者，为"美丽中国"的建设奠定良好的社会基础。

第四节　绿色社区建设

■一、绿色社区发展历程

社区作为居民生活和城市治理的基本单元，是倡导绿色生活的重要阵地。只有将生态环保实践落实到社区，才能有效推动生态文明建设。只有当生态环保的实践真正融入社区中，我们才能有力地推进生态文明的建设。[①]社区被视为一个宣扬生态文明观念和推广绿色生活新趋势的场所，特别是在培育新一代的生态保护意识上，它能起到至关重要的正面影响。

自改革开放政策实施以来，中国逐渐解除了对人口迁移的限制，大批农民工涌向城市，这也促进了城市化的快速发展。尽管城市化为人类提供了巨大的物质生活满足，但它也引发了气候、能源、环境污染和人居环境的一系列问题。人们不再仅仅追求温

---

① 柯善北.创建绿色社区　缔造幸福生活——《绿色社区创建行动方案》解读 [J]. 中华建设，2020（12）：6-7.

饱，更加高质量的社区生活成为人类的普遍追求，"有房"需求转变为"优房"需求，绿色社区应运而生。

1976年召开的联合国首届人居大会首次提出了"反映可持续发展原则的人类住区"的概念，它可以被视为绿色社区理念的初步形态。

早在2001年4月份，我国国家环境保护总局公开发布《2001年—2005年全国环境宣传教育工作纲要》，提议在现有的47个重点环保城市内逐步加强"绿色社区"的构建工作，其宗旨是弘扬公众的环境道德，同时推动社会风气向更为健康向上的方向发展。这也就是说，国家相关行政部门首度在相应层次上明确确立了"绿色社区"的理念，为日后绿色社区的持续、稳定、深入发展提供了坚实的土壤。该工作纲要还明确了"绿色社区"的核心特征，即努力构筑一套完整的环境管理和监测体系；拥有一套完整的垃圾分类和回收机制；实施多项严格的节水措施、能源利用率提升方案以及生活废水资源化处理技术手段；营造出一个独特而富有人文气息的绿色环境氛围，使整个社区宁静祥和，保持持久的清洁与美观面容。

在2004年7月国家环境保护总局发布了《关于深化并继续开展"绿色社区"建设活动的通知》，这项政策示意"绿色社区"的建设活动已经成功从起点的初步尝试逐渐辐射至广袤祖国大地的各个角落。

2020年7月，住房和城乡建设部携手六个关键部门共同发表了一份纲领性文件——《绿色社区创建行动方案》（以下简称《行动方案》），将绿色社区建设与各种社区改善活动紧密地融合在一起，以实现社区建设的全面协调和联动。《行动方案》强调在社区的设计、建设、管理和服务等各个环节中融入绿色发展的理念，运用高度精准、简洁实用且能够切实降低碳排放量的策略措施来推进社区居住环境的优化升级，从而充分满足广大民众对更加优越的生态环境和更为美好生活品质的热切期盼与向往。在此过程中，绿色生态社区的精细化建设与城市生活垃圾分类制度的全面施行、老旧城镇住宅小区的重新规划设计以及成熟完备居住社区的有序构建等多元化内容将得以实现完美融合与统一发展。

就社区管理策略而言，提倡运用"互联网＋共建共治共享"这一线上线下相结合的多元模式，帮助人们建立沟通渠道，在此基础上开展各类基层协商的行为活动，使得所有参与者能够携手合作，共同决策，携手配置资源，共同评估成效及分享利益。

从社区环境配置视角来看，该行动方案突出强调了推进老旧小区改造和建设无障碍设施的重要性，并建议在原有基础之上增设更多的公众活动场地、小型运动场所以及相应的健身设备；进一步科学合理地规划停车场及充电设备，完善上下水道设施布局的标准化，并强化噪声控制措施。针对新冠疫情暴露出的问题，补齐卫生防疫、社区服务等方面的短板。

《行动方案》明确倡议，在推进社区信息化与智能化的紧迫阶段，应着重构建一套集社区安全保障、交通运输工具、公共设施设备管理以及生活垃圾排放登记诸多层面于一体的社区公共服务综合信息平台。如此创新性的举措不仅有利于激发物业服务企业的积极性，推动其致力于线上及线下社区公益事业的纵深发展，更为重要的是，建立绿色社区并不仅仅是关乎生态环境的保护问题，它更是一项涉及面广，主导意义突出的全方位治理和建设活动。

中国的绿色社区建设经历了从"浅绿"到"深绿"的绿色转变过程，目标是塑造一个与可持续发展观念相一致的绿色文化环境，在推进环保管理体系的建立和完善过程中，积极推广高效的污染防治策略，创造良好的生活环境，构建和谐奋进的绿色文化氛围，以此紧跟全球生态文明建设的步伐。

■二、绿色社区概念

国内外诸多学者对绿色社区概念进行了研究。

1898 年，英国建筑学家埃比尼泽·霍华德（Ebenezer Howard）在他的著作《明天的花园城市》中首次提出了绿色社区的理念。他认为，理想的城市应是经济活力涌流、社会安定有序，同时也应具备令人感到舒适的自然环境，在城市达到一定的规模之后，应该建设新的城市吸纳人口和产业的增长。[①] 国外关于绿色社区的研究起于 20 世纪 80 年代。美国环保局认为，绿色社区应当拥有一个健康的居住环境，旺盛增长的经济以及高品质的生活方式。它的核心职责包括遵循环境保护的法律、降低自然资源的使用以及预防环境污染；鼓励全体居民积极参与制定决策过程；鼓励地方开展商业活动，扶持居民行走、骑车和乘坐公共交通工具；给每个人都营造了一个开阔的空间。[②] 加拿大绿色社区协会的行政主管人克利福德·梅纳斯认为"绿色社区是建立在社区基础之上的非营利、多方合作的环境组织。绿色社区所反映的是当地人们的需求和态度，维护的是大家共同的利益，倡导的是绿色生活和绿色消费"。

国内诸多学者提出了对绿色社区概念的不同见解。

王汝华（2001）认为绿色社区是一个自主创建并持续维护社区环境管理结构和公众参与环保机制的社区。[③]

郭永龙（2002）认为，绿色社区是在传统社区基础上，将人性化、生态化作为社区

---

① EBENEZER HOWARD, OSBORN. Garden Cities of Tomorrow[M]. Oxford: Taylor and Francis, 2013.

② 彭倩. 绿色社区评价研究 [D]. 济南：山东建筑大学，2021：10.

③ 王汝华. 绿色社区建设指南 [M]. 北京：同心出版社，2001：3.

创建的宗旨，即社区的设计、消费、管理始终贯彻绿色的理念，让社区达到既保护环境，又有益于人们的身心健康；与此同时，城市的经济、社会、环境可持续发展。①

丛澜（2004）从狭义与广义的角度对绿色社区进行界定，狭义的绿色社区是指"具备了一定的符合环境保护要求的设施，建立了较为完善的环境管理体系和公众参与机制的社区"。广义的绿色社区是指"实现了环境保护和可持续发展的社会生活共同体"。②

赵清（2016）认为，绿色社区是指具备完善的绿色环境管理制度、丰富的绿色文化环境以及良好的生态环境，旨在实现社区人与自然可持续和谐共生的社会生活共同体。③

绿色社区的概念主要是围绕三个核心领域进行的。

首先，需要减少能源的使用，并减少人类在生产和生活中对环境造成的负面影响。

其次，需要优化人们的居住环境，创造一个既舒适又环保的居住区域，以增加居住的满意度。

最后，鼓励采纳绿色和环保的生活方式，并强调人与大自然之间的和谐关系。

绿色社区是一种环境友好型的社区，对自然资源的消耗少，对周边环境的影响极低，能提供舒适的物理居住空间，同时完善的绿色基础设施等硬件条件也能提供方便快捷的交通服务，能满足日常锻炼和出行的需求。

绿色社区是指具备了一定的符合环保要求的硬件设施、建立了较完善的环境管理体系和公众参与机制的社区。绿色社区的含义就硬件而言包括绿色建筑、社区绿化、垃圾分类、污水处理、节水、节能和新能源等设施。绿色社区的软件建设包括一个由政府各有关部门、民间环保组织、居委会和物业公司组成的联席会，一支起骨干作用的绿色志愿者大队、一系列持续性的环保活动以及一定比例的绿色家庭。

综合以上研究者所提出的概念，我们认为绿色社区是指具备完善的绿色环境管理制度及良好的生态环境，旨在实现社区人与自然可持续和谐共生的社会生活共同体。

■三、绿色社区的功能定位

绿色社区是文明社会的重要象征，是一个国家和民族文明发展到较高阶段的必然产物。建设什么样的绿色社区，怎样建设绿色社区是社区建设必须回答的问题。在世界上最大的发展中国家建设绿色社区，具有特殊的功能。

---

① 郭永龙，武强.绿色社区的理念及其创建 [J].环境保护，2002（9）：37–38.
② 丛澜，郑捷，徐威等.绿色社区创建指南 [M].北京：中国环境科学出版社，2004.
③ 赵清.绿色社区评价研究 [J].居业，2016（6）：173–175，178.

（一）人文关怀的时空体现

人文关怀是推动城乡社区建设、改善基本民生问题的关键进路。在缺乏人文关怀的情况下，社区的现代化进程将会丧失其服务的核心价值和对社会建设的根本推动力。[①] 打造绿色社区的核心理念是人本主义，持续优化环境品质，并满足大众对于更好居住环境的期望，这也是环境保护任务的起点和终点。环境问题的出现和演变主要是因为人类未能妥善处理人与自然之间的关系，并过度强调了人的角色，也就是人类中心主义所导致的。在西方文化观念中，"以人为本"被视为"人本主义"的核心思想，这种观念将人置于自然之上，导致了西方的享乐主义、利己主义和功利主义在东方的解读。这样的解释不但破坏了人与自然的和谐关系，也破坏了人类社会的生态平衡，使"人本主义"的生态失衡成为可能。"人本主义"的社区在规划与建设过程中，常常以少数人为中心，忽略或拒绝与周围社区的沟通与融入。通过不和谐的建筑风格、空间布局和景观设计，将完整的城市有机体人为分割成一个个"文化孤岛"和"生态孤岛"。

建设绿色社区要坚持系统思维，把绿色社区建设作为系统来认识，即始终把社区建设放在系统之中加以考察和把握。绿色社区建设从人类自身的思维意识、态度和行为出发，强调和关注人与自然的和谐协调关系，关照和呼应城市各社区之间的协调发展关系，修正人类的思维、意识和态度，规范人类行为，从时间和空间两个维度持续体现人文关怀，真正为了整个人类自身的生存和发展，这才是真正意义上的"以人为本"理念。新型社区建设与治理日益成为我国城市化进程中的一个重要研究议题。"人的价值""人的发展""人的需求"等话语的勃兴，表明人文关怀已成为基层社区建设的重要内容。

作为我国城市社会的基层治理组织，社区发展过程所形塑的社会结构与独特样态包含着厚重的时代意蕴与情感色彩。在社区的设计、建设、管理和服务等各个环节中，都要深入贯彻绿色发展的理念。通过简洁、环保和低碳的方法，我们致力于推动社区居住环境的建设和改进，以满足广大人民对于更好的环境和幸福生活的渴望；致力于建立一个绿色的社区环境，树立以人为本、发展为民是前提。要达到环保社会的要求，需确保社区的居住环境干净、宜人、安全且美观，需统筹兼顾好以人为本的"内"和绿色发展的"外"的关系，充分满足人的居住、生活和使用需求。

① 黄莹.人文关怀：社区治理现代化的应有之义 [J].人民论坛，2018（25）：64-65.

（二）公众参与的重要渠道

社区建设，人人有责。党的十九届四中全会明确指出，完善党委领导、政府负责、民主协商、社会协同、公众参与、法治保障、科技支撑的社区治理体系，建设人人有责、人人尽责、人人享有的社区治理共同体，这为我国的社区治理工作指明了方向。社区居民自主、有序、广泛地参与社区建设，是社区治理发展的内生动力。公众参与是指公众不通过国家代表机关直接参与处理社会公共事务，是在社会分层、公众和利益集团需求多样化的情况下所采取的一种协调政策。社区居民作为社区主人，是社区治理的直接参与者，也是社区治理的最直接受益者。

绿色社区构成了一个充满活力和开放性的生态环境。要通过宣传教育，充分调动一切积极因素，动员全社会力量共同参与社区建设。推动绿色社区的建设是为了鼓励和组织公众参与环境保护活动，并执行可持续发展的策略。21世纪的环境保护是面向大众的，而这种大众的环保观念必须深深植根于社区和公众之中，确保环境保护理念渗透到每一个社区、每一个家庭和每一个人的日常生活中。这需要我们采取多层面、多途径、全面的策略，从高起点、高标准和规范化的角度出发，充分调动社区内的所有物质和非物质资源，进行全方位的规划和设计，并鼓励大家共同参与。

探索建立一套完整的居民参与的政策体系和体制机制。政府要从整体上进行统筹，对居民的参与范围、参与渠道、参与方式、监督形式等，提前做好制度规划和设计。设计合适的奖励机制，对积极参与社区治理工作、积极为社区建设出谋划策的居民，在精神上或物质上给予一定的表彰奖励，激发他们参与社区治理的积极性，吸引更多的社区居民参与社区建设，最终形成共建共治共享的绿色社区建设格局。绿色社区的建设为公众提供了积极参与环境保护的平台，从而逐步提高了公众的环保意识，并使得公民的环保活动能够更加持久和深入地开展。在建设绿色社区的过程中，通过组织和动员公众的广泛参与和合作，可以使公众了解环境保护形势，掌握环境保护知识，树立可持续发展和循环经济的意识和思想，明确公民在环境保护中的权利和义务，在全社会树立起良好的环境道德观念和行为规范。

（三）环境保护的有效途径

人类社会进入21世纪，严峻的环境状况，呼唤着人们关注环境，参与环保。在全球范围内，环境保护的趋势正在深入到社区层面，各国都在努力寻找并实施社区的可持续发展模式。建设绿色社区是推进中国城市化进程中城市环境保护工作、提升中国环境保护整体水平的重要内涵和有效途径。

社区是城市的基本组成部分，社区居民的环境意识和环境行为是衡量一个城市文明建设的重要标志，也是一个城市文明程度的具体体现。《中国 21 世纪议程》指出："人类居住区发展的目标是通过政府部门和立法机构制定并实施促进居住区持续发展的政策法规、发展战略、规划和行动计划，动员所有的社会团体和全体民众积极参与，建设成规划布局合理、配套设备齐全、有利于工作、方便生活、住区环境清洁、优美、安静、居住条件舒适的人类住区。"[①] 在人类文明进入新的阶段时，应该从可持续发展的视角出发，确保人与自然之间的权益和责任得到恰当平衡。在构建绿色社区的过程中，环境的改善和保护是最基本的元素，一个绿色的生态环境可以体现绿色社区建设的生态化特点。按照这一标准，绿色社区的建设指标应被视为评估和验证城市生态化的关键指标，同时，可持续发展和绿色文明观念应被视为城市化发展的核心思想。社区的居民居住环境就像一面反映社区状况的镜子，环境好坏一目了然，是一个突出性的标志。

在"生态优先""绿色发展"理念深入人心的背景下，我国生态环境保护力度不断加大，高质量发展实现新突破，加快实现碳达峰、碳中和等目标，使绿色发展成为最为明确的发展方向。城市社区建设被赋予绿色治理的重要内涵。在社区生活的大环境中，我们运用新材料、新能源、绿色建筑、资源回收等先进的科学技术手段，提倡绿色、节能、环保的生态理念、生活习惯和消费方式，推动社区建设向低碳和零碳的方向发展。在社区建设中，要遵循科学的理念，遵循绿色发展的基本原则，推动发展的绿色化迈向治理的绿色化。绿色社区创建目的在于唤起市民的环保意识，使每个居民都能充分认识到环保问题的紧迫性和必要性，从而全面提升城市的综合性功能，提升城市的总体价值。以绿色社区的构建来促进社会环保的发展，市民的环保意识应得到更多的关注，突出每个人对环境的责任与义务，让公民从自身做起，将以环境为基础的绿色社区建设作为美丽中国建设的重要内容。

（四）环境教育的有效载体

《贝尔格莱德宪章——环境教育的全球框架》明确表示："环境教育的目的是使全世界的人们了解与关注环境和与环境相关联的问题，并使之具有知识、技能、态度、动机并能够承担责任，以为解决当前已有的问题和预防产生新的问题而进行单独和集体工作。"环境教育涵盖了非常复杂的内容，它是一种多学科、综合性强的教育形式，其目标群体是广大民众，具有广泛的普及性和全民性。绿色社区的建设不仅是一种思想框架，也是一种模式的构建，同时还代表了一种精神的重新塑造和一种文化的转型。建设绿色社区是实施全民环境教育的重要一环，是环境教育体系的有机组成部分。环

---

① 李久生. 环境教育的理论体系与实施案例研究 [D]. 南京：南京师范大学，2004：113.

境教育的体系是由三个不同的层次组成的。从时间维度看，环境教育体系贯穿每个人的一生："幼儿—小学—中学—大学—终身环境教育"；从空间维度看，环境教育涉及每个人的生活和工作环节："学校-家庭-社区环境教育"；从教育形式上看，环境教育渗透于教育和培训的各个领域："课堂-非课堂环境教育"。

对社会及居民来说，宣传环保教育具有不可取代的作用，是终身学习不可或缺的一环。我们采取了各种方式，如设置环保橱窗、张贴环保公益广告、制作环保宣传材料、成立"环保学校"、组建环保义工队伍、制订并公布社区居民的《环境文明公约》及行为准则，形成一系列持续不断的环保行动。活动旨在营造浓厚的环保文化氛围，大力宣传环保法规，树立可持续发展理念。同时也提倡市民树立循环经济的观念，并对他们在环境方面的行为进行适当的指导和监控。倡导居民培养与绿色文明相符的生活方式、消费理念和道德标准，并从个人、家庭和社区的各个角度出发，主动地将环境保护、资源节约和综合能源利用的观念和实践融入他们的日常生活之中。

为了实现环境教育的既定目标，仅仅依赖学校的环境教育环节是不够的。我们需要在时间、空间和教育方式这三个方面进行进一步的拓展，也就是说，通过终身教育、家庭和社区的环境教育，以及非正式的环境教育，确保每个人都能接受全面的环境教育。构建绿色社区实质上是"终身环境教育"、"家庭-社区环境教育"以及"非课堂环境教育"这几个教育的具体执行方案和行动计划。注重环境的守护，并以教育为核心。绿色社区建设的核心目标是为社区居民营造一个人与自然、与环境和谐相处，环境卫生、文明健康以及安全便捷的生活和居住环境。这样的建设方式极大地激发了居民对环境保护的关注、支持和参与，同时也增强了居民在自我教育、自我约束、自我管理和自我建设等方面的能力。

■四、绿色社区评价指标体系的构建

评价指标体系是指由表征评价对象各方面特性及其相互联系的多个指标所构成的具有内在结构的有机整体。绿色社区的评价指标体系被视为一种评定社区环境品质的有效手段，能够准确判断绿色社区在资源利用和能源节约等方面的现状，这对于提升绿色社区的发展水平具有极其重要的意义。[①]评价指标体系的指标设置主要集中在能源与资源、社区环境、社区规划设计、室内环境、居民的主观感受等方面。

社区环境包括社区的生态条件、景观设计、交通等方面。社区的规划与设计主要是针对社区的选址与建设以及社区的公共空间的营造。室内环境涵盖了声音环境、光线环境、温度环境以及空气的质量。居民的主观感受则是考虑到居民的主体性，建立

---

① 彭倩.绿色社区评价研究 [D]. 济南：山东建筑大学，2021：11.

绿色社区评价指标体系的最终目的是能让居民有获得感、幸福感、满足感，所以居民对社区评价必不可少。

现有的评价方法多以建筑物与社区环境之间的联系为依据，而忽略了居民的主观感受。吸收借鉴前人研究成果，我们从"环境-人-建筑"的三维角度，全面、高效地构建绿色社区综合评估指标体系。

（一）绿色社区评价指标内容

1. 社区绿色制度建设

社区绿色制度是指"为确保绿色社区的稳定运作和社区绿色发展的各项任务能够顺利进行，根据社区可持续发展的相关政策制定的具有指导和约束力的实施文件"。社区绿色制度建设应包括绿色社区体制和机制两部分内容的构建。具体而言，绿色社区建设体制应包括由"政府各有关部门、社区居委会和物业公司、绿色企业、民间环保组织"组成的联席会、绿色志愿者工作体制以及"绿色家庭"。绿色社区建设机制包括"政府各有关部门、社区居委会和物业公司、绿色企业和民间环保组织"组成的联合工作机制、社区绿色环境建设机制、社区绿色文化建设机制以及社区绿色环境监督机制。

2. 社区绿色环境建设

社区的绿色环境以绿色为核心理念，它不只是为了美化社区的环境，更是为了关心绿化工作者的行为和他们的内心世界。社区的绿色环境建设涵盖了三个主要方面：一是对环境基础设施的进一步补充和完善。二是要进一步改善城市的绿化建设。这主要包括新的环境友好的建筑物，也包括已有的建筑物的绿化整修。三是绿色基建。所谓的"社区绿色基建"，就是一个在社区中互相连通的绿色空间，这不仅仅是简单的绿化工作，而应基于社区整体，系统规划构建具有相互联系的社区绿色空间网络，包括建筑立体绿化系统、社区开放空间系统、社区公园系统等。

3. 社区绿色文化建设

文化代表了人类在社会实践中所积累的物质和精神力量，以及由此产生的物质和精神财富的综合体现。社区的绿色文化建设主要由社区的居民和各种社会团体组成。其中社区社会组织通过开展各类绿色文化活动，实现对社区居民的绿色生态宣传教育。社区居民参与以上活动，既是宣传活动的主体，同时也是社区文化建设的"主要参与者"。绿色社区文化建设主要依托于"社区公共服务体系建设"和"社区绿色生态文化建设"。构建公共服务体系的核心理念是"人本主义"，旨在通过提供各种公共服务来促进社区内"人"与自然之间的和谐相处。①"培养社区居民资源节约型、环境友好型的绿色生活方式与消费观念，是构建绿色社区文化的终极目标"，增强社区居民的凝聚力，营造社区绿色生态文明氛围。

（二）绿色社区评价指标体系

根据绿色社区内涵以及绿色社区系统性特征，绿色社区建设评价体系包括3个系统层，即绿色制度、绿色环境和绿色文化。基于指标体系构建原则，进一步分解出7个准则层和22个指标层及其相应标准，从而最终构建绿色社区建设评价体系，见表4-4。

表4-4　绿色社区建设评价体系

系统层	准则层	指标层	指标标准
一、绿色制度建设	1.绿色社区建设体制	（1）绿色社区联席会参与率	绿色社区的相关政府有关部门、民间环保组织、绿色企业、社区居委会和物业公司参与率达到90%以上
		（2）绿色社区的相关政府有关部门、民间环保组织、绿色企业、社区居委会	绿色志愿者人数占社区志愿者人数80%以上
		（3）物业公司	社区每年评比绿色家庭一次
	2.绿色社区建设机制	（1）绿色社区联席工作机制	每季度举行绿色社区联席会议一次，议事制度完善，并有决策责任追究制。建立联席会议决议与绿色志愿队伍上传下达沟通机制
		（2）绿色社区环境建设机制	绿色志愿者队伍每月定期对社区垃圾分类、污水排放、油烟排放以及噪声污染进行监督检查
		（3）社区环境达标管理机制	生活垃圾日收集率100%；社区内水域水环境质量达标率90%；水域水质达标率100%；餐饮服务业的油烟经过处理达标排放；环境噪声达标区覆盖率100%；社区内定期灭杀鼠、蟑、蚁，无违规饲养家禽、家畜及宠物
		（4）绿色社区文化建设机制	有社区文化场所管理制度、社区绿色文化活动公约、社区文化参与制度等，建有绿色文化活动资金保障机制
		（5）绿色社区公共参与机制	社区居委会内设居民环境问题举报信箱；社区学校课程中每月安排一次居民环保教育活动

---

① 赵清.绿色社区评价研究[J].居业，2016（6）：173-175，178.

续表

系统层	准则层	指标层	指标标准
二、绿色环境建设	1.环境基础设施建设	（1）垃圾分类管理设施	每4～6个单元门配建一组垃圾分类箱；每个组团或300～1000户配置1处垃圾收集点，占地面积6～10 m²；建有再生资源回收站，面积50～100 m²，宜与垃圾收集站或基层环卫机构组合配置
		（2）水环境管理设施	建设社区雨污分流排水体系，社区排水管网100%采用雨污分流排水体制；建立以生活用水为主要水源的社区中水循环使用的利用系统，社区中水利用比例逐年递增；公共场所节水龙头普及率100%
		（3）社区环卫设施	环卫基础设施均规划于社区居民步行10分钟范围以内
		（4）社区节能设施	公共场所节能灯普及率100%
	2.绿色基础设施规划与建设	（1）绿色建筑	社区绿色建筑建设符合城市相关绿色建筑标准
		（2）社区节能减排	多层楼座能充分利用太阳能节能，全部安装太阳能；社区住宅建筑敷保温隔热层比例达100%
		（3）社区绿色交通	社区内公共交通道路面积预留不低于道路总面积的60%
	3.绿色基础设施建设	（1）绿色设施便捷程度	社区绿地系统均规划于社区居民步行10分钟范围以内
		（2）绿地系统建设	社区绿化覆盖率35%以上；社区人均公共绿地面积10 m²/人；社区林荫路推广率≥70%
		（3）绿地景观围护	社区花草树木定期维护，根据树木生长规律定期浇水、修剪、防冻、喷洒农药等；雕塑或园林建筑小品，路灯、庭院灯、草坪灯等设施完好率95%以上，草坪整齐，无践踏或占用现象
三、绿色文化建设	1.绿色文化设施建设	（1）绿色环保宣传设施	有宣传橱窗、警示牌，占社区宣传栏面积比例不低于20%，经常更换，及时发布环境信息；每隔300～500 m于道路拐角处设置一个禁鸣标志
		（2）绿色文化活动场所满足居民需求	绿色文化活动占用社区活动场所使用时长达30%以上
	2.绿色文化队伍建设	（1）绿色文化志愿者	社区设有专门的绿色文化活动志愿者队伍
		（2）绿色文化活动组织	社区每季度举行一次绿色文化活动，每年举行绿色环保宣传活动次数不少于2次

绿色社区建设包含社区的绿色制度建设、绿色环境建设以及绿色文化建设。绿色社区建设评价体系可以评价绿色社区发展水平，从而为更好地促进绿色社区建设和管理提供信息参考，现已成为绿色社区建设的重要管理工具。

（三）绿色社区标准

（1）构建环境的管理与监控机制，以促进社区的环境保护。

（2）成立绿色志愿者团队，进行环境保护活动。

（3）配备了环保展示窗和其他宣传工具，内容定期进行更新。

（4）构建一个垃圾分类和回收的系统，以确保社区环境的整洁。

（5）为了节省能源，应当优先考虑使用节能电器和节能灯等设备。

（6）注重水资源的节约使用，以满足区域或市级的节水要求。

（7）绿色区域的面积需要达到特定的比例，家庭需要承担起养护绿色植物的责任。

（8）确保小区的环境宁静，并努力将噪声污染减少到最小程度。

（9）在建设绿色社区的同时，也必须满足文明社区的标准要求。

■五、绿色社区建设策略

绿色社区的建设是一个融合了综合性与复杂性的综合性项目。其目标是培养社区居民的绿色生态文明观念和资源节约、环境友善的生活方式，营造一个"与环境和谐相处、邻里关系融洽"的社区环境，从而在社区这一基层层面回应整个城市生态文明建设，成为城市绿色发展的关键基础环节。

（一）改善环境资源条件，建设宜居绿色社区

一是积极开展垃圾分类工作。目前许多城市已经开展了垃圾分类，社区垃圾分类是重要一环。很多社区的垃圾分类效果并不理想，这主要是因为分类的标准模糊、居民对垃圾分类的认识不足以及管理策略的薄弱，这些因素共同导致了社区垃圾分类的收集率偏低。社区需要构建一个垃圾分类的管理体系，这不仅在制度层面具有强制执行力，还需要加强环境保护的宣传活动，并在管理层面产生激励效应，以确保垃圾分类工作得以有效实施。二是实施能源的分类和按户计费。现在，许多社区已经采纳了按类别和户进行能源计量的方法，但每个社区的能源使用量还没有进行公开展示。公开展示那些在能源使用上表现合理且排名领先的家庭，这对其他家庭来说具有示范意义。将能源消耗作为绿色社区建设的重要评价指标。三是实施改造工程，打造宜居的

社区。综合利用城市体检成果，谋划储备一批老旧小区改造项目，持续实施老旧小区改造提升工作。密切关注居民的住房状况是否能满足他们的基本生活需求，以确保特定人群的基本生活需求得到充分的保障。[①] 从住宅区绿化、围墙装饰、社区标志以及公共厕所的建设等多个方面，提高居住环境的美观度和卫生条件的清洁度，以持续提高社区居住空间的建设品质。

（二）推广绿色建筑，建设智能绿色社区

一是大力推行绿色建筑。城市绿化是一个很大的问题。当前，我国的绿色建筑认证多为设计型认证，而非商用型认证。政府部门要积极推动绿色居住建筑运行标志的认证，并在实际使用后增加对其进行检查和评估的环节。二是建设绿色智能社区。"智慧社区"是"智慧城市"概念的延伸和创新。随着科技的进步，生活变得更为便捷。将这些科技应用于绿色社区的建设，不仅可以更有效地保障社区的安全，提高社区治安水平，亦可提升社区资源利用效能，改善生态环境的洁净度。智能绿色社区要在物业服务与管理、社区文化建设与治理方式等方面做文章，致力于打造信息化公共服务平台、智能化民生服务平台以及网络化服务平台，以引领社区治理走向智能化，鼓励居民共同参与、管理和分享，从而增强社区的治理效能。

（三）改善社区人居环境，建设文明绿色社区

一是社区设置室外吸烟区。绿色社区要为居民提供户外吸烟区域。由于担心可能对家庭成员的身体健康产生不良影响，居民吸烟逐渐从室内转向室外。但是，户外吸烟不只对其他居住者的健康带来负面效果，还可能对环境造成污染。在无法实现完全禁烟的情况下，唯有通过控制吸烟来优化空气质量。设立专门的吸烟区是一种有效的控烟手段。吸烟有专区，有独立的通风换气装置，不会影响其他居民。二是创建完全人车分流社区。在社区内，街道的交通规划应当坚持人本思想，物业管理需要优化社区的交通环境，确保车道和人行道的独立性，努力打造一个完全实现人车分流的社区环境。为了解决社区停车空间不足和随意停车的问题，可以考虑适当扩大停车区域，并在确保人车分流的基础上，为地面提供更多的停车空间。三是组建社区的绿色志愿服务团队。环保志愿者是一支社会公益团体，各社区要成立一支环保志愿者团队，定期开展环保知识的宣传，增强居民的环保意识，提升他们对绿色社区的认同感，为改善社区生活环境而努力。

---

① 汪广丰 . 建设宜居社区　推进城市更新再上台阶 [N]. 中国建设报，2023-02-20.

（四）提升社区经济发展水平，建设经济绿色社区

社区的绿色管理是一个综合性的项目，涉及城市改造、市政建设以及供水、供电、供气和污水、垃圾的处理等，政府相关部门的全面支持和协作是不可或缺的。对绿色社区而言，环境保护方面的资金投入是绝对必要的，这不仅是社区建设所需的，也是社区正常运营的基本条件。社区绿色治理需要资金的投入，一是建立多元融资机制，将争取政府拨款与社会融资、企业捐赠和居民捐款结合起来，特别是发挥所在地和相关企业的优势。社区必须要有环保投资来源，拓宽资金渠道，吸引社会或政府投资，发展好经济，保护好环境。二是完善就业制度，搭建就业平台。就业是民生之本，需要对现有的就业制度进行进一步的完善，并搭建一个与之匹配的就业支持平台。社区应构建和完善就业管理体系，对失业居民在职业技能等多个方面进行深入的审查，并对其原因进行深入分析，同时提供相应的就业培训服务。积极开发公益性岗位，安置社区下岗人员，提供社区居民的就业机会，提升社区居民收入水平。

（五）构建社区治理体系，建设绿色社区共同体

首先，需要按照共建、共治、共享的原则构建多元主体的治理体系。社区是多元主体互动的特殊社会场域，应该根据这种特征来设计和培育治理机制。[①]可以结合社区特色，挖掘社区资源，发掘社区能人，强化组织建设，优化社会资本，提升治理效能，积极倡导社会居民和社会组织参与治理，创新绿色社区治理机制，培育基层生态环境联合建设、联合预防和联合治理的多元治理机制。应该按照中央提出的"完善党委领导、政府负责、民主协商、社会协同、公众参与、法治保障、科技支撑的社会治理体系"的框架和思路，打造城市社区绿色治理共同体，不断提升社区治理全方位和全过程"绿色化"的能力和水平。

其次，全民参与，推动社区居民自治。必须始终秉持以人民为核心的理念，鼓励市民积极参与社区的绿色管理。广泛的居民参与是实现"共建共治共享"的重要基础，也是推进基层社会"善治"的重要推动力。应当鼓励政府为社会提供更多的公共治理机会，并促进社区居民的自治行为。社区的绿色治理涉及每一个家庭，需要广泛地思考和规划绿色治理的方向，确保绿色治理的渠道畅通无阻。必须认识到"社区是我家、治理靠大家"的自治理念，并通过居民的积极参与和共同建设来实现治理的共享。这样可以激发居民的工作热情和创新能力，确保绿色治理更加普及和细致，从而真正完成社区绿色治理的所有任务。鼓励公众进行监督和评估，建立一个以"人民满意度"为核

① 程抗.中国城市社区的绿色治理体系[N].中国社会科学报，2022-12-14.

心的社区生态环境的综合评价机制，将人民的满意度作为评估城乡社区生态环境的首要标准。

第五节　绿色课堂建设

■一、绿色课堂兴起缘由

课堂是学生学习的场所，是育人的主渠道。教师应当运用其内在的智慧和创造性，深挖课堂所蕴含的无限活力和生命力，将课堂环境打造成一个充满活力和生机的学习天地，让学生在一个愉悦的学习氛围中，按照自然和有序的方式进行学习和实践，从而不断提升他们的综合能力。通过打造充满活力的绿色教室环境，确保学生在一个愉快的环境中进行学习，为高校绿色课堂优化提供实践借鉴。

绿色课堂致力于创建一个与学生的身心成长相匹配的教学环境，旨在创建一个更加活跃、自主、和谐的课堂氛围。需要转变课程中过分强调知识传递的趋势，重视培养学生的主动学习态度，确保在掌握基本知识和技能的同时，培养他们的学习能力，形成正确的价值观。

（一）课程改革对绿色教育研究的呼唤

课堂不仅是学生追求知识、积极进取和个人成长的主要场所，也是教师实施教育、展示教育技能的平台和载体。随着时代的发展，我国教育课程改革的范围越来越广、内容越来越丰富，构建充满生命活力、智慧探究的课堂一直是课程改革的理想，课堂改革始终是课程改革关注的焦点。

课程改革下，课堂教学过程强调教师应"尊重学生的人格，关注个性差异，满足不同学生的学习需要，创设能引导学生主动参与的教育环境，激发学生的学习积极性，培养学生掌握和运用知识的态度和能力，使每个学生都得到充分的发展"，[①]这意味着我们在课堂教学中需要引入新的教育理念，以促进学生的身心健康成长；在教师和学生进行平等互动的过程中，教师应引导学生的个性成长和心理成熟；在学习中，促进学生生命和谐发展。课堂教学被视为一种推动生命发展的方式，可以被视为一种环保的教育方法。在课程改革中，更多地关心学生在成长过程中的每一个生命阶段，并将个

---

① 王建军．"新基础教育"的内涵与追求 [J]. 教育发展研究，2003（3）：7-11.

体的健康和和谐发展的主导权交还给他们。"以人为本"的理念已经深深地影响了学生的生活，并在课堂上得到了体现。建设绿色课堂正是对绿色教育研究的呼唤，人们已经开始关注师生在课堂教学中应该具有绿色意识，在教育中开始思考绿色的价值，寻找生命的意义和价值。

（二）深化绿色教育研究的迫切需要

可持续发展教育突破了"环保"的传统定义，将人口综合素质提升和推进可持续发展所需的人文素养全面融入教育体系之中，旨在努力确保可持续发展能够作为推动全人类社会文明演进的核心理念和目标。随着全球经济一体化、科技的快速发展以及社会环境的不断变迁，"绿色"这一概念获得了更为深刻的人文内涵。"绿色"这一概念最初起源于环境保护的议题，但随着现代教育内容的不断丰富，"绿色"的定义已经超越了单纯的环境保护。更为深远的意义在于教育和教学过程中，我们应该遵循人类的自然法则，尊重学生的个性成长，并通过构建一个和谐且健康的教育氛围，让学校和课堂都充满活力和生机。我们需要培养绿色教育的观念，并确保在教学活动中将绿色教育理念与传统的课堂教学紧密融合。树立绿色教育意识，在教学实践过程中真正把绿色教育与课堂教学结合在一起，是绿色教育理念在课堂教学的创新实践与发展。

■二、绿色课堂内涵

传统课堂知识中心、教材中心、教师中心的思想扼杀了学生的创新能力，绿色课堂是基于绿色教育理念重构具有人文性的课堂教学内容和教学方法。

所谓的绿色课堂，其实是指高效率的课堂环境，在教学过程中，始终坚持"人为中心"的原则，把学生置于课堂教学的中心位置，努力创造一个和谐统一的教学氛围，确保教与学的完美结合。在绿色课堂教育模式的指导下，教育的目标不局限于学生的学业成绩，而是强调人文修养与科学精神的和谐共存，以促进学生的全面、和谐和可持续的成长。

绿色课堂以爱心为基础，情感为纽带，激励为催化剂，是旨在实现师生和谐互动、共同发展的生态化课堂。绿色课堂坚持以人为本，其实质是促进学生的身心健康发展。

■三、绿色课堂特征

（一）整体性特征

绿色课堂是一个由教师、学生、教学活动以及环境等多个相互关联的因素组成的

有机整体。教师要充分发挥主观能动性，让这个整体中的各要素和谐协调，形成促进学生发展的最大合力。

（二）多样性特征

绿色课堂要注重多样性发展。一是学生个体差异是多样的。教师要关注和尊重个体的差异，满足不同学生的学习需要，促进个性特长健康持续发展。二是教学资源、教育手段丰富多样。绿色课堂教材不再是唯一的教育资源，而是一个由教师、学生、教学活动和环境等多个互相联系的元素所构成的有机集合。三是教学评估具有多元性。在"生生为师"的绿色课堂上，同伴评价、小组评价、教师评价等各种评价形式共同组成课堂评价机制，推动学习的发展。[①]

（三）协同性特征

一是教室内的物理环境与教师和学生的学习过程存在着明显的协同效应。教室内的光照、音响设备以及课桌椅的布局等多种物理条件的改变，都将不可避免地影响到学生在学习强度和效率等方面的表现。二是师生之间以及学生之间在情绪情感上的变化具有协同性，在课堂环境中，教师与学生的情感和情绪相互交织，形成了一种复杂的心理氛围。当教师在课堂上表现出高涨的热情时，学生的情绪也会因此受到影响并达到高涨。

（四）共生性特征

绿色课堂主要体现为师生之间的互利共生关系。在教育过程中教师与学生、学生与学生之间都存在着相互依赖、主动合作和共同进步的关系。教师要时刻关注学生的成长状态，不断调整教学策略，合理利用主体之间的依存、合作和竞争关系，实现全体学生的和谐共同发展。

■四、绿色课堂建设方向

课堂教学质量与学校办学质量紧密相连，绿色教学新课堂成为学校教学工作的新方向。绿色教学是尊重生命、积极乐观、健康和谐发展的教学，是洋溢着轻松氛围的互助式教学，是贴近学生生活的丰富生动的教学。新时代绿色课堂建设方向体现在以下三方面。

---

① 黄大龙．关于生态课堂再思考（下）[J]. 人民教育，2010（19）：50–52.

（一）尊重学生主体性

课堂教学改革是新时代教育教学改革的重头戏和新领域。绿色课堂是实施绿色教育的重要载体和有效途径。学生作为课堂教学的主体，具有主动学习的欲望或意识，课堂建设应充分尊重学生的主体价值。要敢于打破传统课堂教学抹杀学生个性的课堂构建模式："教师讲，学生听"，回归绿色课堂学生本位，发挥学生在课堂中的主体意识和主体作用。传统课堂教学只备教材、不备学生，与绿色教育理念下绿色课堂构建相背离。绿色新课堂建设教师要尊重学生主体性，实施参与式教学、探究式教学、合作教学，让学生成为课堂学习的主人。教师要敢于打破传统课程教学思维模式，创设学生喜闻乐见、激发潜能的学习情境，让学生在课堂参与中去发现问题、解决问题，提高解决问题的本领。

（二）尊重学生差异性

有教无类、教无定法、因材施教，这是教育矛盾普遍性和特殊性的体现。由于学生的潜能及其身心发展的个别差异性，教师在课堂上要尽可能地照顾到不同水平的学生，注重个体差异。一方面，教师以整体性思维进行教学设计，促进全体学生的共同发展。另一方面，教师在加强课堂教学整体性理解的同时，尊重学生的个体差异，满足不同水平学生的需求和发展。树立正确的发展观、学生观，开设不同的课堂活动。"大面积丰收"与培养优秀学生相结合，教学要面向全体学生，根据教学计划的要求，保质保量地完成教学任务，达到多出人才、出好人才、提高学生素质的目的。根据矛盾特殊性原理，因材施教，针对有特长的学生，把他们培养成为具有创新精神的知识精英和实践精英。

（三）促进学生全面发展

在课堂教学中促进学生全面发展，关注学生的全面成长是践行绿色教育、构建绿色课堂的新趋势。绿色课堂是让每一位学生得到充分发展，切实做到"五育并举"，解决德智体美劳发展不充分不平衡问题，陶冶学生情操、塑造学生健全人格，促进学生个性全面、和谐、可持续发展。绿色课堂建设在课程内容方面覆盖德智体美劳五育，实施方式强化"五育"，突出参与性、多样性、交互性和实践性。绿色课堂是体验的课堂，精心创设体验情境，打造绿色体验的课程。通过构建新型师生关系，营造全面关怀的教育氛围，让学生乐于发现、乐于探索、乐于质疑、乐于创新，促进学生认知与情感全面和谐发展。

■五、绿色课堂构建策略

叶澜教授认为课堂教学是一种生命教学，要从生命层面重新认识课堂，构建新课堂教学观，让课堂焕发出生命的活力。[①] 课堂是开展绿色教育的主阵地，新时代开展绿色教育，树立正确的教育发展观，坚持以绿养德，以绿启智，以绿健体，以绿陶情，打造课堂生态之美，真正实现课堂育人功能。

（一）营造绿色课堂环境

绿色课堂是促进学生自由、主动、健康发展的教学环境。构建绿色课堂应该把课堂环境建设作为切入口，营造一种和谐、民主、平等、开放的课堂环境。绿色课堂以学生为本位，打破传统课堂隔离，教学环境布置遵循学生本位，彰显学生的个性，突显绿色的生态之美。绿色课堂就是自然的、和谐的、健康的、有活力的，促进学生发展的课堂，突显课堂生态各要素及其关系的和谐统一之美。树立绿色的物质景观，提供给学生自由和清新的学习环境，学习不再是学生的负担，而是一种轻松的体验。

（二）实行绿色课堂管理

课堂民主是绿色课堂建设的重要价值取向。课堂专制严重扼杀了学生思维的开放性与创造性，不利于创新型国家战略实施。教师借助刚性管理措施导致课堂丧失生机和活力，与绿色课堂建设要求背道而驰。绿色课堂，管理是关键。实行绿色管理是绿色课堂建设的保障。打造民主的课堂，在课堂管理过程中要树立平等师生观，实现人文化、自主化和个性化管理方法。建立科学的绿色管理制度，破除强制性的管理理念，所有制度，人人参与制定，定期完善，制度管人，人管制度。管理育人，绿色管理为学生终身发展、全面发展服务。

（三）提升教师绿色素质

追寻绿色教育，深化立德树人，着力点是教师。教师绿色素养是构建绿色课堂的关键。促进教师绿色成长，是达成绿色教育愿景的战略性举措。"师者，所以传道受业解惑也。"教师要认识绿色课堂，走进绿色课堂，首先要加强教师自身的绿色素质教育。绿色素质教育是一种全新的教育理念。教师是绿色课堂构建的第一责任人，教师自身要树立绿色意识，学习绿色知识，践行绿色行为，培养绿色思维，开展绿色实践。学校要创新体制机制，按照教师专业成长规律，加强绿色师资队伍的培训，打造绿色

---

① 殷群. 绿色教育从理解到行动 [M]. 南京：江苏人民出版社，2016：37-41，44-49.

课堂所需的专业师资队伍。

（四）创新课堂教学方式

立德树人最重要、最有效的阵地是课堂，最关键的载体在于课堂教学。绿色教育要充分发挥课堂在立德树人中的独特优势，创新课堂教学方式是构建绿色课堂的重点。绿色课堂教学方式创新，以遵循学生身心发展和教学基本规律为前提，针对新时代大学生的学习特点，围绕学生所需、所惑、所喜组织教学，探索学生乐于接受的教学形式与方法，增强学生的知识接受度。推动课堂教学创新，采用传统教学手段与现代教学技术相结合、教师讲授与学生研讨相融合的教学形式与方法。要善用新办法，着重利用合作教学。教师要在课堂上营造合作氛围，创设合作情境，设计合作问题，搞好合作引导，打造合作课堂。

（五）注重学生德育发展

绿色是学校生态教育的一种理念、一种思想、一种价值取向。绿色课堂坚持从生态空间、生态经济、生态环境、生态生活、生态文化等方面入手，开展生态教育，践行绿色生活、绿色消费、绿色出行，达到以绿养人，以绿育人。绿色课堂德育教育是一种深层次的生态德育，涵盖了可持续发展理念，涵盖自然、人文、民主、自由、人际和谐等思想，全面提高学生的道德品质。绿色课堂注重学生德育发展，教师打造优质生态课堂，将微笑带入课堂，将爱心带入课堂，将鼓励带入课堂，引导学生关注生活，关注社会，把"责任""担当""奉献"精神内化为自身素质，培养学生的道德观念、公民意识和法治意识。

（六）构建科学的评价方式

评价是检验课堂教学效果的重要方式，科学的评价方式是构建绿色课堂需要着重考虑的内容。要发挥课堂评价对绿色课堂建设的导向功能，真正落实以评促教、以评促学、以评促改。课堂评价要打破过去单一评价方式，不以分数为中心，不以教师为中心。构建绿色课堂要抛弃课堂专制，把民主、合作、开放、体验、生成作为课堂评价的重要指标。重视形成性评价、诊断性评价在课堂教学中的作用，发挥评价在课堂教学中的激励作用、导向作用。把促进学生全面发展、学生个性成长、学生绿色行为、绿色意识的形成作为课堂评价的重要方向。

第五章
新时代大学生绿色教育探讨

第一节　新时代大学生绿色生活教育

■一、绿色生活内涵

美好生活是马克思主义理论研究的重要内容之一。马克思是从"类存在"出发，"在批判旧世界中发现新世界"，追求人类美好生活。习近平指出："我们的人民热爱生活，期盼有更好的教育、更稳定的工作、更满意的收入、更可靠的社会保障、更高水平的医疗卫生服务、更舒适的居住条件、更优美的环境，期盼孩子们能成长得更好、工作得更好、生活得更好。"[①] 我们党的一切工作就是为了帮助人民群众实现美好生活目标。美好生活是符合人民群众意志的生活，绿水青山的生态环境是美好生活的基础。绿色生活是美好生活重要的组成部分。美好生活以人民为主体，具体的内容是从物质资料的满足向公平正义、安全环境、美丽生态等方面不断延展。绿色是美好生活的底色，绿色是时代进步的活力。在日常生活中，绿色是健康活力的代表，绿色生活是健康生活方式，是人与自然和谐相处的生活，是保护环境、尊重自然的生活。

习近平新时代中国特色社会主义思想中提出了"十个明确，十四个坚持"，从国内自身发展角度提出坚持建设生态文明是中华民族永续发展的千年大计，形成绿色发展方式和生活方式，坚定走生产发展、生活富裕、生态良好的文明发展道路；从放眼全球大格局的角度提出要坚持推动构建人类命运共同体，构筑尊崇自然、绿色发展的生态体系。[②]

改革开放以来，我国经济快速发展，人民生活水平大幅度提高，这期间经济生活

---

① 姜英华. 共同富裕思想的政治经济学分析 [J]. 当代经济管理，2023，45（2）：9-16.

② 习近平. 决胜全面建成小康社会　夺取新时代中国特色社会主义伟大胜利 [M]. 北京：人民出版社，2017：19.

的改善和西方消费主义的影响，使得我国国内短暂兴起过奢侈攀比的不良消费风气。从整体上看，这些负面因素不仅造成物质资源的浪费，也影响人民幸福感，与社会主义核心价值观倡导的高品质生活的主题不相符合。

　　绿色生活成为追求美好生活的重要特征。随着生态理念的深入人心，绿色生活的理念逐渐成为主流。美好生活蕴涵着绿色的价值追求，绿色生活成为追求美好生活的重要内涵。从物质层面，绿色生活在于人民以自己的实际行动投入构建绿色生活方式的建设中，追求低碳、环保的高品质生活。从精神层面，绿色生活要保持良好的心态，追求回归田野、感悟自然。绿色生活是在美好生活需要下，人民群众对生态要求的直接体现，代表着绝大多数人的共同心愿。[①]绿色生活与每个生活在地球上的人都相关，绿色生活观念非常重要。我们所提倡的绿色并非放弃追求物质生活，一味地回归自然无欲无求，而是树立绿色价值观，在生活中保护环境、节约资源，选择节约、环保、低碳的生活方式，力争经济发展不以牺牲环境为代价，人与自然界和谐相处。通过在全社会广泛建立起生态因素的幸福生活理念，推动社会大众广泛认可的绿色社会的构建。

■二、大学生绿色生活教育

　　绿色生活是大学生文明道德的标志。大学生作为新时代的生力军，理应担负起保护自然的责任，自觉养成绿色生活习惯，为创建美丽中国注入源源不断的绿色新动能。[②]

　　大学生绿色生活教育是指教育者以习近平生态文明思想为指导，以绿色发展理念为中心，以绿色生活知识、绿色生活意识和绿色生活习惯为教育内容，对大学生的日常生活进行有目的、有计划、有组织的教育、指导和训练，使生态文明规范内化为大学生的自身生态素养，从而使大学生具有自觉稳定的绿色行为的教育活动。

　　大学生要主动利用高校生态教育资源，吸收社会绿色宣传知识，从而形成自己的绿色生活知识体系，进而建立对绿色生活的具体认知，对绿色生活的内涵、价值和基本原则做到内化于心。在日常生活学习中，大学生不但自己要运用绿色生活知识准则指导生活，还应该尽可能主动宣传绿色生活的基本价值，影响更多人选择绿色生活。

　　大学生绿色生活教育涉及知、情、意、行的综合生活教育，是通过学习绿色生活思想成果，逐步建立以绿色生活方式为导向的价值观、世界观，并按照这种观念去选择自己的生活方式。通过绿色生活教育做到勤俭节约、绿色低碳、文明健康、简约适度。

---

①　李佳. 美好生活需要下的休闲研究 [D]. 重庆：四川外国语大学，2022：90.
②　李君. 浅谈高校大学生绿色生活习惯的养成 [J]. 现代交际，2019（21）：163–164.

■三、大学生绿色生活教育的意义

大学生接受过良好的教育，处在青春美好的年纪，他们对新鲜事物的接受能力非常强，对绿色生活有自己独特的理解，很容易养成绿色的生活方式。绿色生活不仅有利于大学生个体发展，对社会发展也起到正面的影响。大学生进入社会后，通过自己的示范行为，影响更多人，号召更多人参与到绿色生活中来，实现人与自然和谐共生。

（一）大学生绿色生活教育是我国绿色发展的内在要求

人类社会进步离不开经济发展，但牺牲绿水青山的发展方式问题重重。随着人类社会不断发展，人们的生活方式、生活水平都有了翻天覆地的变化，但是以牺牲环境为代价的经济发展会带来非常严重的后果。在新中国成立初期，我国为了快速发展经济，进行了一段时间的粗放式生产，虽然取得了一定的经济效益，但是破坏了生态环境。长期下去就形成了牺牲环境发展经济，取得经济收益后治理环境，环境治理完继续不顾生态发展经济的错误路线。为了跳出"发展—治理—再发展—再治理"的发展陷阱，适应历史新阶段的发展要求，我们党创新性地提出"绿色"发展理念。在合理利用自然资源的基础上，实现人和自然生态全方位的协调、健康发展，确保经济、社会和环境的和谐发展。在绿色发展理念的号召下，全国多个地区行动起来，建立评估机制判断项目是否符合绿色环保要求，投入人力物力治理污染，对于污染重、环保方法缺失的落后企业进行淘汰置换，绿色发展有条不紊地进行着，而且绿色发展初见成效。

绿色发展方式离不开绿色生活方式的形成，绿色生活方式是绿色发展的根基。人人重视环境问题，人人开展绿色消费，人人监督企业生产，人人践行绿色生活方式，能为社会创造绿色发展环境。绿色发展势必带来更多绿色产品，以科技手段改善环境问题，用可持续、可循环的生产模式还给人民绿水青山，人民生活更加舒适、美好。习近平总书记在中共中央政治局第四十一次集体学习时强调指出，"要充分认识形成绿色发展方式和生活方式的重要性、紧迫性、艰巨性，把推动形成绿色发展方式和生活方式摆在更加突出的位置"①。

在高校普及绿色教育，针对大学生重点推行绿色生活教育，让大学生认识到走绿色发展道路的紧迫性和必要性，将绿色生活理论与自身所学的学科知识相结合，把绿色生产方式与绿色生活方式有机结合到社会实践中，为我国绿色发展道路提供动力源泉。

---

① 习近平在中共中央政治局第四十一次集体学习时强调推动形成绿色发展方式和生活方式　为人民群众创造良好生产生活环境 [N]. 人民日报，2017–05–28.

（二）大学生绿色生活教育是社会主义生态文明建设的必然要求

党的十九届五中全会将"生态文明建设实现新进步"作为"十四五"时期经济社会发展主要目标之一。现今社会绿色生活作为伴随生态文明发展出的新型生活方式，比任何历史时期生活方式中的生态要求都要强烈。纵观人类的发展，在工业革命时期，一些国家为了发展经济不顾环境污染，这给生态环境带来了非常沉重的代价。资本主义带来的生态弊端使大自然对人类进行了报复，在经历了一系列生态灾难之后，清醒的资本主义学者开始对如何调整国民生活方式，以一种绿色化可持续的生活方式解决生态问题进行思考。

社会主义生态文明融合了马克思恩格斯的生态思想，结合本国实际，基本上肃清了资本逻辑下对于环境的藐视与漠不关心。党中央提出了具有鲜明时代特征的生态思想，对发展道路和生活方式的选择具有明显的绿色可持续特征。党的十八大以来，党和国家明确提出的绿色生活方式已经成为现在和未来生活方式的主流形态。对大学生进行绿色生活教育，让大学生明确生态文明建设的迫切需求，摒弃资本逻辑下的不合理生活方式，积极践行社会主义生态文明建设的新要求，以生态文明思想融入大学生日常生活之中，是高校扎实推进社会主义生态文明建设的必然要求。

（三）大学生绿色生活教育是建设美丽中国的时代要求

党的十八大报告中明确提出建设生态文明是关乎民族未来发展的长远大计，进而提出了永续发展的要求。马克思曾经说过，"不以伟大的自然规律为依据的人类计划，只会带来灾难"[①]。人类在发展的同时，一定要尊重自然，我们只有学会与自然和谐相处，才可能实现永续发展，才能实现建设美丽中国的宏伟目标。尊重自然并非放弃发展经济，而是通过科学合理的方法，目光长远地使用自然资源，绝不能为了短期的利益而违背自然规律，大肆掠夺自然资源，引发严重的环境问题。

大学生是接受过良好教育的群体，具备一定的专业知识和创新能力，是国家未来发展的希望，是建设美丽中国的主力军。对大学生进行绿色生活教育是建设美丽中国的重要内容和重要途径。大学生一旦形成绿色生活方式，生态环境将得到改善，环境保护的压力减小。大学生在自己养成绿色生活习惯的同时，也可以影响身边人，通过掌握的专业知识结合绿色学习成果，在生活和工作中普及绿色习惯，带动更多人选择绿色生活方式，从量变形成质变，全面推进绿色生活方式的普及。在大学阶段选择绿色生活方式，在参加工作以后可以将绿色生活的经验融入工作，在工作中树立绿色意

---

① 　马克思恩格斯全集：第三十一卷 [M]. 北京：人民出版社，2006：251.

识，创造绿色成果。绿色生活方式既能帮助大学生养成良好生活习惯，塑造健康人格，在工作中提高竞争力，也能够为建设美丽中国奉献自己的一份力。在大学校园里开展绿色生活教育，可以培养大学生环境意识，使大学生养成良好的生活习惯；在绿色生活教育影响下，大学生养成节能减排的习惯，有利于学校降低资源消耗，节约水电等能源，提高资源利用率；对大学生进行绿色生活教育，组织相关的实践活动，有利于学生、学校、企业、政府各界在生态环境建设方面的交流合作。高校开展绿色生活教育，从大学生开始培养绿色生活习惯，鼓励更多人参与进来，每个人微小的力量汇聚成河，以量变带动质变，以此来推动全社会实现绿色生活，共同建设美丽中国。

■四、大学生绿色生活教育的主要内容

（一）绿色生活意识教育

大学生的绿色生活关乎我国社会主义建设事业的未来发展。绿色生活教育是时代发展的新需求，是实现中华民族永续发展的基础，是践行绿色生活方式的必然要求。

意识是人脑对客观物质世界的反映，人可以认识自己的存在，可以知道发生的事情。大学生绿色生活意识教育从绿色生活意识的价值认同的角度出发，不断引导大学生认同绿色生活的价值和有效的情感体验来逐渐养成绿色生活的方式。

必须坚决执行党做出的重大决策，通过价值选择与价值判断的方式，理性判断生活意识的可靠性和长效性，从内心深处不断深化并认同绿色生活意识的价值。一是通过多种方式培养大学生绿色生活意识。设计一些有创意的宣传标语，放在公示栏、路边等醒目位置，大学生在校园里随处可见关于绿色生活习惯的宣传内容，潜移默化影响大学生的行为，帮助其养成绿色生活习惯；定期开展绿色生活研讨会，可以以班级为单位，互相交流绿色生活的收获，分享形成绿色生活的方法；对于在绿色生活习惯方面有突出表现的同学公开表扬，鼓励大学生积极践行绿色行为。二是营造绿色生活氛围。努力营造出绿色生活的良好氛围，在生活氛围方面要让大学生能够切实感受到绿色生活带来的舒适感，让大学生自身对绿色生活的价值进行认知，从而产生认同感，慢慢地养成绿色生活习惯。三是参与绿色生活的情感体验。情感体验是人们认知事物的重要方法。情感体验有利于加强他们对绿色生活的认知，提升对绿色生活的价值认同、情感认同，大学生可以切实感受到人与自然和谐相处的美好，从而产生敬畏自然的情感理念，在生活中自觉养成绿色生活的习惯，树立绿色的自觉意识。

（二）绿色生活理念教育

目前校园中提倡的"绿色生活"，就是要加快形成以"节约、低碳、健康"为特点的绿色生活方式，注意对"绿色生活"理念的引导宣传。高校思想政治教育有着强大的教育功能，要发挥好思想政治教育在大学生绿色生活教育主渠道的教育作用。高校的思想政治教育内容有局限性，主要是围绕爱国、守法方面的理论教育，缺乏绿色教育的内容。正是因为传统思想政治教育中绿色教育的缺失，导致现在大学生对绿色生活的理解普遍不深，将绿色生活当作一句口号，并未在生活中行动起来。在全面推进美丽中国建设的大背景下，高校逐渐认识到绿色教育的重要性。通过在高校开展绿色生活教育，帮助大学生养成绿色生活习惯，鼓励大学生养成环保、俭朴的生活方式。高校需要重视绿色生活理念，将其融入日常教学活动中，尤其是思想政治教育课程应重点宣传绿色生活理念，鼓励大学生养成良好的生活习惯，树立正确的绿色观，不攀比、不浪费，将精力放在学习和提升综合能力上。强化绿色生活教育在大学教育中的重要性，将其设置成单独学科并纳入大学生基本素质考核中，以此来推进大学生绿色生活理念教育工作，尽快帮助大学生养成绿色生活方式。

（三）绿色生活习惯教育

大学生养成绿色生活习惯是大学生绿色生活教育中最重要的一部分。

实践是检验真理的唯一标准，绿色教育的成果究竟如何要看大学生是否在生活中养成了绿色生活的习惯，只有将理论知识应用于实践，教育的价值才得以体现。

一是绿色饮食习惯养成教育。我国是人口大国，也是粮食进口大国。绿色饮食习惯包括一日三餐不浪费，主动处理餐后垃圾，也包括适度饮食、选择绿色食物产品、注重营养均衡等。绿色饮食习惯不是只包含不浪费食物，其本质是要求生态可持续和个人身体健康。二是绿色居住习惯教育。绿色居住习惯不仅包含了日常个人生活中对于居住环境的维护，也包含了健康地处理集体生活关系。[①]绿色居住习惯在于处理好个人生活与集体生活的矛盾，学会正确处理好与自己生活习惯不一致的室友之间的关系等。三是绿色卫生习惯教育。绿色卫生习惯是大学生绿色生活教育中的重要部分。四是绿色出行习惯教育。绿色出行习惯涵盖了大学生在校内和校外生活中是否采取绿色的出行交通方式。绿色出行习惯不但能够节省开支和保护生态，也有利于强身健体，例如选择步行、骑自行车等出行方式，对于距离较远的可以选择公共交通工具。大学生作为一名消费者，限于经济条件等原因，建议提倡公共交通出行，这也是大学生绿

① 员楷宸.新时代大学生绿色生活方式形成路径研究[D].太原：山西财经大学，2021：12.

色生活行为之美的时代体现。

（四）绿色生活道德教育

绿色生活是新文明、新风尚的生活，是绿色健康、低碳环保的生活，体现了环境保护与人们日常的衣食住行融为一体。绿色代表着健康，现在绿色生活已经成为一种潮流，人们对生态环境的重视程度提高，从一日三餐、衣食住行上落实绿色生活。道德教育本质是一种价值教育。绿色生活道德是私德教育的重要体现，培养学生的私人生活的道德意识及行为习惯符合生态道德的内在要求。应当重视绿色生活教育，培养大学生绿色生活的习惯。作为大学生，享受了良好的教育资源，就应该积极学习绿色生活知识，响应时代号召，投身于我国社会主义生态文明建设。分析绿色生活道德教育的内涵，其实就是围绕人与自然和谐相处这一主题，重视生态环境，引导受教育者自觉形成道德文明习惯。

■ 五、大学生绿色生活教育途径

（一）强化高校绿色生活教育主阵地作用

百年大计，教育为本。高校作为我国人才培养的基地，肩负着为党育人、为国育才的重大责任。经过十几年的刻苦学习终于走进高校的大学生具备较强的学习能力，高校课程设置比较重视专业课，绿色生活方式教育内容不多，导致学生意识不到绿色生活方式的重要性。党和政府提出可持续发展观，要求普及推进绿色生活，高校应当发挥教学作用，将绿色生活相关知识和理念融入其他课程中，让大学生在学习专业知识的同时接触到绿色生活教育，通过潜移默化的影响和思想政治课上的指导，帮助学生树立绿色生活意识，养成绿色生活行为习惯。

1. 绿色生活教育与社会主义核心价值观相结合

讲好中国故事，传播好中国声音。编写绿色生活教育故事，从改革开放以来的环境变化以及人们的生活方式改变上去启发学生思考到底要如何对待自然，应该树立怎样的生态道德观，使得学生在内心中树立对自然的敬畏之情，从而将绿色生活作为自身生态道德的组成部分。在社会主义核心价值观的内容教育中，将绿色生活寓于社会主义现代化社会的"文明""和谐"之中。"文明"中就包含有生态文明的意味，社会主义现代化社会的文明是生态文明，是绿色文明，是人民生活方式高度绿色化的文明；"和谐"不仅仅是社会和谐，也包含人与自然和谐。通过绿色生活教育让学生养成尊重自然、保护自然的生活态度和生活习惯。

2. 发挥思政课在绿色生活教育中的主渠道作用

思政课是立德树人的关键课程，应增加生态文明教育内容，进行绿色生活的专题教育，让大学生深入了解绿色生活。从课程设置上体现对绿色生活的引领态势，重视绿色生活方式的直接知识性体现，明确绿色生活方式的理论内涵与核心要义。一是思政课要发挥价值引领功能，引导学生从生活中的小事做起，逐渐养成绿色生活行为习惯。绿色生活从改变看似"小事"的不良生活方式入手，使大学生的学习有目标、内心有憧憬、作息有规律、学习有节奏、消费要生态、饮食要科学、控制不良嗜好等。二是要发挥思政课教师绿色生活示范作用。著名教育家陶行知提倡"教师要以身作则"，"以教人者教己"。思政教师自身的绿色素质是学生最好的榜样，思政教师自身要加强绿色生活的认识与实践，在课堂中讲授绿色生活的知识，在课余时间带领学生积极参与绿色实践，培养学生绿色实践的能力，并且向学生推荐与绿色生活相关的书籍电影等，加深学生对绿色生活的理解与感悟。

（二）开展绿色生活实践，引导大学生践行绿色生活

1. 广泛开展绿色生活主题活动

"知是行的主意，行是知的功夫；知是行之始，行是知之成。"这是明代思想家王守仁对理论与实践关系的深刻思考。大学生所学的绿色生活知识还需要在社会实践中不断历练，以此来达到知行合一。学校要通过开展绿色生活主题活动，力求将大学生对绿色生活方式的"知"与"行"紧密结合起来。大学生参加绿色生活主题活动，明确校园绿色生活的具体内容，加强绿色生活意识教育，拓展大学生对绿色生活方式的理论认识，引领大学生进行绿色生活实践，引导大学生养成绿色生活习惯。

2. 积极参与绿色生活实践

绿色生活要从点滴做起，参与绿色生活实践，要关注生态环境。开展以节约资源、反对奢侈浪费、保护生态环境等为主题的校园活动。建设良好的校园环境，鼓励学生简朴生活、保护环境、低碳出行、节约资源，养成健康的生活习惯。多组织以绿色生活为主题的校园活动，让学生感受到绿色生活的重要性，关注自己的生活行为，也带动身边人一同养成绿色生活习惯，具备是非观，知道哪些行为不符合绿色生活的要求，坚决抵制浪费奢靡的生活习惯，督促自己树立绿色生活意识，经常反省是否存在违背环境保护、资源节约的行为。

（三）发挥家庭在绿色生活教育中的作用

1. 家长要树立绿色理念，争做绿色生活引领者

家庭是国家发展、民族进步、社会和谐的重要基点。"天下之本在国，国之本在家。"习近平指出，"家庭是人生的第一个课堂，父母是孩子的第一任老师"。[①] 人才培养不仅仅是学校的任务，家庭教育也非常关键。家庭对大学生的人生观价值观形成有很大的影响，家长应当以身作则，积极接受绿色生活思想的引导，主动学习绿色生活技能，通过自己的言行举止影响孩子，帮助子女树立绿色生活观。言传身教，房间里没有人，灯必须关；洗脸、洗菜用过的水，能不倒就尽量不倒，可留下来冲马桶、浇花草树木。自觉培养环保习惯，在日常生活中注意节电，家里一水多用，节约用纸，让家庭充满绿色，让生活充满绿色，社会充满绿色。

2. 家长要以身作则发挥榜样示范作用

家长既是社会上的消费主体，也是家庭中对子女进行绿色生活观教育的主体。每个人都应当保护生态环境，树立绿色生活观。家长作为一个成年人应当积极响应国家号召，养成绿色生活习惯，这样在家庭教育中才能更好地引导孩子，给孩子做榜样。家庭氛围可以给孩子带来潜移默化的影响，如果家庭成员具有绿色生活意识，子女就会受到家庭绿色情感教育的影响，从小养成绿色生活习惯。家长养育子女的时候，首先要根据家庭收入给孩子提供相应的物质条件，让他们对消费水平有心理预期，知道赚钱的辛苦，养成良好的消费习惯和金钱观。家长利用节假日带子女到大自然中，观察绿水青山、鸟语花香与污水横流、垃圾污染等不同现状，让子女身临其境感受生态环境保护与恶化带来的不同体验，领悟人与自然和谐共生的价值，增强子女保护生态环境的责任感。

第二节 新时代大学生绿色行为教育

一、绿色行为内涵

行为是人们一切有目的的活动。人们为了更好地适应社会和工作的需要，经常改变自己的行为。根据行为理论，要严格根据行动定向，即设定目标，制订计划，严格遵守，直到达成目标。生态兴则文明兴，生态衰则文明衰，贯彻落实可持续发展观，倡导社会全体成员共同履行环保责任，践行绿色行为是建设人与自然和谐共生美丽中国的必然要求。

---

① 习近平在会见第一届全国文明家庭代表时强调动员社会各界广泛参与家庭文明建设 推动形成社会主义家庭文明新风尚 [N]. 人民日报，2016-12-13（1）.

绿色行为作为一种以考虑人与自然环境关系为出发点，以环境改善为结果导向的工作行为，其内涵十分丰富，不同学者从不同维度对绿色行为进行了阐述。

绿色行为是人们逐渐养成的行为习惯，比如说随手关灯、垃圾分类、不践踏草坪等日常活动，这类行为体现在生活的细节之处，没有组织机构或者法律制度约束必须这样做，是基于人们自身绿色知识、绿色意识、绿色态度开展的绿色活动。

从环境保护角度看，绿色行为是人们出于保护环境目的而产生的一些具体行动，比如说选择公共交通工具低碳出行、节约用水等。

从环境保护的效果看，绿色行为是大家一起树立绿色意识，在生活中采取绿色行为，互相交流经验，以保护生态环境为目标，对发现的不环保行为向上反映，通过共同努力实现绿色可持续发展的伟大目标。

从实用主义角度看，绿色行为是指受角色左右的绿色行为，包括角色内绿色行为和角色外绿色行为。角色内绿色行为是由工作岗位所规范、受组织奖惩制度约束、员工必须实施的绿色活动；角色外绿色行为是不可控制的行为，出于对外在的奖励或执行该行为不受惩罚。[1]

从源头角度看，绿色行为也可分为工作内绿色行为和自愿绿色行为。我们在工作的时候，为了实现工作目标需要进行一系列活动，这期间产生的环境保护行为就是工作内绿色行为，比如说节约打印纸、双面打印等。自愿绿色行为是指个人自觉积极进行的绿色活动，如闲时关掉电脑、尽可能通过互联网传递文件减少纸张的使用量等。

绿色行为是人们在工作和生活中有序开展环境保护动作的行为，是一项长期的环境保护活动，是重视环境保护、具备环保意识的公民自觉产生的行为。绿色行为下每个人都会采取绿色化的实际行动，降低生产生活对环境产生的负面影响，为实现绿色可持续发展不断学习绿色知识，从而树立绿色意识，养成绿色习惯，在此基础上开展一系列的环保活动。

■二、绿色行为影响因素

行为理论认为，任何一种行为的产生都会受到相应的心理因素及认知过程的影响。人类行为受不同因素的影响，比如说社会环境、个人兴趣爱好等，这里可以将影响因素分为内在和外在两种因素。顾名思义，外在因素就是外在客观环境的影响，内在因素是个体主观心理思想的影响。对行为产生影响的因素很多，总体来看能够决定人的行为的主要是实际需求和希望达成的目标动机。

---

① 单晓彤. 员工绿色行为影响因素的研究综述 [J]. 现代营销（上旬刊），2023（6）：139-141.

德国心理学家勒温认为，人的行为取决于内在需要和周围环境的相互作用。当人的需要尚未得到满足时，个体就会产生一种内部力场的张力，而周围环境的外在因素则起到导火线的作用。按照勒温的观点，内在因素是根本，外在因素是条件，二者相互作用的结果产生了行为。

人的行为是复杂多变的，分析行为原因不可单方面下结论，要综合考虑内、外部因素，比如说个人因素、家庭因素、领导因素、社会因素、人际因素和工作环境等都有可能会影响绿色行为。

（一）个人因素影响绿色行为

1. 个人特质影响绿色行为

每个人的想法千差万别，不同想法下产生的行为各异。在组织中，个人特质可以决定人的思维方式，最终影响人们做出的行为。人的个性一般有六种特征，包括开放性、尽责性、外向性、内向性、亲和性和神经质性。以尽责性为例进行分析，尽责性是人自发行为产生的源泉，出于对保护生态的责任感会驱动人们自觉履行保护环境的义务，产生一系列绿色行为。比如说在一个单位里，如果领导具有绿色意识，提倡大家践行绿色行为，那么其他同事也会关注到绿色行为，在集体内部形成绿色氛围，带动大家一起养成绿色习惯。个人特质不同，一般具有责任心的人会有较强的反思能力，经常反思行为是否正确然后加以纠正，从而产生符合组织规范的行为。

2. 个人选择偏好影响绿色行为

从社会博弈理论的视角出发，选择绿色行为可以使社会利益最大化，选择非绿色行为使个人利益最大化，这使个体进入了两难的境地，绿色行为的选择与不选择在不同视角都会有不一样的优势和劣势。不同选择带来不同结果，如果选择绿色行为，对社会利益来说有一定积极作用，反之选择非绿色行为，则会增加个人利益。如何选择是一个让人纠结的问题，不同人有不同的看法。用相互依存理论分析，可以发现一个规律：传递绿色社会偏好的人的社会地位与人们模仿其绿色行为的意愿成正比，也就是说传递绿色社会偏好的人如果非常优秀，就会有更多的追随者模仿其绿色生活行为，从而促进绿色发展。

（二）情景因素影响绿色行为

1. 绿色管理影响绿色行为

绿色管理通过增强人们的意识、激发人们的情绪和态度，从而使其产生绿色行为。一般情况下当获得主管支持，感知到的环保行为被主管重视，会激发环保热情，表现出绿色行为。企业的中高层管理人员应当适当地采用绿色管理方法，让员工逐渐养成绿色行为习惯。当绿色行为受到领导肯定，员工保护环境的决心就会大大增强，以后会有更多的绿色行为出现。

2. 领导行为影响绿色行为

领导是领导者为实现组织的目标而运用权力向其下属施加影响力的一种行为或行为过程。领导行为目标根据所处环境和员工实际情况决定，领导通过下达指令、说服教育、示范举例等方式传递影响，以实现组织目标为最终追求。不同的领导风格能够以不同的方法影响人们的行动。情景理论根据不同的领导风格把领导分为责任型、变革型、服务型和伦理型领导。领导行为是影响人们绿色行为的关键情景变量。责任型领导关注利益相关者和企业社会责任，尤其重视生态环境，关心所有个体情况，注重组织工作效率，人们在工作中会模仿和学习领导者的绿色行为，以此来获得更多工作成就。变革型领导注重环境的刺激影响作用，通过激发环境保护动力、环境个性化关怀等方面，提高员工绿色行为的积极性。服务型领导注重绿色政策的解读与宣传，为所领导的成员排忧解难，提供高效优质服务，从而影响其成员改变自己的生活方式和行为方式，自觉践行绿色行为。伦理型领导通过形成绿色心理氛围，将道德规范灌输给员工，使同事之间相互形成环境规范，从而产生绿色行为。

（三）环境因素影响绿色行为

环境是指人们所在的地方周围与有关事物，一般分为自然环境与社会环境。绿色环境是一种鼓励绿色行为的氛围，在绿色环境下，员工自觉树立绿色意识，互相监督、互相鼓励，积极践行绿色行为。生态环境是人类生存和发展的基本条件。不同类型环境规制影响人们的绿色行为。命令控制型环境规制对人们绿色行为的影响不显著，经济激励型环境规制对人们绿色行为具有显著的正向促进作用，自愿意识型环境规制与人们绿色行为之间存在非线性的"U"形关系。环境规制水平越高，不利于社会物质资本的增加；环境规制水平越高，不利于企业利润的增加；环境规制水平越高，不利于外商投资的引进；环境规制水平越高，污染密集度越低。从环境的角度出发，以绿色行为反思过去、以绿色行为预判新未来。

■三、大学生绿色行为教育内容

大学生作为社会发展的人才主力军，必须有社会责任感，要为实现绿色可持续发展、建设美丽中国添砖加瓦。高校作为创造知识、传播知识和应用知识的主要机构，承担着培养美丽中国建设所需人才的重要任务。建设美丽中国需要一批拥有绿色观念、掌握绿色知识和技能，并产生绿色行为的人才。从实际执行情况来看，相当多大学生对绿色行为的理解仍处于比较浅显的阶段，没有在日常的学习和生活中切实践行绿色行为。

（一）大学生绿色行为意识教育

意识是人的头脑对客观事物的反映。一般来说，只有在相应知识与观念存在的前提下，事物才会刺激人的大脑思维系统，从而对事物的出现产生行为反应，也只有在意识上对事物产生了反应，事物才会成为人们产生行动的目标。人的大脑对外界事物产生行为反应的前提是具有系统观念和一定知识储备，一个人的思维意识是决定他对待事物的态度的根源和出发点。[①] 意识决定行为，特定行为的背后一定是有动机的，而动机则会产生动力驱动行为。马克思在《神圣家族》中指出："'思想'一旦离开'利益'，就一定会使自己出丑。"[②] 大学生养成绿色行为首先要树立绿色意识，绿色行为意识可以分为环境保护、资源节约、生态伦理、绿色发展四个方面。绿色意识的形成主要是通过积累绿色知识和接受绿色观念的熏陶。例如环境保护意识取决于对环境科技知识与常识的了解；绿色发展意识取决于对绿色生产、绿色消费、绿色经济政策法规的认识和了解；资源节约意识取决于对资源生态系统知识的理解；绿色伦理意识取决于对生态伦理观的理解与认识等。绿色行为意识教育实际上就是通过传授专业知识，帮助大学生积累绿色知识，从而转化为绿色行为动机的一种教育活动与过程。

（二）大学生绿色行为习惯教育

培根曾经说过："习惯是人生的主宰。"习惯是一种顽强的力量，人们应该努力养成好习惯。行为习惯就像我们身上的指南针，指引着我们的行为。大学生的绿色意识通过行为养成可以转化为个人良好的绿色行为习惯，这是衡量大学生绿色文明素质的最基本要求。大学生的绿色行为习惯教育是对大学生在个人学习生活中衣食住行等各方面的良好环保习惯养成教育。一是在衣着方面，简单朴素，不追求名牌奢侈品。提高资源利用率，旧衣捐献给有需要的人，不穿戴用野生珍稀动物毛皮制作的服饰鞋帽。二是在饮食方面，养成节俭习惯。在吃东西的时候一定不能浪费，提倡光盘行动，吃不完的打包。尽量少使用一次性餐具，健康饮食，支持绿色食品。三是在居住方面，养成好的习惯。保持干净卫生，多使用节能减排的家电，随手关灯和节约用水，处理生活垃圾时注意分类。四是在出行方面，养成绿色习惯。一定要低碳出行，短距离优先考虑步行或者骑车，长距离优先考虑公共交通工具。其实习惯就是从一件件微不足

① 常昊，田亚平，陈敏，等.绿色大学目标下的大学生绿色行为体系建构[J].衡阳师范学院学报，2010，31（6）：160-164.
② 马克思恩格斯全集：第二卷[M].北京：人民出版社，2009：103.

道的小事做起，每个人都养成好的习惯，在生活点滴中践行绿色行为，就能够将微小力量汇聚成河，最终个人树立绿色意识，国家实现绿色发展。

（三）大学生绿色行为实践教育

理论源于实践，实践是大学生活的第二课堂，是知识常新和发展的源泉。绿色行为实践活动是深化大学生绿色知识、强化绿色意识、调动绿色行为的重要途径。大学生养成绿色行为习惯首先要积极学习理论知识，然后在实践活动中不断历练。调查显示，九成以上的大学生在思想上接受、支持绿色行为教育，但是找不到合适的学习和实践路径，大多是通过网络了解到较为浅显的知识，很难形成系统的知识体系，这种反差的主要原因是高校绿色行为教育工作落实不到位。

大学生绿色行为实践活动内容丰富，有绿色教学实践活动、绿色科研实践活动和绿色社团实践活动。绿色教学实践活动是在学校常规教学计划内容中融入绿色知识内容，并以此为主题组织实践活动，比如说与绿色知识有关的实习活动。绿色科研实践活动不是常规的教学内容，是专业教学计划范畴之外且融合了绿色主题的科研活动，比如说绿色主题的科技创新大赛，为环境保护进行的科研攻关。绿色社团活动是大学校园内学生自发组织的社团团体，由他们设计开展绿色主题活动，比如说学生会组织的环境文化周系列活动、共青团组织的"三下乡"环境调查宣传活动、环保协会组织系列环保宣传服务活动以及班级开展的资源问题辩论赛活动等。总体来看大学生参与绿色实践活动的途径不少，多参与这类实践活动可以在实际应用中加深对绿色知识的理解，从而转化为坚定的绿色意识，践行绿色行为。大学绿色行为实践活动开展的数量和参与绿色实践学生的比例，是衡量一所大学实际绿色度的重要指标。学校要组织好师资力量和教学资源，通过丰富多彩的实践活动提升大学生对绿色教育的重视度，帮助大学生树立正确绿色价值观。绿色主题实践活动能够提高学生对绿色发展理念的理解，强化绿色意识，养成绿色行为习惯。

（四）大学生绿色公益活动教育

公益活动是大学生绿色行为教育的重要形式。大学生参加公益活动是促进大学生素质教育，加强和改进学生思想政治工作，引导学生绿色成长和绿色发展的重要举措。针对大学生开展一系列绿色公益活动教育，帮他们创造认识自然环境重要性的机会，将社会责任感转变为保护社会环境的实际行动。大学生绿色公益活动教育是对国家绿色发展观的响应。大学生绿色公益活动教育是指大学生作为社会公民所表现出来的社会化环境友好行动，教育学生关注社会绿色发展、响应绿色公益号召、参与绿色公益活动和履行绿色公民义务。随着美丽中国建设不断深入，党和国家适时提出了"科学发展观"、建设"两型社会"以及新发展理念，生态环境部制定实施"双碳"方案，推动绿色发展，各级社会团体也在全社会发出许多绿色倡议并组织一系列绿色公益活动。为实现建设美丽中国这一伟大目标，每个人都应该从自身做起，从小事做起，多组织、多参与绿色公益活动，一同努力保护自然资源和生态环境。大学生应积极参加公益活动，宣传美丽中国、绿色发展和保护环境，助力环境治理，关注山、水、田、林、湖、草、沙等自然资源保护。水是生命之源，积极参加水资源保护公益活动，一是追寻水文化，从历史、现状、文化、政策等方面，展现"依水而生、治水而兴"的文化脉络；二是开展水质情况调查，依托高校的专业背景和力量，深入"一带一路"沿线城市进行水污染和水环境的检测和调查；三是推动科研成果转化应用，服务地方水质治理。通过这些绿色公益活动，教育学生明白建设生态文明的重要性，为建设人与自然和谐共生的美丽中国添砖加瓦。

■四、大学生绿色行为教育方法

（一）理论灌输法

教育方法是指在一定的教育思想指导下形成的实现其教育思想的策略性途径。理论灌输法作为思想政治教育方法，是大学生绿色行为教育的重要方法。理论一经掌握群众，也会变成物质的力量。我们要深刻认识到灌输先进思想的重要性，守正创新，用好理论灌输这一思想政治教育方法在大学生绿色行为教育中的作用。

马克思主义经典作家多次提到了灌输概念是基于无产阶级革命群众不可能直接掌握先进的理论和斗争思想，需要无产阶级政党通过灌输的方式武装群众，并引导群众善于从工人阶级的角度去认识问题。列宁在《怎么办》中提出：科学社会主义思想属于无产阶级的阶级意识，不是单个人的个体意识，不可能在日常生活中自发产生，不可能在自发的工人运动中自动出现，"阶级政治意识只能从外面灌输给工人"。[①]大学生绿色行为教育，需要发挥理论对实践的指导作用，从学理之维、关系之维、价值之维、实践之维加强绿色行为的探究，让学生从理论的高度明确绿色行为"是什么、为什么、怎么办"等一系列理论问题，明确绿色行为对"双碳"目标实现、人与自然和谐共生中国式现代化、人类命运共同体实现的价值。可以围绕需要层次理论、生态文明建设理论对白色污染、土地沙化、温室效应等严重地冲击着人类生存环境的问题进行阐释和讲解。通过相关历史事实证明人类无视绿色行为，其实就是在践踏人类社会最基本的生理需要和安全需要。一旦人类最基本的需要得不到满足，其他需要也就无从谈起。

① 列宁全集：第一卷 [M]. 北京：人民出版社，2012：361.

研究理论灌输方法，通过创新理论灌输方式，促使大学生践行绿色行为。根据学理性和知识性相统一的要求，将日常的绿色行为与理论相结合，从理论高度分析日常绿色行为，晓之以理、动之以情，让学生践行绿色行为。

（二）问题探究法

问题是时代的声音。习近平强调："我们要增强问题意识，聚焦实践遇到的新问题、改革发展稳定存在的深层次问题、人民群众急难愁盼问题、国际变局中的重大问题、党的建设面临的突出问题，不断提出真正解决问题的新理念新思路新办法。"[①]绿色教育最终的目的是要树立环境保护意识和解决现实的环境问题，让人们自觉践行绿色行为方式。问题探究法是指针对现实生产生活中的环境问题，通过引导学生对具体环境问题进行系统的思考、探讨、研究，得出结论，从而使学生获得绿色知识，践行绿色行为的一种教学方法。针对自身绿色行为困境，分析其背后的原因，对行为价值进行分析，形成正确的行为观念，激发学生对解决环境问题的探索精神。它不是简单空洞地传授理论知识，而是通过开展绿色实践活动、参与绿色公益活动让学生面对绿色发展难题，提高对环境问题的警觉和关注，在实践过程分析问题，解决问题。如针对水土流失和土地沙漠化问题，通过问题探究方式，得出植树造林是能够有效控制水土流失和土地沙漠化的一种有效方法。据统计，一亩树林比无林地区多蓄水 20 吨。要控制沙漠，最有效最主要的方法就是植树造林。因为"沙漠向人类进攻的主要武器是风和沙"，大量植树造林，就可以形成一道道防护林，减少风的速度和力量，固定沙丘，起到控制风沙的作用。积极主动投入植树造林活动是绿色行为教育的重要内容和重要方式。

（三）榜样示范法

大学生绿色行为教育，离不开家庭、学校、社会环境的影响。榜样示范对大学生绿色行为的养成具有重要的价值引领作用。其身正，不令而行，其身不正，虽令不行。榜样示范法是指以榜样人物的高尚思想、模范行为、卓越成就等影响受教育者的思想、感情和行为的一种德育方法。[②]相对于道德准则条条框框的约束，榜样的力量更加温和、具有感染力，为历代教育家所重视。教师、家长和其他社会成员给大学生所作的示范，也是大学生学习的榜样。家长和教师对学生的影响最经常、最直接。家长是学生最先模仿的对象，加之与学生生活在一起，其言谈举止无疑具有潜移默化的作用。教师与

①　习近平.高举中国特色社会主义伟大旗帜　为全面建设社会主义现代化国家而团结奋斗——在中国共产党第二十次全国代表大会上的报告[M].北京：人民出版社，2022：20.

②　黄琪.大学生劳动精神培育的机理和路径[J].西部素质教育，2022，8（24）：82-85.

学生学习、生活在一起，其一举一动均对学生具有示范、身教的作用。家长、教师是绿色行为的践行者，带头示范绿色行为，学生会把绿色行为内化于心，外化于行。绿色教育实践过程中，教师以身作则，带头学习，直接示范，是取得绿色行为教育效果的重要条件。学校加强绿色管理、绿色领导，为绿色教育营造一种良好的人文环境，学生容易领会绿色行为标准和行为规范，容易受到感染，以境染情、以境触情、以境陶情，对受教育者进行潜移默化的影响，容易随着学、跟着走，这样就有助于学生养成良好的绿色行为习惯。

第三节　新时代大学生绿色消费教育

■一、绿色消费缘起

消费是指人们基于生存、享受、发展等需要，占有、使用和消耗资料、资源、产品、服务的行为和过程。消费属于经济行为，也属于人的社会、文化、心理行为。

绿色消费的产生，要从人类经济发展问题谈起。欧洲在 1940 年左右开始出现绿色消费，当时的欧洲因为工业革命产生的环境污染问题越来越严重，但人们并没有意识到生态环境的重要性，奢靡的消费观念和贪婪的物质欲望使大家无止境地消耗着自然资源，生态环境遭到严重破坏。随着生态问题逐渐暴露，有部分学者开始意识到工业革命引发了环境问题。1992 年"永续发展"这一观念在全球高峰会议上被提出，与此同时绿色消费观得到广泛关注，被认为是实现全球永续发展的基础。联合国环境与发展大会通过的《里约宣言》《21 世纪议程》提出"人类要摒弃传统的消费方式，形成更可持续的消费方式"[1]。绿色消费这一全新的消费理念应运而生。

我国人口众多，资源禀赋不足，环境承载力有限。我国政府深刻认识到人与自然和谐相处的重要性，出台很多措施推动绿色消费发展。在党和政府的引领下，各领域都开始推广绿色消费行为。1995 年我国政府为了鼓励生产销售绿色产品，推出了"绿色标志"，促进了绿色产品的发展，标志着绿色消费在我国正式兴起。1999 年在国家环境保护局带头和其他相关部门配合之下，以绿色消费为主题的"三绿"工程正式诞生，绿色消费在各大城市开始试点运行，这一时期绿色消费的观念广为流传。中国消费者协会在 2001 年将消费主题正式确定为"绿色消费"，鼓励企业生产绿色环保产品，倡导

---

① 林白鹏. 消费经济大辞典 [M]. 北京：经济科学出版社，2000：12.

消费者购买绿色环保产品，以此来促进绿色消费的普及。

为了平衡经济发展和生态环境之间的关系，党和政府积极推进产业结构优化，出台政策支持能源节约型产业发展，以绿色消费为突破口，通过绿色消费带动绿色产业发展，最终达到改变产业结构，促进产业升级的目标。2015 年出台的《中共中央国务院关于加快推进生态文明建设的意见》明确提出，"全社会应广泛开展绿色生活行动，坚决抵制不合理消费行为，推动全民形成绿色低碳的生活方式"[①]。这为普及绿色消费、推广绿色消费提供了政策依据。2016 年国家发展改革委、中宣部、科技部等十部门出台的《关于促进绿色消费的指导意见》阐释了绿色消费的重要意义，并针对企业、政府、居民、公共机构等各单位各群体提出了一系列促进绿色消费的举措，为绿色消费的推广提供了具体明确的制度设计。全面推进公共机构带头绿色消费，使用政府资金建设的公共建筑全面执行绿色建筑标准，凡具备条件的办公区要安装雨水回收系统和中水利用设施。2021 年 3 月 12 日，"十四五"规划纲要进一步提出，"构建绿色消费体系，引领供给体系加快重塑，倡导绿色消费全民共同行动"[②]。

■二、绿色消费内涵

党的二十大报告指出："要实施全面节约战略，发展绿色低碳产业，倡导绿色消费，统筹产业结构调整、污染治理、生态保护、应对气候变化，加快发展方式绿色转型。"[③]《公民生态环境行为规范十条》为人们绿色消费提供了行动指南，促使人们从追求物质消耗数量的增长转向追求物质需求质量的提升，促使经济社会发展的绿色转型。人类对自然的掠夺和破坏，与人类的消费方式密不可分。马克思认为："消费这种实践活动，它是人类社会活动的最终目的的根本指向，是促进人类社会向前发展的一个重要载体。"[④]消费和生产之间是相互影响、相互促进的关系，生产的目的是满足消费，同时消费行为也能够促进生产。人类想要实现可持续发展，缓解环境危机，就必须重视消费行为，减少对环境产生负面影响的消费行为，养成绿色消费习惯。绿色消费概念是基于人类经济社会发展中出现的不可持续危机而提出来的。

绿色消费作为与绿色发展要求相适应的新型消费模式，它蕴含着降低资源消耗、追求健康环保的生态理念，助力人们形成绿色生活方式，是我国实现高质量发展的必

①　中共中央国务院关于加快推进生态文明建设的意见 [N]. 人民日报，2015-05-06（01）.

②　任勇."十四五"推动绿色消费和生活方式的政策研究 [J]. 中国环境管理，2020，12（5）：7.

③　习近平.高举中国特色社会主义伟大旗帜　为全面建设社会主义现代化国家而团结奋斗——在中国共产党第二十次全国代表大会上的报告 [M]. 北京：人民出版社，2022：50.

④　马克思.《政治经济学批判》导言 [M]. 北京：人民出版社，1972：146.

然选择。绿色消费反对攀比和炫耀、反对危害环境、反对过度消费，其本质是在消费活动中，不仅是为了满足现在的消费需求，提供安全健康的生存环境，也要为子孙后代的消费需求和生存环境负责。绿色消费的对象是无污染、质量好、有利于健康的产品，这是保护生态环境、协调人与自然关系的体现。

绿色消费是指消费者对绿色产品的需求、购买和消费活动，是一种具有生态意识的、高层次的理性消费行为。绿色消费要求做到节约生态资源、提高资源使用率、保护自然环境，消费主体应当做到理性消费，不铺张浪费，选择绿色环保产品，在消费过程中注意降低资源消耗，选择低排放的消费方式。

绿色消费包括三层含义：一是倡导消费者在消费时选择未被污染或有助于公众健康的绿色产品；二是在消费过程中注重对废弃物的处置；三是引导消费者转变消费观念，崇尚自然、追求健康，在追求生活舒适的同时，注重环保、节约资源和能源，实现可持续消费。

绿色消费实际就是在个人利益与生态环境利益中找到平衡点，实现人与自然和谐相处，在日常消费活动中购买绿色产品，对于牺牲环境生产出来的产品坚决不购买。绿色消费既是具体的行为，也是一种生活态度和思想观念。我们在追求满足个人物质、服务欲望的同时，要注意是否给生态环境增加了负担。绿色消费是健康的消费观念，是响应绿色可持续发展的号召，是注重节约资源和保护环境的新型消费理念。

绿色消费是社会主义核心价值观的体现，是可持续发展观的要求。经济全球化的影响下，各国产业结构转型升级，人们的消费方式和理念发生改变。绿色消费是顺应时代潮流，符合时代需求的消费模式，代表着人与自然和谐共生，是人类生活消费中的新型消费理念。

■三、绿色消费理论基础

绿色消费的产生、兴起与发展离不开理论的支撑。马克思主义消费理论、中国传统文化中的消费思想、中国共产党历代领导人的消费思想等都为绿色消费提供了理论基础。

（一）马克思主义消费理论

人与自然和谐统一是马克思主义消费理论的生态基础。马克思认为，人与自然相辅相成，一方面，人是自然界的产物；另一方面，自然对人有着千丝万缕的制约性。马克思没有对消费进行专门的研究，但从消费与生产、消费与人的发展、消费与自然之间的辩证关系做了深刻的揭示，充分肯定了消费在人类生存发展中的重要意义。马克思认为，"消费的本质是维持人类生存与发展，消费就成为创造历史的最基本条件"[①]。马克思主义消费理论蕴含着丰富的生态思想和绿色消费、适度消费等观念。

马克思指出，社会与自然界对立的基础是生产方式。人类生产行为是因为消费行为而被赋予了动力。工业革命时期，盲目地以牺牲环境为代价发展经济，这一时期为了提高利润产生效率，不断加快物质变换过程速度，造成了生态失衡的结果，使得生态破坏日益加剧，人与生态之间的矛盾不可调和。人们应当树立正确的消费观，珍惜资源，适度消费。马克思主义消费理论的阐述，为人们绿色消费观念的产生提供了理论指导。

（二）中国传统文化中的消费思想

习近平指出："不忘历史才能开辟未来，善于继承才能更好创新。"中华民族传统文化博大精深、源远流长，其中蕴含着丰富的消费思想。中国传统文化中的消费思想为研究大学生绿色消费教育提供了理论支撑。一方面中国传统文化倡导人们崇俭抑奢。古代农业社会，生产力发展比较落后，物质资源相对匮乏，古人崇尚平时节俭消费，反对奢靡，以此使物质生活得到保障，做到有备无患。去奢从俭，知足者富，知足常乐，崇俭抑奢是中国传统消费思想的主流思想。另一方面，中国传统文化阐述消费与生态环境之间的关系。墨子说"爱尚（上）世与后世，一若今之世"。人们需要树立正确的消费观，要为子孙后代创造良好的生存环境，要为后人的生存珍惜自然资源。人类的消费要有度、有节制。

（三）中国共产党领导人的消费思想

毛泽东的消费思想是在马克思消费思想的基础上，立足中国国情，提出在发展生产的基础上满足人民生活需要，提高人民消费水平。主张"厉行节约、反对浪费，浪费是极大的犯罪"。改革开放以后，邓小平提出"适度消费，反对奢侈消费，既重视物质消费，也重视精神消费"的重要论述。江泽民立足我国经济发展水平和环境现状，深入剖析了改革开放以来我国社会经济不断发展情况下人们的消费习惯和消费观念存在的问题，并提出解决办法：一要提高消费水平，二要加强消费教育。胡锦涛提出坚持科学发展的消费观，树立科学消费的荣辱观，实现经济可持续发展，促进人与自然和谐相处。习近平充分肯定消费对满足人们美好生活需要的重要意义：消费是经济发展的动力。同时提出"消费机制要与时代需求相结合，不断优化不断完善，倡导绿色消费，厉行勤俭节约"等消费思想。中共历代领导人根据我国不同发展时期存在的经济

---

① 马克思.《政治经济学批判》导言 [M]. 北京：人民出版社，1972：146.

发展与环境保护之间的矛盾，针对消费提出了一系列指导性意见和建议，促进消费思想中国化时代化，为大学生绿色消费教育提供了行动指南。

■ 四、大学生绿色消费

大学生是社会主义事业的建设者，是国家未来发展的主力军，也是引领未来消费趋势的重要群体。大学生群体的消费观和消费方式具有一定影响力，关系到生态文明的建设和整个社会可持续发展的实现。大学生绿色消费，顾名思义是指大学生群体在正确认识人与自然关系的基础上，树立崇尚自然的绿色消费理念，秉持适度消费、公平消费、系统性消费的原则，在消费时注重环保，践行绿色消费行为，将绿色消费要求贯穿于整个消费过程的消费方式。大学生绿色消费包括四个要素：

（一）绿色消费认知

绿色消费认知指大学生立足当今社会经济发展与生态环境之间的矛盾，重视绿色产品、环境保护等内容，对获取的相关信息结合自己理解，以此来建立绿色消费认知的意识活动。

（二）绿色消费意愿

大学生重视生态问题，具有保护环境、节约资源、健康生活、理性消费所产生的自律的消费习惯。绿色消费意愿是指大学生为实现预定目的，有意识地调节自己消费行为的心理现象。

（三）绿色消费行为

绿色消费行为是在日常生活中，为满足物质、服务等具体需求而产生的消费行为，并注重该行为对环境产生的影响。它是以保护生态环境、实现可持续发展为目的的消费行为。

（四）绿色消费意识

意识是行为的起点。绿色消费意识既是一种自我意识，也是一种自律意识。大学生是否具有绿色消费意识，不仅关系到个人的发展，也关系到国家未来的发展。

调研发现，我国大学生消费观总体较为理性，消费形式多元化，基本以满足生存消费为主要目的。现阶段在消费观上存在一些问题，如跟风消费、攀比消费等消费现象依然存在，绿色消费习惯尚未养成。

■五、大学生绿色消费教育目的

（一）转变传统消费模式

模式是指从生产经验和生活经验中经过抽象和升华提炼出来的核心知识体系，是解决某一类问题的方法论。传统的粗放式经济发展模式，导致了人们将注意力集中在自身的利益上，而忽略了对能源资源的节约和生态环境的保护。在世界范围内资源日益紧缺、生态环境不断恶化的情况下，粗放式发展方式已经不能适应时代发展的要求。大学生绿色消费教育的重点是通过消费观念的转变养成正确的消费习惯和模式。传统消费模式对自然资源消耗过大，将自然资源通过生产手段变为人们日常所需的产品，使用过的产品沦为废品简单处理掉。传统消费模式本质上是一种资源耗竭型的消费模式。

我国人口消费群体大。改革开放以后经济不断发展，人民生活水平大幅度提高，消费产生的废弃物增多。一方面资源未得到高效利用被浪费，另一方面造成生态问题。1930 年到 1960 年之间，国际上发生过几次重大环境污染事件。发生这些环境污染事件的一个重要原因是不可持续的消费方式：人们物质欲望不断增长，为得到满足不顾后果地掠夺自然资源，造成严重的生态问题。人们的消费行为产生的废弃物超过了自然承受能力，造成了严重的环境污染。建设"两型社会"，应认真汲取历史上的教训，转变传统消费模式，大力发展绿色消费。大学生价值取向决定未来整个社会的价值取向，必须树立正确消费观念，培养绿色消费意识，通过绿色消费教育改变传统消费模式。

（二）构建绿色消费模式

消费模式是指同消费资料相结合的方法和形式，是消费的表现形式。绿色消费模式下，消费者应当主动选择无污染、绿色健康的产品，消费过程中注重保护生态环境，不乱丢弃包装物、废弃物等，尽量做到物尽其用、重复利用。消费行为在满足自身欲望的同时要兼顾子孙后代对自然资源和生态环境需求，树立可持续发展的绿色消费观。我国虽然国土面积大，自然资源丰富，但是人口基数大，自然资源人均占有量水平偏低，实行绿色消费是实现可持续发展的基础。我们要珍惜自然资源，提高资源利用率，缓解我国资源环境发展压力，促进人与自然和谐相处。大学生绿色消费教育在于培养大学生绿色消费意识，养成绿色生活习惯，时刻注重保护环境、节约资源，真正做到绿色消费，绿色生活。发展绿色消费，可以在一定程度上抵制破坏生态环境的行为，促使生产者放弃粗放型生产模式，减少对环境的污染和资源的浪费，逐步形成可持续生产模式；绿色消费可以引导人们消费观念和消费行为的转变，使人们注重保护自然，形成科学、文明、健康的消费方式，形成事事、时时崇尚绿色消费的良好习惯，促进生态环境的优化。

（三）树立绿色消费观

消费观是指人们对消费水平、消费方式等问题的总的态度和总的看法。思想是行动的先导，大学生经过高考选拔后进入大学校园接受高等教育，他们的知识储备丰富、学习能力强，具有良好的综合素养。大学生对新鲜事物的理解接受能力强，有利于绿色消费理念在高校的快速普及。为促进绿色经济发展，政府部门、领导干部应当发挥带头模范作用，鼓励大家一起参与绿色消费，通过新闻媒体的宣传让大家正确认识绿色消费观，了解绿色消费观对环境、资源、个体健康方面的积极作用。积极弘扬绿色消费观不仅是为了当今社会和人民的幸福健康生活，也是为子孙后代创造良好的生活环境。在大学生价值观教育中融入绿色消费知识内容，以促进绿色消费在高校普及，引导大学生树立正确绿色价值观，增强大学生在保护环境、节约资源方面的责任感，使其自觉参与到绿色生态建设工作中。对大学生进行绿色消费教育，将绿色消费学习内容纳入综合素质考核，培养大学生综合能力。大学生已成年，应当具备正确的消费观，做到理性消费、适度消费、绿色消费。随着市场经济的发展，一些西方消费主义等错误思潮不断涌现，严重冲击着大学生的消费观。在错误消费观的驱使下，很多大学生盲目追求物质消费，导致精神追求日益虚无，自身理想信念缺失。要积极开展大学生绿色消费教育工作，帮助大学生树立绿色消费观，纠正大学生存在的不良消费行为。在绿色消费观的引导下，使大学生认识到人与自然之间的关系，重新审视原有的消费习惯，优化自身消费结构。引导大学生在日常生活中认同绿色消费理念，践行绿色消费行为，养成绿色消费习惯，提高社会责任意识，推动全社会形成简约适度的生活方式，促进我国资源节约型和环境型友好社会的形成。

■六、大学生绿色消费教育实施策略

习近平强调："要用好课堂教学这个主渠道，思政课要坚持在改进中加强，提升思想政治教育亲和力和针对性。"[①]高校要以课程改革为契机，以绿色发展理念为指导，以全员化方式推进大学生绿色消费教育，探索构建大学生绿色消费教育的长效机制，创新大学生绿色消费教育形式，优化内容，不断提升大学生绿色消费教育的效果。

---

① 习近平在全国高校思想政治工作会议上强调把思想政治工作贯穿教育教学全过程 开创我国高等教育事业发展新局面[N]. 人民日报，2016-12-09（01）.

（一）绿色消费知识融入各科教学，打造绿色消费教育课程体系

课程是实现教育目标的重要途径，是组织学校教育教学活动的依据。高校的教学任务需要通过课程来完成，作为教育的载体，课程设置具有很高的科学性和艺术性。绿色消费教育要以全员式方式推进，构建绿色消费教育的课程体系。课程体系是实现培养目标的载体，是保障和提高教育质量的关键。绿色消费教育课程体系是指在绿色消费教育价值理念指导下，将课程的各个构成要素加以排列组合，使各个课程要素在动态过程中统一指向绿色教育目标实现的系统。高校应整合各类课程资源，将与绿色消费有关的内容纳入大学生各种必修或选修课程的教学内容中，构建"思想政治理论课＋专业课＋选修课"多元绿色消费教育课程体系。

1."思政课"融入绿色消费教育知识内容

思想政治理论课是立德树人的关键课程，肩负着真理传播、政治引导、价值塑造、思维培育、实践转化等重要功能。各高校可以根据教育培养目标，结合思政课的内容和学科特点，融入绿色消费相关知识元素，对大学生进行绿色消费教育。将马克思主义消费理论融入"马克思主义基本原理概论"课程。马克思主义消费理论从辩证的角度出发，分析人们的消费行为与生产之间的关系，讨论消费行为与各个阶段社会发展之间的关系。马克思主义消费理论从环境保护、人类永续发展角度对人们消费观进行剖析，帮助大学生找到绿色消费的理论依据，增强大学生对绿色消费教育的理解，树立绿色消费责任感。在"毛泽东思想和中国特色社会主义理论体系概论"等课程中介绍国家领导人对消费观的提倡和要求。大学生要明白如今的富裕生活是无数革命先辈们牺牲生命换来的，懂得现在幸福生活的来之不易，应当学习革命伟人的精神，自立自强，感恩国家，有民族自豪感和社会责任感，有知足和勤俭节约的意识。面对日益严重的环境问题应当肩负起改善环境的责任，增强学习的使命感。在"形势与政策"课程中分析我国是怎样一步步走向富强的，结合政策和社会现状讨论当今世界发展绿色经济的重要性，从我国资源、环境、人口等现实情况出发，分析绿色消费教育的重要性，鼓励大学生响应国家号召，发挥历史主动精神和历史创造精神，自觉加入实现"双碳"目标的行动中去。

2."专业课"融入绿色消费教育知识内容

专业课是传授专业知识和专业技能的课程。专业课德育渗透功能要求高校要充分挖掘专业课教学的绿色消费教育功能，主动将绿色消费教育内容有机融入大学生所学的专业，改变专业课只顾传授专业知识不顾育人的思维定式和做法。在全面提高高校服务经济社会发展能力，推进新工科、新医科、新农科、新文科（简称"四新"）建设的背景下，引导高校全面优化专业结构，深化专业课程综合改革，增强专业课程与生

产生活的联系，提高专业课程知识学习的针对性和实用性。

针对新文科类专业的大学生，在专业教育传道、授业、解惑过程中可以介绍国内外消费习惯的差距，分析消费观念对社会发展的影响。受国外消费主义的影响，部分当代大学生消费观存在偏差、扭曲的现象，一些大学生盲目追求物质满足，不顾自己和家庭的承受能力，导致自己成为一个物质虚荣的人。帮助大学生树立正确的消费观，看清资本主义国家消费观念的危害之处，提高大学生判断鉴别能力。针对新工科专业的大学生，高校可以侧重引导大学生计算消费支出成本，合理安排个人消费计划，理性购买所需商品，做到量入为出、适度消费。针对新农科专业的大学生，高校引导其加强对涉农企业、行业的了解，知农、爱农、为农，加大绿色农产品的科学研究、研发、使用低氨、低挥发性有机污染物排放的农药、化肥，增加绿色产品的种植和销售路径，丰富产品服务种类，拓展绿色产品农村消费市场，为绿色农业贡献自己的力量。针对新医科专业的大学生，高校在培养他们医学知识的时候，强调健康生活、规律生活的重要性，鼓励大家勤俭朴素，不虚荣、炫耀消费，合理运动、健康饮食，改变养生方面的一些非理性消费行为。

3. 开设绿色消费主题的选修课程

选修课是指高等学校各学科、专业教学计划中规定的由学生自行安排选择学习的课程。选修课完全尊重学生的权利，根据自己喜好进行选择。为了适应个别差异，因材施教，发挥专长，学生修习的选修课在专业教学计划中占一定比例。每个学校对于选修课的数量要求不同。学校可根据自身的师资力量围绕绿色消费主题开设一些选修课程，比如"消费经济学""金融学"等。立德树人是课程的重要职责，除了创新绿色消费选修课程设置，也要力争做到课程内容覆盖面尽量广泛。坚持问题导向，对大学生不合理消费行为要及时纠正，防患于未然。通过典型案例给大学生敲响警钟，提醒他们树立正确的消费观念，不要冲动消费。通过开设绿色消费主题选修课，引导学生开展消费与生活主题讨论，帮助大学生养成埋性消费、绿色消费的习惯。

（二）加强绿色消费教育教材建设

教材是课程之本，是依据课程标准所研制的、便于教师教与学生学的基本教学媒介，是教师课堂教学的重要依据。教材质量直接关系着人才培养质量。2020 年 11 月，习近平在给人民教育出版社老同志的回信中强调，要用心打造培根铸魂、启智增慧的精品教材。纵观高等教育教材建设，很少有涉及消费的内容，而适合高校使用的绿色消费课堂教学的教材凤毛麟角。为使大学生绿色消费观教育规范"有本可依"，高校应积极组织相关师资，编写绿色消费教育相关教材，着重突出教材的思想性、系统性、针对性、科学性、前瞻性，力求反映绿色消费教育的本质和规律。

1. 注重教材建设的思想性

我国是社会主义国家，教材建设思想性体现在坚持马克思主义在教材建设的指导地位。教材建设是国家事权，体现国家意志。有关部门、高校应积极组织相关消费学科领域的专家学者、教师等，将马克思主义消费思想和习近平生态文明思想作为教材核心内容，积极吸收、借鉴国内外消费理论研究的成果和消费观教育的经验，把绿色消费相关内容融入各教材之中。

2. 注重教材建设的系统性

系统性是教材之魂。教材编写要体现消费理论和知识体系的系统、完整，全面反映我国消费教育的具体实践，构建新时代具有中国特色的社会主义消费观，促进人与自然、社会协调发展。设置合理的消费知识结构，具体包括绿色发展理念、绿色消费行为、消费伦理道德、消费心理、网络消费、金融理财知识、消费法律法规等内容，做到纲举目张，循序渐进，为大学生提供绿色消费教育课程的系统框架和基本知识。教材中消费知识结构不仅内容要全面，内容安排要由浅到深、循序渐进。

3. 注重教材建设的时效性

教材编写要从教育教学和学生的需要出发，促进教材内容与学生认识能力的对接，以通俗易懂、形象生动、深入浅出的语言来讲解道理，增强教材内容的吸引力和说服力。编写切合中国国情、适合大学生消费教育的教材，有利于引导大学生对绿色消费的认知学习、理解掌握。推进教材管理信息化建设，逐步实现教材建设全方位、全环节、全过程信息化管理，全面提升教材管理工作质量和效率。高校应立足时代前沿、追踪学术热点，加强消费理论研究，找寻大学生消费的规律及影响因素，把握大学生消费出现的新趋势、新特点，及时将研究成果体现在教材内容中，不断提高绿色消费观教育的时代性、前瞻性。

（三）彰显教师绿色消费知行典型示范

百年大计，教育为本，教育大计，教师为本。教师是人类文明的播种者，是知识和文明的形象。教师劳动具有示范性的特点，教师要把凝聚在教学内容中的智慧、情感乃至世界观内化为自身的智慧、情感、世界观，并通过自身的知识、才能，运用自身的德性、人格、情感、意志、世界观感染学生。示范引领有利于塑造学生心灵。

对高校大学生消费行为进行调研，发现大部分大学生消费观塑造尚未成形，消费知识体系搭建尚未完成，消费心理尚未成熟。德国著名教育家第斯多惠指出："教师本人是学校里最重要的师表，是最直观的最有教益的模范，是学生最活生生的榜样。"教师以教材为工具，对大学生开展绿色消费教育，教师自身的绿色消费素养对教学活动有至关重要的影响。

1.强化绿色发展理念，践行消费绿色化

教师是党的方针政策的宣传者、维护者。绿色发展理念是党中央深刻把握时代脉搏、洞察发展大势，不断深化社会主义建设规律、人类社会发展规律的理论成果，是马克思主义生态思想、发展理论与我国经济社会实际相结合的发展理念。教师要自觉践行绿色发展理念，做到消费绿色化。教师要积极学习绿色发展理念，深刻体会其中的意义。在工作中践行"四有"教师要求，以身作则，树立绿色消费观念，对消费活动和我国经济发展、环境保护之间的影响关系有正确的认知，养成绿色消费习惯，使自己成为绿色消费的传播者、践行者，做到生活消费绿色化。

2.夯实绿色消费知识，做绿色知识传播者

教师专业发展要求教师具备丰富的专业知识。扎实的专业基础知识是教师完成教学任务的前提条件。教师首先要有强大的知识储备，只有专业基础牢固才能有自信、有效率、有质量地完成教学任务。人们常说，要给学生一杯水，教师自己要有一桶水。教师对大学生进行绿色消费教育，坚持"教育者先受教育"，教师要熟悉绿色教育的基本知识结构和各部分知识之间的内在联系，深入学习马克思主义消费思想，通过多种方式不断进行绿色消费知识储备。教师在传授专业知识的同时，也会影响大学生的思想意识，帮助大学生树立绿色消费观。教师的教学水平与其自身知识储备有很大关系，教师通过自身对绿色消费理论的深刻体会，在教学讲解时更有感染力、说服力，督促学生养成绿色消费习惯。教师要创新教育方式方法，把绿色消费的相关知识融入教育教学之中，对大学生进行价值引领、绿色消费引导。

3.知行合一，争做绿色消费示范者

孔子曾说："其身正，不令而行。其身不正，虽令不从。"教师在绿色消费方面要严于律己，以身作则，注重身教，成为学生的榜样。"一个起表率作用的教育者，本身就是一个形象化、人格化的思想政治教育载体。"[1]大学生的社会行为受老师的影响很大，他们平时会观察老师的言行举止，然后很自然地学习老师的行为。教师自己成为绿色消费的践行者，才能在教育学生时更有感染力和说服力。高校教师应率先垂范，言行一致，传承优秀传统消费思想，做到理性消费、绿色消费，形成简约适度、绿色低碳的生活方式，抵制消费主义、享乐主义，拒绝奢侈消费、虚荣消费、炫耀消费等不良行为，先"正己"，后"正人"，增强"非权力影响力"，成为绿色消费观的引导者、践行者，从而带动更多大学生养成绿色消费的行为自觉。

① 张耀灿，郑永廷，吴潜涛，等.现代思想政治教育学[M].北京：人民出版社，2006：400.

第四节　新时代大学生绿色生命教育

一、生命教育

教育的根本任务是立德树人，教育的其他职能必须依靠、服从和服务于人的发展。从受教育者的发展目的来看，绿色教育旨在焕发生命力，让学生的生命充满生机、自由生长、不断超越。

一般认为，人的生命具有三种属性：自然生命、社会生命和精神生命。从人类个体或类主体的发展历程来看，人首先具有生理生命或自然生命，然后具有社会生命，最后产生精神生命。生命的三个层次是个完整的有机体，不可分离，融合共生。[①]

生命与教育是相互影响和融合的。真正的教育应珍视人的生命价值，应是关注生命的教育，提升生命的质量。生命教育的意义可以从多个角度进行分析。

广义生命教育就是一切与生命相关的教育活动，生命教育的内容丰富，比如说幼儿启蒙教育、文化课教育、思想品德教育、性教育等。形式上有家庭教育、实践锻炼、自我学习、学校上课等方式。狭义的生命教育就是以具体生命为教育对象，通过教育活动使其不断拓展认知的过程。狭义生命教育的内容以生命知识观和价值观教育为主。

生命教育是以生命本体为对象，以生命本质为依据，以生命认识、生命关系、生命价值为教育内容，以珍爱和尊重生命及实现生命价值超越为目的的教育，通过这种教育培养具有人文精神和关爱情怀的、热爱生活积极进取的、具有高生命品质的人。生命教育不是一种独立的教育形态，它寓于其他教育形式之中，并与其他教育形式融为一体；它也不是一种新的教育模式，而是作为一种价值指引作用于各种教育模式，并贯穿于教育过程的始终；它也不是一种新的教育方法，而是作为一种方法论意义渗透到具体的教与学的行为中，并成为教育方式、方法改革的依据；它不局限于在学校中进行，而且要通过家庭、社会和自我的共同参与。从根本上来说，与其说生命教育是一种教育形式、教育内容、教育方法，毋宁说生命教育是教育的一种价值追求，是教育的一种存在状态。

---

① 李太平，刘亚敏，等.学校德育的使命：重建中华民族共有精神家园 [M].武汉：湖北教育出版社，2013：6.

■二、绿色生命教育

绿色是生命的象征，生命因为有了绿色而变得生机勃勃。

绿色生命教育提倡以生命为核心，以教育实践为手段。师生共同亲近自然，聆听生命物语；感知生命，体验生命历程；对话生命，感悟生命价值；提升生命质量，获得生命价值。

（一）呵护学生的自然生命，学会生存

生命权是享受其他一切权利的基础和前提。自然生命是生命教育的基础，其使命在于让学生认识生命、敬畏生命、珍惜生命。高校要为自然生命的成长创造安全的环境，通过创建绿色环境保证学生的健康，为学生成长提供环境基础。

一是学校要给学生提供基本安全保障。生命安全覆盖生活中的方方面面，比如说在校的人身安全，包括饮食、活动、出行安全。教师在设置课程和布置学习任务的时候，要考虑学生的接受能力，不能施加太大的学习压力，更不能在教学过程中体罚学生。二是尊重学生的自然生命，重视学生的想法。对于学生爱玩、有表现欲这些天性不要一味地打压，要尊重每个孩子的兴趣爱好，看到他们身上的闪光点，因材施教，不因为考试成绩打压学生的个性化发展。三是尊重学生的自由权利。一定要给予学生独立的空间和自由，保护学生的隐私，培养学生自主学习的能力和意识，把学习变成一件自律的事而不是被迫接受。给予学生学习自由，包括学习时间的自由、学习方式的自由、思想的自由，独立思考、个性化理解、自由表达的自由等。

（二）关照学生的社会生命，学会共处

教育实际上就是帮助学生实现社会化的过程。学生通过学习和实践活动，不断成长，最终成为能够承担起社会责任的独立个体。生命在社会化的过程中，逐渐接触到外界环境，认识世界的丰富多彩，学会接受他人，与他人和谐相处，自觉地遵守法律规定、道德规范，最终"学会共处"。学生要有基本的社会交往能力，学会与他人相处，学会合作交流，学会平等对话。学会共处不仅要求人与人之间的和谐相处，而且要求人与自然和谐相处。学会共处不能只依赖于书本上的知识，还要依靠社会实践中锻炼出来的能力。教师要关照学生的社会生命，通过文艺和社区活动、社会公益活动等，实现人与环境、经济、社会和谐共生。

（三）提升学生的精神生命，学会发展

马斯洛将人的需要分成了五个层次，由低到高分别是生理需要、安全需要、爱的需要、尊重需要和自我实现需要。其中生理需要和安全需要归类于基本需求，爱、尊重、自我实现的需要可以归类为精神需求。精神需求包括文艺科学、道德观念、政治参与、宗教信仰等。

精神生命、精神需求和精神自我作为学生成长的一个核心维度，体现着一种更高的理想追求，是生命中的一种高阶需要，必须不断地去努力追求才能实现。教育在本质上是对人生命的形塑，通过各种各样的教学设计为学生认识和体味生命的崇高与独特价值提供有效的指导和帮助。学校设置丰富多彩的课程内容，组织多种形式的实践活动，使学生在学习知识的过程中提高对生命的感悟，挖掘自己更高层次的需求，引导学生树立正确人生观，从而认识生命的崇高价值，最终完成生命赋予的使命，实现人生四种境界——自然境界、功利境界、道德境界和天地境界（冯友兰语）的不断超越，最终寻找到自我发展的路线，使生命价值得以实现。

■三、绿色生命教育内容

（一）绿色生命知识教育

生命知识的教育是任何生命教育研究者和实践者不可绕开的问题，生命知识构建了生命教育最基础的内容。没有对生命的认知作基础，对生命关系与价值的思考也就成了无源之水、无本之木。这里我们仅从"教育"的角度对生命进行剖析。

1. 自然生命之认知——珍惜生命教育

生命来源于自然，现代生命科学和医学对生命机体的研究让人惊叹。我国著名社会学家李银河说："生命是一个奇迹……能生而为人本身就是一个太多偶然因素构成的奇迹，从这个意义上说，每个人都是宇宙的幸运儿。"李银河这样评价生命的意义："它的存在应是狂欢，应是快乐，应是难以压抑的歌唱。"日本池田大作认为："最崇高、最尊贵的财宝，除生命外断无他物。"生命是宝贵的，在时间上具有一维性。我们要珍惜生命、敬畏自然。生命教育要引导人们从生命科学、生理学、社会学、心理学的角度来认识生命的自然特性，进而认识生命之宝贵，学会珍惜生命。珍惜生命的原则不应当仅仅适用于人类，而应当适用于一切生命，人类应当像爱惜自己的生命一样去敬畏和爱惜所有的生命。

2. 生存知识的教育——保护生命教育

物种延续的本能使任何生命都有与生俱来的求生欲望。如何保护和延续生命，抵御来自内外环境的各种侵害，是每个生命体应该掌握的常识。人首先活着，才能生活。但现实生活中，并非所有的人认识到这些常识的重要性，导致破坏生命、透支生命、践踏生命的现象层出不穷。绿色生命教育要引导大学生了解生存知识、自救知识，学会自我保护，加强生命安全意识，自觉抵制自残、暴力、赌博、吸毒、网瘾、性放纵等不利于身心健康的行为，共同努力塑造一个安全舒适的生活环境。梅花香自苦寒来，要对学生进行适当的挫折教育，让他们正确对待成长过程中不如意的事件，不能以自杀、伤人、吸毒等损害和透支生命的方式来逃避和发泄痛苦。对于挫折首先要勇敢面对，学会自我排解，必要时可以向身边人寻求帮助。如果遇到他人发泄不良情绪，要学会规避和疏导并具有自我保护的能力，力争不受外界影响，共同建构和谐安全的生存环境。

3. 死亡教育——热爱生命教育

生死是人生大事，在死亡面前一切都是微不足道的，死亡是每个人都无法逃避的问题，历代热爱生命的人们都保持着向死而生的人生态度。受传统思想的影响，很多人忌讳谈论死亡，实际上生命教育最不可回避的反而就是"死亡教育"。法国作家蒙田说："谁教会人死亡，谁就教会人生活。""死亡教育"能够让人们更加敬畏生命、珍惜生命。伊壁鸠鲁在讨论生与死这一问题时，认为我们存在的时候，死就不存在；当死存在的时候，我们就不存在。一是要引导学生正确认识死亡。我们只有认识它、正视它，才能使我们自己以一种轻松的心态投入生活之中，才能在有限的生命时间内去追求无限的超越。生命是有限的，在有限的生命里如何实现人生价值的升华是生命价值真谛。二是要引导学生体验死亡。死亡本身是不能被死者所体验到的，但我们可以从自己的病痛中部分地体验死亡，可以从别人的死亡中去体验死亡，在一切自然物的消逝中体验死亡。通过死的现象去感悟死的意义、悲壮，去诠释生的伟大、神奇，从而培养人的悲悯情怀和热爱生命的意识。三是要树立超越死亡的意识。在死亡没有到来之前，认认真真地活好人生的每一天，做好人生的每一件事情，以自己真实的生命存在藐视死亡的威胁，以自己丰富的人生意义克服死亡的恐惧，以自己辉煌的人生成就超越死亡的毁灭。只有笑看人生无常，静对生命喜乐，才能以一种乐观、豁达、开阔的心态超越生命的死亡，实现有限人生中的无限生命价值。以人生成就超越死亡的毁灭，正确看待生死、不畏惧死亡，以乐观豁达的人生态度热爱人生。

（二）绿色生命关系教育

如果说绿色生命知识的教育主要针对自然性生命，那么绿色生命关系的教育主要针对社会性生命。马克思说"人的本质是一切社会关系的总和"，人的社会属性和人的自然属性一样，都是人固有的特征，所以人是社会性的存在。每个人的社会性的存在为他人构建了生存的社会环境。生命是一个矛盾统一体，作为矛盾统一体的生命，要实现整体的和谐，需要处理好以个人为原点，向外逐层辐射的自我、他人、社会和自然的关系，人与自我、他人、社会和自然的和谐关系构成了个体生命和类生命的完整性。个人与自我应该是统一的，其关系体现于"修"；个人与他人是平等的，其关系体现于"爱"；个人与社会是休戚与共的，其关系体现于"治"；自然是神秘的，个人与自然的关系体现于"敬"。

1. 社会生命之认知——皈依生命教育

人的本质是一切社会关系的总和。生命与生命相互联结构成了或大或小的关系网络，这些网络的动态组合构成了家庭、社会组织、国家等人们赖以生存的社会支持力量。生命必须面对和参与到社会关系网络中来，在各种社会关系网络中获得向上发展的力量。社会关系网络能够提供一个安全有幸福感的社会环境，这里不仅是生命之间互相依存的关系，更是生命之间的责任与义务。要求每个人学会与他人和谐相处，尊重他人。绿色生命教育要引导人们理解个体生命与他人、家庭、国家之间的双向的权利与义务关系，在为他人、社会、国家的付出和贡献中提升个体生命的意义，为生命找到得以安身立命的精神家园。

2. 生命情感教育——关爱生命教育

生命在生命网络中获得社会性发展，但生命交往的基本方式还是生命对生命的交往。我们交往的对象、教育的对象是活生生的生命，而不是没有生命和情感的物或工具。生命与生命的交往是人化的，而非物化的。然而，当今工具理性和物质主义支配下的人际交往已从"人-人"方式让位于"人-物-人"的方式，造成人与人关系的异化，生命之间缺乏真诚的沟通和交流，人的心灵倍感孤独。在教育领域则体现为无"人"的教育或非"人"的教育现象。绿色生命教育就是要批判这种无视生命存在的教育现象，用生命和以生命的方式对生命进行教育，即"用生命去温暖生命，用生命去呵护生命，用生命去撞击生命，用生命去滋润生命，用生命去灿烂生命"。[①]绿色生命教育必然要关注教育主体和教育对象的生命感受和情感体验，给生命的成长以爱的呵护，体现了教育关爱情怀和人文色彩。

（三）绿色生命价值教育

价值既有其客观的存在形式，又有其主观的反映形式。生命价值教育是绿色生命

---

①　肖川. 教育的信念与理想 [M]. 长沙：岳麓书社，2002：253.

教育最核心的部分，它体现了教育之于生命的超越价值。生命是价值性的存在，生命的最高形态就是它的价值形态。绿色生命价值教育就是引导人们体认生命意义、探讨人生价值、实现人生超越的过程。生命教育首先建立在对生命内在价值的剖析上。

1. 生命存在的价值教育

人的生命作为一种特殊的存在，这种存在本身就具有一定的价值。这是由人的生命特性决定的。客观存在着的东西，其存在与否同其是否有价值是两回事，对人来说未必都是有价值的。但人的生命存在本身就是有价值的，因为所有的价值关系都是以人的生命存在为基础建立起来的，人的生命存在是一切价值关系存在的基础和依托。只有生命存在，人才可能去追求人生价值。只有生命存在，一切物质才有意义，谈价值才有意义。当主体有需求产生，客体能够满足特定需求，这就是价值的意义，如果主体消失也就不存在价值了。对个体来说，生命是价值的根本。从社会价值角度分析，个体价值是社会价值的组成部分。马克思认为人类历史的首要前提就是生命。我们分析一个国家的发展情况，人口数量变化是重要指标。人口不断增加，国家发展才有动力；人口持续减少，国家则容易出现危机。可见人兴则国兴，人衰则国危。健全的人的生命存在，是任何一个社会存在和发展的最根本的资源。生命是每个人最基本的权利，不应当被剥夺和侵犯，无论是个人还是社会都应当尊重人的生命权。如果生命价值不被认可，那么人的一切价值就不存在了。尊重人的生命价值，否则就是对人基本人格和尊严的蔑视。生命存在的价值教育在于每一个人要尊重自己的生命，活好每一天，努力实现自己的人生价值。

2. 生命延续的价值教育

生命的延续是指人的生命的自然连续存在，是人自身生命的生产和再生产。对个体来说，就是人的生命的维持和繁衍。对社会而言，就是种的繁衍和维持。就生命延续的个体价值而言，它不同于生命存在的价值，它关系到个人的寿命长度，与此同时和每个人在生命存在时创造的价值有关，生命延续的价值是存在个体间差异的。把生命延续的价值归结为个人寿命的长短，是对生命延续价值的误解，没有真正认识到生命延续价值的含义。生命存在价值和延续价值之间的差别体现在：生命存在价值是人格价值的体现，生命延续价值是人的劳动价值或创造价值的体现。也就是说一个人创造的价值越多，他的生命延续价值就越大，创造的价值越小，其生命延续的价值就小，可见生命延续价值与该生命持续期间创造的价值成正比。不以个人存在为基础创造价值，就无法真正体现其生命延续的价值。从生命延续的社会价值看，人类生命延续的社会价值是人类生产活动对社会发展的推动作用。人类生命的延续是社会历史活动存在的基础，否则社会历史的延续和发展都是不存在的。生命延续的价值教育在于通过个人的努力，创造更多的社会财富和精神财富以实现生命延续的价值。

■四、大学生绿色生命教育策略

（一）多学科渗透生命教育

生命教育是关于生命的教育，是对人这一复杂个体的认识。教育内容涉及学校各个学科领域，如科学、品德与生活、品德与社会、体育等学科。各高校要在各学科的教学中增强生命教育意识，挖掘显性和隐含的生命教育内容，分层次、分阶段，适时、适量、适度地对学生进行生动活泼的生命教育。新医科、新工科等是生命教育中的隐性课程，这些课程专业性强、内容深奥，与生命教育存在一定联系，教师在教学过程中要引导学生认识生命、敬畏生命，充分使用与学生息息相关的事例展开教学活动，通过多元化的教学手段提高生命教育活动的质量和效率。

（二）开展专题生命教育

生命教育要充分利用青春期教育、心理教育、安全教育、健康教育、环境教育、禁毒和预防艾滋病教育等专题教育形式，开展灵活、有效、多样的生命教育活动。生命教育要使用丰富多彩、灵活的教育形式，比如说开展安全教育、禁毒宣传等主题的教育活动。从学生的兴趣爱好和现阶段社会关注度高的问题入手，结合专业的生命教育知识，将生命教育渗透到各个学科、各个专业中，最终关联起来构建成系统的知识体系。开展专题生命教育的同时要多宣传人与自然、人与家庭、人与社会和谐相处的内容，让学生理解生命之间存在的差异，尊重生命，热爱生活，懂得自我保护，感悟生命价值，树立正确的人生观、价值观。开展生命教育的同时，对学生进行挫折教育、逆境教育、死亡教育，帮助学生树立正确的人生态度：人生须认真、人生应务实、人生要乐观、人生应进取。

（三）开展综合实践活动

实践是检验真理的唯一标准，对学生进行生命教育不能局限在书本上，综合实践活动是开展生命教育的有效举措。要注意围绕学生的身边问题，让学生通过行动研究来解决，提高学生综合分析和解决问题的能力。学校要充分利用各级各类教育基地、公共文化设施开展生命教育活动，拓展学生的生活技能训练和体验。在动物园、植物园、自然博物馆、绿地和农村劳动中，让学生感受自然生态保护和休闲对促进个人身心健康的重要性；通过对与人生老病死有关场所的了解，引导学生理解生与死的意义，珍爱生活，关心他人；通过情景模拟、角色体验、实地训练、志愿服务等形式，培养学生在遇到突发灾难时的人道主义救助精神。要积极引导家长参与家庭生活指导，通过亲子关系沟通、学生身心保健等方面的服务，帮助家长掌握家庭管理和人际沟通的知识与技能，提升家庭情趣，营造健康和谐的家庭氛围。要充分利用社区生命教育资源，发挥社区学院、社区老年大学的作用，宣传科学的生活方式，引导家长开展亲子考察等实践活动。学校的班团队活动、节日纪念日活动、仪式活动、兴趣小组活动也可以结合学生现实需求，在了解学生需要的基础上，组织和安排生命教育主题活动，使学生在情景式生命教育活动过程中感悟生命的价值。

第五节　新时代大学生绿色劳动教育

■一、绿色劳动

劳动光荣，劳动伟大。劳动是劳动者消耗脑力或体力创造物质财富或精神财富的实践活动。从个人角度看，劳动是人民取得收入、获得生存的谋生手段；从国家角度看，劳动创造了物质财富和精神财富，是人类文明进步发展的源泉。

劳动是劳动者使用劳动工具作用于劳动对象，从而使劳动对象变换为人们赖以生存的财富的过程。工业化社会快速发展，一方面，人们以物质利益为导向，侧重于劳动生产率的提高与社会效益的增加；另一方面，劳动使人与自身相异化，劳动评价标准过于单一，很少从可持续、易循环、重质量角度考虑劳动价值，绿色劳动的重要性尚未突显。绿色劳动指在人类用以改造自然的劳动过程中创建一种和谐的劳动关系，创建一种人与自然良性循环、人与人良性互动的生态劳动。

当前，为适应低碳生产模式，绿色劳动正在突破绿色产业的劳动定义，应用于高质量的产业发展中，成为未来人才必备的专业技能，成为当代国际竞争中必不可缺的一环。人类在改造自然和创造财富的劳动过程处于一种人与自然良性循环的状态，既保护生产力又发展生产力，使人类劳动状态符合"人"这个物种的生态要求。绿色劳动是劳动性质和劳动关系实现绿色生态化，以劳动者可持续发展为核心，肯定劳动者的主体地位，满足劳动者的多层次需求，尊重人的本质，关注人的感受，在劳动的使用与管理中做到以人为本。以人为本是绿色劳动的本质，这样的劳动就是回归本原的劳动，就是绿色劳动。绿色劳动应具有以下三个层面的含义。

（一）自然性质的绿色劳动

保护劳动者健康权益是以人为本的突出要求。随着高新技术的发展与新兴技术的出现，劳动者对绿色工作环境的需求日益增加，能否提供一个舒适、健康的办公条件关系到劳动者的身体与心理健康。过往发展过程中一味追求经济效益，忽略了劳动者的健康权益，造成种种工伤、高危职业病的代价，违背了绿色劳动的初衷，难以形成可持续发展的绿色劳动理念。

（二）社会性质的绿色劳动

劳动是人类社会生存和发展的基础，是一切价值创造的源泉。劳动光荣、创造伟大是对人类文明进步规律的重要诠释。尽管推动社会发展具有众多要素，包括科学、技术、劳动、资本，但最根本的还是人类劳动。国家强盛、民族繁荣、人民幸福离不开劳动，实现中华民族伟大复兴必须依靠一代又一代中华儿女辛勤劳动所创造的物质财富和精神财富。唯物史观强调，人民群众是历史的创造者，而人民群众的劳动更是实现个人价值与社会价值的决定力量。尊重劳动就是尊重人民群众主体地位与首创精神，我们要大力弘扬劳动光荣的社会风气，让全体人民进一步焕发劳动热情、释放创造潜能，通过劳动创造更加美好的生活。

（三）过程延伸的绿色劳动

人类的消费活动从其客观目的来说，并不是为了主观的享受，而是为了满足劳动者个人需要与家庭需要。消费活动是为劳动服务的，是劳动的前提和基础。人类不但能享受生活，还可以享受劳动，既能享受劳动成果，也可享受劳动过程。从人的社会生活循环角度看，劳动的人享有保障，社会保障体系既保障当前生活，同时使劳动者对未来生活充满信心。

■二、绿色劳动的思想渊源

（一）亚当·斯密和谐增长理论

斯密在《国富论》中开创性地指出，增进国民财富的关键不是以牺牲他国利益为代价通过对外贸易获取金银，而是在于生产和交换。斯密倡导"天赋自由"的原理，主张劳动、资本、货币等要素自由流动，按照要素所有者的意愿在市场引导下各自发挥其作用，共同增进社会利益，创造普遍繁荣。

经济自由不仅会实现更好的物质生活，而且还是基本的人权。"禁止人民大众制造他们所能制造的全部物品，不能按照自己的判断，把自己的资财与劳动投在自己认为最有利的用途上，这显然是侵犯了最神圣的人权。"①斯密将劳动者与资本所有者放在同等地位上，认为劳动者的就业自由和自由劳动与资本所有者的投资决策一样，都是基本的人权，不应受到束缚。从中我们可以看出，斯密所设想的劳动与资本的利益和谐存在于一个理想化的社会中，但在这里仍然能够清楚地看到斯密对人的自由劳动权是相当重视的，提到了"最神圣的"和"基本人权"的高度。

（二）马克思主义劳动是人的第一需要理论

马克思主义经济学指出，社会生产总过程包括生产、分配、交换和消费四大环节，其中生产起决定作用。生产的顺利进行又必须依赖于物的要素和人的要素，其中人的要素又是主导性要素。恩格斯说："生产过程、劳动过程有一个主动的源泉，有一个整个运动的原因，就是劳动力。"②就人本身的发展而言，政治经济学重视强调劳动的重要意义。恩格斯这样写道："劳动和自然界在一起才是一切财富的源泉，自然界为劳动提供材料，劳动把材料变为财富。但是劳动还远远不止如此。它是整个人类生活的第一个基本条件，而且达到这样的程度，以致我们在某种意义上不得不说：劳动创造了人本身。"生产劳动是人类赖以生存和发展的基础，是人类最基本的实践活动。随着大机器和劳动工具不断推陈出新，马克思不禁感慨道："资产阶级在它的不到一百年的阶级统治中所创造的生产力，比过去一切世代创造的全部生产力还要多，还要大。"③马克思一针见血地指出私有制是阻碍人的全面发展的罪魁祸首，其所导致的畸形"异化劳动"使人陷入了对物的依赖中，异化劳动又催生了异化的人，工人受到肉体摧残和精神压制，丧失自我本质。劳动的异化是受一定生产关系制约的历史现象，并非永恒存在。回归自由的劳动，是人类社会应当有的状态，是必须追求的境界。

按照政治经济学的解释，社会主义生产目的是最大限度地满足广大人民日益增长的物质文化需要。简言之，是为了人民群众的利益，这与绿色劳动的本质是一致的。作为财富创造手段的生产过程、劳动过程，要求对劳动者本身是健康的、适度的。

（三）西方人本主义人的尊严和价值理念

欧洲14世纪兴起的文艺复运动，它关注"人"、关注人的自由与人性解放。西方人本主义与文艺复兴运动关注人性解放的思想一脉相承，现代人本主义由于坚持了对人

① 亚当·斯密.国富论[M].唐日松，译.北京：华夏出版社，2005.
② 马克思恩格斯全集：第十三卷[M].北京：人民出版社，1971：8-9.
③ 马克思恩格斯全集：第一卷[M].北京：人民出版社，1995：277.

的主体性的重视，成为西方现代哲学及文化思潮中的主旋律之一。现代人本观念主张以人为中心，把人看作万物的尺度，强调个人的尊严和价值、个人的行动和创造以及个人的自由。现代人本主义思潮中影响最大的流派是存在主义，其代表人物萨特在其著作《存在与虚无》中指出，万物尽管存在着，但它们意识不到自己的存在，因而不是真正的存在。只有人才认识到自己存在，并且能揭示万物的存在，因而人的存在才是真正的存在。存在主义者要求将人的本质还原到个人本身。

（四）现代经济人力资本和社会福利理论

20世纪60年代美国经济学家舒尔茨适时引进人力资本这个重要的生产要素来解释"剩余增长"的来源，从而创造性地弥补了以劳动同质性为基础的传统经济理论无法充分解释经济发展动力的重大缺陷。

现代人力资本理论认为，人的知识、技能、健康等人力资本的提高对经济增长的贡献远比物质资本的贡献重要得多，而知识、技能、健康等人力资本的获得是教育投资、培训投资、医疗保健投资的结果。这些人力资本投资的收益率明显高于物质资本投资，因而重视和加强人力资本投资、提高劳动力质量便成为经济发展的关键所在。舒尔茨强调了个人在经济活动中的主体性和主动性，也蕴含了个人收入分配公平的原则和宗旨。舒尔茨延续和发展了亚当·斯密的"自由要素"学说，他的人力资本理论与绿色劳动、健康劳动的思想内涵具有高度的契合性。舒尔茨论证了保证人的福利的决定性因素是对人力和知识的投资。他研究的结论是："改善穷人福利的决定性的要素不是空间、能源和耕地，而是人口质量的提高和知识的进步。"[①]该理论为党的人才政策提供了理论指导，为新时代的工资政策提供理论依据。

（五）体面劳动思想

劳动是生存之基、发展之本、幸福之源，是创造个人美好生活的必要条件。尊重劳动是以人为本的要求，也是尊重和保障人权的重要内容。1999年6月，国际劳工组织在第87届国际劳工大会上首次提出了体面劳动这一概念：体面劳动意味着劳动是保证劳动者在自由、公正、安全和有尊严的条件下工作。体面劳动要保护劳动者的工作安全与劳动卫生，实现劳动的权利，对劳工阶层提供经济帮助，劳动者有权参与经济管理活动，分享自己劳动创造的财富。

体面劳动的本质含义反映着一种广义的社会劳动关系，而这种劳动关系并非一种纯粹的经济利益关系，它是一种反映了组织内部与外部、组织与员工之间所体现的劳

---

① 西奥多·W.舒尔茨.论人力资本投资[M].吴珠华，等，译.北京：北京经济学院出版社，1990：40.

动权益、劳动者尊严和社会保护的文化，体现的是社会文明的发展进步。要实现社会的体面劳动，不仅要在保护劳动者权益、体现劳动者的价值、创造劳动工作环境等有关体面劳动的氛围方面下功夫，也要在打造"德才"兼备的劳动者队伍，提高劳动者素质上做文章。没有和谐的社会基础就不可能体现出"体面劳动"的社会价值；一个企业或组织没有和谐的劳动关系就难以实现"体面劳动"。体面劳动体现了对劳动者的充分尊重与人权的保障，劳动者素质高低决定了"体面劳动"所体现的社会认可度和价值。要健全以职工代表大会为基本形式的企事业单位民主管理制度、厂务公开制度，反对工作歧视与职场霸凌，使广大劳动群众的知情权、参与权、表达权、监督权得到更充分更有效的保障。要切实发展和谐劳动关系，营造良好的劳动氛围，建立健全劳动关系协调机制，完善劳动保护机制，在劳动过程中有机会获得休息权、社会保障权和物质帮助权，让广大劳动群众有人格尊严。体面劳动蕴含绿色劳动的丰富内涵，与绿色劳动本质具有高度的契合性。

■三、绿色劳动价值

（一）绿色劳动的自然生态价值

自然生态价值是绿色劳动的本源内涵，是派生其社会生态价值的基础。绿色劳动是在人类用以改造自然的劳动过程中创建的一种和谐的劳动关系，运用绿色技能实现自然生态环境可持续发展，创建一种人与自然良性循环的过程。绿色劳动意味着人们在利用自然、改造自然的过程中贯彻新发展理念，以习近平生态文明思想指引劳动实践，杜绝高耗能、高污染、高排放的低质量发展，大力发展资源节约型和环境友好型的劳动方式，维护自然生态的可持续性发展，在改善生态环境的过程中发展生产力，实现劳动与自然相和谐。

（二）绿色劳动的社会生态价值

社会生态价值是绿色劳动核心要义，旨在建立劳动和人之间的双向和谐。随着社会主要矛盾的变化，一方面，劳动对于人而言不再是单方面的谋生工具，而是满足人自由而全面发展的多维手段；另一方面，劳动不应剥削损害人，而应有益于从事工作主体的身心健康，使其社会价值得到彰显。绿色劳动的社会生态价值是由绿色经济的社会生态价值决定的。生态社会不仅是人与自然之间良性循环的社会，而且是具有社会性含义，强调人类社会的稳定、公平、和谐与可持续发展的社会，生态社会必然要有绿色的劳动。在资本主义经济发展过程中，劳动和劳动者异化不仅毁坏了自然环境，也破坏了从事劳动的人自身。绿色劳动的社会生态价值则表现为：优化劳动者就业选择，积累健康劳动力资本，打造绿色就业发展路径，同社会可持续发展相匹配，推进碳达峰碳中和目标实现，构建一个清洁美丽的世界。

■四、大学生绿色劳动教育内容

（一）劳动价值观教育

世界观决定方法论，劳动价值观是影响一个人劳动行为的核心因素。劳动价值观在整个劳动素养中占据主导地位，深刻影响着其他层次的劳动素养。正确的劳动价值观是劳动指导实践行为成功的关键因素。劳动的过程不是一劳永逸的享受过程，而是全面提升劳动者素质、塑造劳动者健全人格的过程。只有符合社会主义的劳动价值观才是最持久、最基本、最深沉的力量。

劳动价值观是指人们对劳动价值的主观体验和情感判断，是人们对劳动的根本观点和对参与劳动的基本看法，主要包括个人对劳动的价值评估、参与劳动的目的、劳动技能熟练程度以及培育劳动精神等内容的价值取向。劳动价值观教育是通过劳动教育帮助大学生端正劳动态度，加强主动劳动意识的培养，直面劳动的重要性，坚定劳动信念，尊重一切劳动者与劳动成果，转变市场经济影响下的安于享受、娇生惯养、不劳而获的错误观念。劳动价值观教育可以纠正大学生对于劳动的错误认知，使其形成尊重劳动、崇尚劳动、热爱劳动的劳动品格，树立正确的劳动价值观，在劳动中增长才干、坚定意志，成为合格的社会主义建设者与接班人。

（二）劳动知识和技能教育

绿色劳动意味着劳动人本化，劳动人本化中的"人"应当指具有劳动知识和技能、愿意而且能够参与市场性劳动的劳动者。当前，绿色化职位的人才供给数量不足，难以满足绿色经济发展对人才的需求量。大力培育具有绿色技能与知识储备的可持续发展人才是高校教育发展的风向标。劳动知识技能的形成受劳动价值观和劳动情感品质素养的影响，并对劳动实践习惯产生影响。劳动知识技能教育主要涉及日常劳动知识技能和专业劳动知识技能两个方面。日常劳动看似简单，但现实中许多学生主动劳动意识淡薄，并不具备系统的日常生活劳动知识技能。通过科学系统规范的日常生活劳动知识技能培训，一方面可以提高学生自我独立生活能力，使其感受到科学劳动魅力；另一方面，能为其专业劳动素养的提升发挥良好的基础铺垫作用。劳动知识技能是学生绿色就业的基本要求，劳动知识技能教育是影响学生就业的主要因素，当前一部分

大学生就业困难，不能实现绿色就业，根本原因在于绿色劳动知识、绿色劳动技能存在欠缺。劳动知识技能教育是绿色劳动的基础和前提，是学生实现体面劳动的基本要求。

（三）劳动安全观教育

绿色劳动是人们在劳动过程中劳动条件符合国家劳动安全卫生标准，是个人美好生活的前提与基础，是落实国家总体安全观的重要体现。劳动安全是指在家庭劳动、勤工助学、实习实训、实验活动、志愿服务等过程中防止发生人身伤害和财产损失。劳动安全教育是大学生绿色劳动教育的主要内容，传授给学生劳动安全知识，学习安全生产的作业标准，在劳动过程中做好个人安全防卫，避免劳动给自己身心造成伤害。提高大学生安全文化素质，树立"安全就是财富的观念、安全就是道德的观念、安全就是技能的观念"，对于学生今后的绿色劳动具有重大的实践指导作用。

■五、大学生绿色劳动教育方法

（一）实事求是方法

实事求是方法是哲学认识论中的重要方法，是认识主体从客观实际出发，如实反映客体的全部特征，最终获得真理性认识的方法。大学生绿色劳动教育要立足中国式现代化基本国情，客观分析当前国家劳动教育发展现状，积极思考绿色劳动对国家、社会、家庭、个人的意义。首先，在观念层面，充分掌握大学生对劳动的基本态度。纠正"学而优则仕""劳心者治人、劳力者治于人"等传统思想观念，树立劳动最光荣、劳动最伟大的正确观念。其次，在现实层面，不能让绿色劳动仅仅停留在情感体验层面，更要注重劳动教育的实践与收获，要知其然更知其所以然。高等学校要将劳动教育纳入专业人才培养方案，在已有课程中专设劳动教育模块或专门开设劳动专题教育必修课。坚持从客观存在的事实出发，直面劳动教育困境，远离功利化、机械化的劳动教育，对劳动教育理念、内容和方法等进行全面反思，列出劳动教育清单，针对不同阶段的学生因材施教，不断探究中国劳动教育变革的方针、政策、办法，以提升大学生绿色劳动素养。

（二）普遍联系的方法

马克思主义哲学认为，整个世界是一个相互联系的统一整体。这一原理要求我们要用联系的观点观察认识世界，从整体上发现事物之间的客观关联性，揭示事物之间的相互影响、相互制约的关系。绿色劳动是多元复合的系统，一是将劳动教育与个人成长相联系。学习是一种劳动，教育学生形成良好的学习习惯，学习是学生升学、就业的试金石，认真学好各种知识技能才能在将来担负起艰巨的建设任务。同时劳动教育是个人获得生存技能、拥有自立能力的重要途径。无论是脱离教育的生产劳动，还是脱离劳动的生产教育，都是片面的。通过接受劳动教育，学生可以获取实用性的劳动技能，进而提高个人劳动效率，增加薪资待遇，提升个人家庭生活水平。二是将劳动教育与国家前途命运相联系。大学生绿色劳动教育目的在于培养掌握绿色技能、弥补旧分工的缺陷，培养满足经济高质量发展需求的时代新人。绿色劳动教育契合时代发展需要，着力培养可持续技能人才，塑造高素质的劳动者，进而提升国家的现代工业化水平，推动民族复兴大业。三是劳动教育与市场需求相联系。绿色劳动教育坚持以社会需要为立足点和出发点开展劳动教育，注重强调劳动教育与社会需求之间的联系。坚持社会需求导向，要求高校根据市场需要开设一些紧缺专业，为社会输送专业技术人才，这也是解决大学生就业难的有效办法之一，是高校绿色教育的本质要求。

（三）矛盾分析方法

矛盾分析方法是唯物辩证法的根本方法。唯物辩证法认为，世界是矛盾的统一体。问题是事物突出的矛盾，为了认清客观世界，主体需要发挥主观能动性，坚持问题导向，分清主次，有针对性地分析解决现实矛盾。

绿色劳动教育运用矛盾分析法，科学分析大学生绿色劳动教育现状，聚焦劳动自然生态价值和社会生态价值中存在问题的根源，提出相关的解决办法。一是从纠正劳动价值观入手。"一屋不扫，何以扫天下"，正确的劳动观对个人成长具有重要价值。轻视劳动是大学生存在的一种普遍现象，引导学生尊重劳动成果、营造良好的劳动氛围。坚持守正创新，以绿色劳动原则衡量人，推崇以劳动的价值、能力衡量劳动者个人价值，创新公平多元的社会评价体系，提升劳动者的社会地位。二是将解决个人发展问题作为劳动教育的重要突破口。绿色劳动教育的首要目标是帮助学生获得劳动技能，满足个人基本生存发展需要。当前一部分大学生就业准备不足，职业生涯模糊，众多大学生对职业所需的绿色意识还很淡薄，他们往往对自己的职业理想、职业选择、社会发展需求、职业生涯发展方向、路径没有一个比较全面、客观、合理的定位，很难确定自己职业生涯发展的相应位置，导致就业困难。绿色劳动教育就是要培养学生基本的劳动观念、劳动知识与技能，为学生体面劳动做好准备。

（四）守正创新方法

高校绿色教育要运用好"守正创新"这一马克思主义认识世界和改造世界的方法来

指导绿色劳动教学实践。绿色劳动教育过程中要准确把握变与不变、继承与发展的关系，不断推动劳动教育高质量发展。面对"两个大局"，绿色劳动教育主动求变，在劳动技能欠缺问题上采用创新性、突显时代性的教育策略。聚焦"培养什么人，怎样培养人，为谁培养人"时代课题，坚守教育的基本原则，遵循教育发展的规律，帮助学生树立正确的劳动价值观，具备完备的劳动技能。绿色劳动守正创新，守劳动育人内容之正，创劳动育人方法之新。首先，重视生活劳动教育。从培养学生劳动意识入手，将劳动教育贯穿于学生日常校园活动中。学生宿舍、教室等场所的卫生清洁工作均由学生负责，学生采取轮流值日的方式，学会基本生活自我管理。同时，家长要让学生学会做饭、洗衣、铺床等基本生活技能，激发学生对劳动的兴趣，体会劳动的快乐，养成自觉劳动的好习惯。其次，重视社会劳动教育。通过劳动教育助推学生顺利完成社会化过程，积极引导学生处理好个人与社会的关系。在教学中，教育学生主动关注社会发展，承担社会责任。带领学生参加绿色主题的公益劳动，参与生态环境保护与修复的劳动，以实际行动回馈社会，在服务社会中实现个人的社会价值。最后，创新绿色劳动教育方法。劳动素质和劳动技能是衡量劳动效果的关键因素，也是体现劳动创造性的价值内核所在。绿色劳动教育改变传统课堂理论说教的形式，大学生要敢于通过劳动实践，发扬工匠精神，理论与实践相结合，做知行合一的实干家，将理论自觉运用于实践，在实践中锤炼本领，增长才干，以过硬的劳动本领服务国家、奉献人民、造福社会。

第六节　新时代大学生绿色创业教育

■一、绿色创业

创业，成为当今中国最为热议的时代话题，成为当今中国最为闪亮的时代词语，成为当今中国最有活力的时代特征。大众创业，万众创新，是中国经济的新引擎。对个体而言，创业是实现个人就业的方式，也是实现个人理想的一条途径；就社会而言，创业是激活社会创造活动的重要源泉。

（一）绿色创业缘起

理论是行动的先导。生态生产力理论打破了传统生产力反自然、反生态的生产观念，要求人们在生产实践中尊重自然、保护自然，逐步树立人与自然和谐发展的生产理念。生态生产力理论表明："生态活动"能够为企业可持续发展和获取丰厚利润提供新可能，绿色创业研究始于生态生产力。"绿色创业"这一概念最早是由美国学者奎恩（Quinn）教授在 1971 年提出。[①] 绿色创业是个人的创业活动和人与自然和谐发展相互融合的产物，是基于新发展理念的一种重要创业模式，是创业领域的一个全新的研究方向。20 世纪 90 年代中后期，随着生态价值观的形成和绿色市场的出现，绿色战略和绿色竞争并不会成为企业的负担，还会为企业提供发展机会。绿色创业概念正是在这样的背景下应运而生。绿色创业的兴起受到内外两股力量的驱动，是创业者基于个体、社会和经济环境做出的综合选择。

1. 外部力量

创业是一种经济活动，创业项目跟市场有密切的关系。绿色创业受到市场环境、市场需求、制度法规以及消费者价值观的影响。资源稀缺和人口增长的矛盾激发生态保护者的可持续发展意识从而进行绿色创业，政府环保政策、绿色金融产业政策和排污制度的出台迫使企业转变发展方式进行绿色发展，选择绿色创业；绿色产品或服务的需求缺口和利润空间、消费者的绿色产品消费能力和意识、绿色创业者的榜样作用都影响创业者的绿色创业行为。

2. 内部力量

内部力量源自创业者的个人素养，包括创业者自身的生态价值观和伦理道德、环境创新的能力和意识、社会责任感、创业技能和管理技能等。内部力量可细分为推动力量和拉动力量。推动力量是指创业者基于自身工作发展不理想和家庭因素选择绿色创业；拉动力量是指创业者对绿色产品或服务的空白市场的敏感度、自身的风险偏好等因素。

（二）绿色创业内涵

1. 创业概念

什么是创业？相信大多数人给出的答案都是开创一家新的企业，想到的是像董明珠、雷军、比尔·盖茨、乔布斯这样的企业家创办的伟大企业。但是，创业真的只是创办新企业吗？可谓仁者见仁，智者见智。

关于创业的概念，目前主要有以下几种学说：

（1）机会价值说。创业是识别并捕捉商业机会，从而实现潜在价值及创造价值的过程。

---

① 　QUINN J B. Next big industry：Environmental improvement[J]. Harvard Business Review，1971，47（5）：120–131.

（2）核心要素说。创业是通过利用人力、资本机会、资源等要素来进行经营管理的活动。

（3）财富目的说。创业是通过开展商业活动进行有偿经营而实现盈利目的的经济活动。

（4）风险管理说。创业是一种高风险的创新活动，因此要合理地进行风险防范和管理从而规避和化解风险。

（5）组织创新说。创业是创建新企业、新团队，并通过组织创新而实现新业务的过程。

创业是一个充满魅力的词语，它给予人们追求财富、获得名望、实现理想的激情与冲动，也给予人们千辛万苦、披荆斩棘、酸甜苦辣之淬火与磨炼。创业是一种潮流，但创业绝非易事，只有对创业活动有着充分的认知，才能更好地实现人生的三大创业：项目创业、事业创业和人生创业。

我们认为，创业是一个通过捕捉机会和整合资源，创造出新的产品或提供某种服务，并通过市场创建企业、产业或组织，从而实现经济价值和社会价值的活动。

2. 绿色创业的内涵

关于绿色创业的具体内涵，人们更多的是从创业与环境保护的角度来理解，将创业理念和环境相联系，将创业与促进人与自然和谐发展相结合，以实现经济效益和生态效益共同发展为目标。作为一种全新的创业方式，绿色创业不同于传统创业。生产绿色产品或提供绿色服务被看作绿色创业与传统创业的主要区别。学者们不仅用"绿色创业"来概括这种活动，还用"低碳创业""环境创业""生态创业"等名词来描述不同形式的绿色创业。随着美丽中国建设的深入推进，绿色创业逐渐引起了政府、企业、社会和众多创业者的广泛关注。学者们从不同视角解读绿色创业的丰富内涵，尽管不同学者在绿色创业内涵的表述上有所差异，但是对绿色创业内容实质和价值意义的把握是基本一致的。

绿色创业是个人或者企业在政府政策支持引导下，基于盈利和环保双重目标，通过绿色管理和科技创新，承担一定风险进行新市场开拓，创造出符合市场需求和消费者需要的绿色产品或服务，最终实现经济和环境可持续发展的活动。在绿色创业过程中，贯彻新发展理念，融入创新元素，创造性开发绿色市场的同时还要承担企业的社会生态责任，提高生态环境质量，达成经济增长、社会发展、环境保护和创业者（企业）自身可持续性发展四重效应的共同实现。

（三）绿色创业类型

1.根据创业动机、绿色类型分类

结合绿色创业"绿色"和"创业"两个基本维度，以创业动机为纵向维度，以绿色类型为横向维度，可分为循规型绿色创业、突围型绿色创业、顺势型绿色创业、先导型绿色创业四种类型（图5-1）。

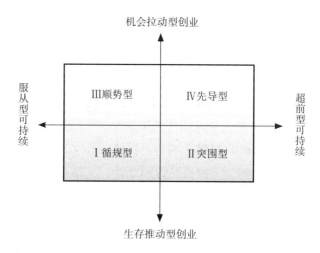

图5-1　创业动机、绿色类型视角下的绿色创业类型

（1）循规型绿色创业：这类创业者在绿色创业活动中对环境的敏感度较低，因为国家关于环境保护的法律法规越来越严格，为了求得生存，不得不将环境问题引入创业决策中，认为促进企业绿色发展会增加企业的成本投入。这是一种被动型创业，是基于国家产业政策而选择的创业类型。

（2）突围型绿色创业：这类创业者在创业或者经营过程中，迫于环境利益相关者的压力积极调整发展战略，根据市场需求研发差异化绿色产品，以满足预防环境污染、提高生态效率的要求，为自身创造生存和发展的机会。这是一种主动型创业，能较好适应市场变化带来的创业机会。

（3）顺势型绿色创业：这类创业者在绿色创业活动中对环境的敏感度较高，能够在顺应环境规范和规则的同时，运用新型的绿色技术去改善当前的环境问题，创造出迎合环境市场机会的新产品或新服务，大幅度提升企业的竞争优势。

（4）先导型绿色创业：这类创业者能够主动迎合外部环境机会，通过绿色创业对现有效率低的创业项目进行变革，利用公司优势积极实施可持续发展战略，成为行业的领头羊。

2.机会、创业环境视角下的绿色创业模型

（1）机会型绿色创业：该创业模型主要是基于绿色创新中识别和利用市场机会，具体包括充足型发展战略、效率型发展战略和永续型发展战略。

（2）环境型绿色创业：该创业模型主要是基于环境主义和企业发展的实质考虑，主要分为环境意识型创业和绿色导向型创业。环境意识型创业主要关注创业对环境的影响，环境指标是衡量创业活动的重要指标。绿色导向型创业以环境为中心兼具利润预期，作为衡量创业活动的重要指标。

（四）绿色创业的价值

1.绿色创业是建设美丽中国产业发展的新选择

党的十八大报告首次提出"推进绿色发展、循环发展、低碳发展"和"建设美丽中国"，并把"美丽"纳入社会主义现代化强国目标。[①] 在工业文明时代，科学技术的进步使得自然界不再具有以往的神秘和威力，自然中心主义被人类中心主义所取代。人类为了摄取更多的物质利益，无视自然发展规律，无节制掠夺自然资源，破坏地球生态系统的平衡，造成人与自然关系的异化。贫穷不是社会主义，污染也不是社会主义。中国特色社会主义进入新时代，环境污染和生态环境保护的严峻形势没有根本改变，转变经济发展方式，推进绿色低碳循环发展是美丽中国建设对产业发展的时代要求。我国经济发展过程中经济产出与能源消耗占世界主要资源的比重越来越高的数据表明，在人口规模巨大的中国要实现现代化，构建产业发展新格局，在经济发展过程中强调和追求经济运行中"质量"提升和"结构"优化是历史的必然选择。绿色创业在突破环境瓶颈与资源约束困境，促进经济高质量发展，推动社会可持续发展，建设美丽中国等方面发挥着重要作用，是实现人们对优美环境价值追求的新选择。

2.绿色创业是响应新质生产力发展的新方向

改革开放四十多年来，我国逐渐建立起规模庞大的制造业体系，高昂的资源价格和生态成本严重影响了"中国制造"的国际竞争力。新质生产力是创新起主导作用的生产力，摆脱传统经济增长方式、生产力发展路径，具有高科技、高效能、高质量特征，符合新发展理念的先进生产力质态。[②] 创新是新质生产力发展驱动要素，新时代无论是打开新思路的理念创新还是开辟新领域的科技创新都指向生态文明建设，从而使新质生产力呈现出生态属性。习近平指出，"发展新质生产力是推动高质量发展的内在要求

① 胡锦涛.坚定不移沿着中国特色社会主义道路前进　为全面建成小康社会而奋斗——在中国共产党第十八次全国代表大会上的报告》[N].人民日报，2012-11-09（01）.

② 习近平在中共中央政治局第十一次集体学习时强调加快发展新质生产力　扎实推进高质量发展 [N].人民日报，2024-02-02（01）.

和重要着力点，以全要素生产率大幅提升为核心标志"①。绿色创业是响应新质生产力发展的新方向，将绿色发展理念融入工业、农业、服务业全链条各环节，通过推行清洁生产、资源循环利用、使用低碳能源、促进绿色消费等方式，加快形成科技含量高、资源消耗低、环境污染少的产业结构，从而推动新质生产力价值实现能力的扩张。在创业实践过程中因地制宜发展新质生产力，一心一意谋发展，利用物联网技术对农田环境进行实时监测和管理，提高农作物的产出；利用数字化技术创新服务行业商业模式，使消费者获得更大选择权和满意度，以实现创业数字化、智能化、低碳化转化。

3.绿色创业是高校创业教育高质量发展新要求

创业教育是贯彻落实创新驱动发展战略、全面建成社会主义现代化强国的根本。创业教育高质量发展是新时代教育发展的内在要求。创业并不是教学生开公司、办企业，而是以培养具有企业家精神的创业者为其重要责任担当。绿色创业是以绿色发展为导向的创业活动，符合未来经济社会发展趋势。培育绿色创业型人才是新时代培育企业家精神的新使命。教育学生勇于参与绿色创业实践丰富了高校创业教育高质量发展的新内涵，创业者要带领企业秉承创新理念，坚定家国情怀，不忘创业初心，成为坚守生态底线、不越生态红线、不碰环境保护高压线的创业典范。秉持绿色创业价值理念，自觉以绿色生产、绿色营销、绿色管理和绿色生活为身份标志，在创业实践中发挥历史主动精神，成为新时代绿色的守护者、践行者。教育学生在创业项目的选择上与企业运营过程中，把生态效益放在首位，妥善处理好企业经济效益与社会生态效益的辩证关系，成为新时代构建新发展格局、建设现代化经济体系、推动高质量发展的生力军。

■二、绿色创业的理论基础

（一）关注社会民生福祉的生态观

马克思在《资本论》中指出，资本主义生产力的巨大发展不仅没有从根本上改变劳动人民的物质民生，而且还引发严重的生态民生问题。马克思认为，资本逻辑引发了资本主义严重的生态民生危机。改善民生是中国共产党立党为公、执政为民的重要体现。与资本主义制度不同，社会主义生产的目的不是资本的增值，而是满足人民群众的需要。

---

① 习近平在中共中央政治局第十一次集体学习时强调加快发展新质生产力　扎实推进高质量发展 [N]. 人民日报，2024-02-02（01）.

生态环境是关系党的使命宗旨的重大政治问题，也是关系民生的重大社会问题。[①]习近平生态文明思想中社会民生福祉的生态观表明："环境就是民生，青山就是美丽，蓝天也是幸福。"这些关于生态环境与民生福祉之间关系的重要论述，成为新时代创业实践的重要价值指向。生态环境关乎人的生命健康，关系人民群众的生活幸福。我国是社会主义国家，创业资本在社会主义现代化建设过程中功不可没。但创业资本在追求利润的过程中具有消极的一面，引发生态民生危机就是其中之一。创业实践应自觉坚持和践行节约资源和保护环境的基本国策。企业在经济发展过程中要树立正确的发展观和生态观，将生态环境保护作为企业发展的基本前提和关键要点，着力实现企业发展与生态环境保护互利共赢。在人类社会发展历程中，企业作为生产主力军，以盈利为目的获取大量社会财富，同时也造成资源的过度浪费和环境的严重破坏。绿色创业旨在解决企业发展过程中的这一突出问题，从民生福祉角度推进绿色创业，科学统筹生态建设和民生改善，始终坚持生态惠民、生态利民、生态为民，提供更多优质生态产品并主动承担保护环境和节约资源的生态责任。坚持马克思主义生态战略地位观，久久为功，持续增进生态环境这个最普惠的民生福祉，为子孙后代留下永续发展的绿水青山。

（二）遵循高质量发展的新质生产力发展观

生产力是人类改造自然和征服自然的能力，是推动社会进步的最活跃、最革命的要素。在《德意志意识形态》中，马克思从历史唯物主义角度提出了"生产力与交往形式的关系就是交往形式与个人的行动或活动的关系"，即生产力是人的活动，会受到社会和政治因素的影响。[②]马克思认为，在资本主义生产方式下，自然生产力受到破坏和摧残，因此需要寻找一种新的生产方式来保护和利用自然生产力，实现人与自然的和谐共生。习近平指出："绿色发展是高质量发展的底色，新质生产力本身就是绿色生产力。必须加快发展方式绿色转型，助于碳达峰碳中和。"在传统生产力阶段，经济增长主要依靠大量资源投入，高度消耗资源能源。随着我国经济发展进入新阶段，尤其是在迈入高质量发展阶段后，迫切需要摆脱对传统生产力的依赖。这时，以科技创新为主导的新型生产力即新质生产力便应运而生。

环境资源是人类劳动创造价值的重要因素，也是创业活动的内在要素。传统经济理论只考虑生产力中劳动力和资本两个要素，而新质生产力则关注到了智能技术、知

---

① 中共中央党史和文献研究院.习近平新时代中国特色社会主义思想专题摘编[N].北京：中央文献出版社，2023：373.

② 中共中央马克思恩格斯列宁斯大林著作编译局.德意志意识形态[M].北京：人民出版社，1961：135.

识管理、组织架构等更多新型因素。新质生产力中的新技术、新模式、新产业等元素，为社会主义的经济发展提供了新的动力和支撑。我国要赢得优势、赢得主动、赢得未来，就必须发展新质生产力，把科技创新作为发展的不竭动力。高质量发展为绿色创业提供了更具针对性的变革思路，要求从传统制造业向知识经济、服务经济和网络经济转变，带动产业结构升级，促进能源结构转型，提高能源利用效率，降低碳排放，体现了新时代新的生产力发展观。

（三）可持续发展的创业教育观

当今世界发展的不稳定性、不确定性因素突出，人类社会生存和发展遭受多重危机和挑战。面对地球的将来和人类的命运，我们需要重新思考传统生存型创业教育。可持续发展就是研究人类如何理性对待发展问题。1987 年世界环境与发展委员会发表的报告《我们共同的未来》指出可持续性发展就是"既满足当代人的需求，又不对后代人满足其自身需求的能力构成危害的发展"。[①] 改革开放以来我国经济高速发展过程中对自然资源过度开发，打破了人与自然之间代谢平衡，自然界中越来越多的生态危机和环境灾害用事实告诫和警醒人们必须平衡经济发展与生态环境的关系。绿色创业要求经济建设和社会发展要与自然承载能力相协调，经济社会发展的同时必须保护和改善地球生态环境，保证以可持续的方式使用自然资源和保护环境，使人类的发展控制在地球承载能力之内。如何实现经济、社会、环境的可持续发展成为当下绿色创业教育亟待解决的重要议题。加快构建绿色低碳循环发展的经济体系，推动产业和能源结构的调整优化，为高质量发展注入绿色低碳新动能。可持续创业可以应对和解决这些环境问题和社会挑战，尤其是在新兴国家和发展中国家，可持续性创业结合政治、商业和民间社会，调动新的资源，旨在进行结构改革，开展对社会和环境无害的经济活动。通过创新的商业模式，开发新的市场，创造新的收入来源。绿色创业教育打破传统的创业教育理念，通过传播可持续发展理念，摒弃原来创业单纯追求经济效益的做法，把科学技术元素融入创业实践，承担生态责任，生产更多更好的绿色产品，让创业实践回归绿色发展主题。

■三、大学生绿色创业

（一）大学生绿色创业内涵

绿色是时代的主题，绿色发展已成为当今社会一个重要的发展趋势。绿色创业作

---

① 姬镇海.生态文明论 [M].北京：人民出版社，2007：38.

为以绿色发展为导向的创业活动，在促进经济发展、环境保护及社会价值创造中发挥着重要作用。大学生绿色创业就是指高校大学生以绿色环保为主题，生产绿色产品或提供绿色服务的创业活动。绿色创业是当前大学生创业领域的新方向，开辟了大学生创业的新赛道，其内容主要包括：

1. 大学生是实践绿色创业的主体

新时代为大学生创业实践提供了广阔的舞台。大学生有青春活力，理论知识和专业技能扎实，视野开阔，环保意识强烈，创新意识浓厚，能够将绿色环保理念充分运用到具体实践中，为绿色创业注入强劲动能。

2. 大学生是实践绿色创业的开拓者

大学生具有很强的领悟力，自主学习知识能力强，善于接受新事物。思路活跃，创意新颖，能将所学的知识很快内化为能力，外化为创造。大学生要围绕绿色产业开展绿色创业，以高度的社会责任意识确保生产的产品或提供的服务不违背自然发展规律，满足减少环境污染和有效保护自然的要求，成为新时代绿色创业的主力军。

（二）大学生绿色创业角色

大学生绿色创业要有利于生态平衡和生态协调、有利于可持续发展，这是大学生绿色创业性质定位。创业项目选择基于人、自然和社会发展的平衡性、协调性、可持续性。

1. 产业结构调整的参与者

在创新、协调、绿色、开放、共享的新发展理念的指引下，我国坚持以创新为第一驱动力，持续打造经济高质量发展新动能；以资源环境承载力作为刚性约束，推动产业结构深度调整和转型升级；以加快区域协调发展为依托，优化产业空间布局，构建现代化产业体系。

大学生由传统创业领域转向绿色创业领域，绿色创业成为大学生创业的新方向。大学生绿色创业要与国家的产业政策相一致，综合考虑能源资源、环境容量、市场空间等因素。创业项目要大力发展战略性新兴产业，引导资源型产业有序发展，坚决遏制高耗能、高排放、低水平项目盲目发展，以更多的技术创新推动我国经济由粗放低效率式向集约高质量式发展，稳步推进产业合理布局。

2. 绿色生产方式的推动者

我国长期致力于构建绿色低碳循环发展的经济体系，大力推行科技含量高、资源消耗低、环境污染少、经济效益佳的绿色生产方式，系统推进清洁生产，统筹减污降碳，协同增效，实现经济社会发展和生态环境保护的协调统一。

随着社会的不断发展，高等教育提出了建设创业型大学的目标，从深化创业教育改革的角度，号召大学生积极投身绿色创业。大学生要成为绿色生产方式的推动者，在创业过程中要将绿色发展理念融入工业、农业、服务业全链条各环节，在创业中最大限度减少对环境的污染，提高资源利用率，切实将生产方式引导到更加注重质量和效益的绿色发展轨道上来。

■四、大学生绿色创业教育

新时代生态文明、绿色发展理念逐渐成为社会大众的共识，绿色创新创业教育也应运而生。绿色创业教育与实践是践行生态文明理念，走绿色发展道路的需要，是传统创新创业教育与"五位一体"总体布局中生态文明、绿色发展理念的有机融合，是新时代赋予高校教育的现实责任与社会担当，是新形势下推进创新创业教育改革与发展的新聚合点和长效路径。

（一）大学生绿色创业教育本质

绿色创业教育是由"绿色创业"和"教育"两个概念组成，是创新性地运用新发展理念指导创业教育的新实践，其本质是为经济社会可持续性发展和创业者自身的可持续性发展培养新时代的绿色人才。

我们可以从狭义与广义两个角度来理解大学生绿色创业教育的本质内涵。

从狭义上讲，绿色创业教育是指学生创业教育与绿色主题相关的教育活动，以创新创业为动力破解人类面临的环境、资源等重大难题，向学生灌输绿色理论，学生开公司办企业要紧扣绿色主题，生产的产品或提供的服务要符合国家绿色低碳政策要求，学生职业规划和自主创业重点关注社会可持续发展而不是单纯的经济价值。绿色创业教育回答"创什么业、怎样创业"的问题，重点讲授国家绿色发展政策、绿色发展市场需求、绿色生产行为、绿色生产技术、绿色制度保障、绿色就业等相关内容，培养学生创办绿色企业的技能，学生谋求自身绿色发展，成为绿色创业人才。

从广义上讲，绿色创业教育是指培养学生绿色责任意识、绿色价值观的教育活动，其重点在于培养个体的绿色创业精神，形成系统的绿色创新思维，侧重培养绿色创新型人才。[1]绿色创业教育并不是教学生开公司办企业，而是培养学生具有绿色发展意识，促使其在今后的就业创业实践中主动选择绿色有关的企业和活动，更好地承担社会绿色发展的责任与义务。

就其本质属性来说，绿色创业教育本质是一种培养人的社会活动，实现全员全程

---

① 韦联桂. 地方性高校绿色创新创业教育实践体系建构 [J]. 广西社会科学，2018（10）：218-220.

全方位育人，把学校、家庭、社会教育纳入绿色创业教育体系之中，重视创业价值观的融入，切实帮助创业者开拓视野、积累知识、提高能力进而贡献社会。绿色创业教育不仅仅局限于高校创业知识的教育，也不仅仅局限于高校创业师资，凡能够促进绿色创业教育发展的个体、机构以及团体等，都可以成为绿色创业教育的教育者。

就其特殊属性来看，绿色创业教育是创业教育新发展，开辟了创新创业教育的新模式，丰富了创新创业教育的新内容，其目的是培养具有环境保护价值观和自我生存能力的绿色创新型人才。绿色创业教育的特殊性表现在创业教育内容、形式、主体、客体、方式、方法、手段以及教育环境与传统商业教育的不同，运用绿色发展理念指导学生寻找市场机会、组建团队、构建商业模式，通过绿色项目满足人们绿色生产生活需要。绿色创业是绿色创业教育个体功能的重要体现，学生经过系统的创业知识技能教育与培训，在未来社会发展中把握住绿色创业的机会，使自己成为绿色创新型、创业型人才，从而实现绿色就业创业梦想以实现个体生存发展。

绿色创业教育是一种培养人的社会活动，是以绿色发展理念为指导，培养具有创新创业精神、社会责任感及绿色创业本领的一种新型创新创业教育模式。

（二）大学生绿色创业教育困境

1. 大学生绿色创业意识薄弱

我国大学生创业教育起步较晚，家长、社会、学校对大学生创业抱有不同程度的偏见，持大学生创业是不务正业观点的人也不在少数。大学生对创业概念的理解大部分还停留在开公司或办企业，主要从生存角度来理解创业。大学生就业困难，大学生为了生存被迫选择生存型创业，在创业项目的选择上主要集中在投资少、见效快的一些传统领域，从事技术含量低的批发零售、餐饮、复印打字、家政、教育培训、电子商务等小型、简单的微利个体经营。大学生创业意识薄弱，创业过程还没有完全顾及创业的生态目标，对绿色创业的概念比较模糊，进行绿色创业的意识便更为薄弱。学生出于生存压力，认为能带来盈利的创业项目就是好项目，忽视了创业的环境保护和可持续性发展，没有将环境保护与创业活动相结合，没有用绿色价值观指导自己去开发市场，创业的绿色意识明显不足。

2. 大学生缺乏绿色创业知识与能力

在知识经济时代，知识创业已成为新的创业模式。绿色创业因其兼顾经济效益与环境的可持续发展而成为社会创业发展的新趋势。大学生对绿色创业这一概念不甚了解，缺乏绿色创业相关知识。丰富的知识是大学生绿色创业的基础。创业是一项综合性活动，涉及创业项目的选择、创业团队组建、产品开发与设计、商业模式的选择、创业融资、新企业的开办与管理，对创业者素质有明确的要求。绿色创业要求学生掌握大量的创业知识，具备创业的能力，能够进行绿色采购、绿色生产、绿色营销、绿色管理。对于刚接触绿色创业的大学生来说，其并不完全理解绿色创业的真正内涵，存在大学生生态价值观知行脱节的现象。绿色创业知识教育能够转变创业市场的思维方式，促进创业者学习绿色技术，专注于改善环境，从而促进企业与个人的绿色发展。

3. 大学生绿色创业政策不完善

政策就是资源，政策就是导向。绿色创业是将价值创新的创业过程与可持续发展的绿色情怀进行融合的积极尝试。绿色创业过程听党的话，跟党走是创业成功的重要法宝。大学生具备较高的学历和专业素养，是绿色创业的重要群体。当前针对大学生绿色创业的优惠政策不够完善，未能较好地解决大学生在创业过程中遇到的实际问题。部分地方政府对绿色创业认识不足，手续办理效率低，导致学生创业融资难、融资贵，学生创业活动难以持续。针对高校大学生的创业活动，地方政策要出台鼓励大学生基层创业、返乡创业的政策，为大学生绿色创业实践活动提供相关政策扶持。大学生在绿色创业阶段挖掘自身潜能，以政策为导向，制订具有针对性的创业方案或者计划，从事绿色生产、绿色种植有关的产业或行业。为了缓解大学生对绿色创业失败的担忧，政府应为绿色创业失败的大学生提供再就业和社会保障等方面的政策扶持。

4. 大学生绿色创业教育不够重视

中国推动创业教育，绝非缓解就业压力这么简单、直接、短暂。创业教育助推创业意识形成，将有力地改变一代青年人的追求与面貌。当前我国对大学生绿色创业教育存在认识不清、重视不够的现象。大学生绿色创业教育内容没有结合国家绿色产业政策、乡村振兴战略，绿色生产、绿色营销、绿色规划的内容没有进入创业教育的内容。创业教育只注重大学生创业项目成功与否，而忽视环境对大学生创业的影响，缺乏可持续发展的关注。创业教育要实现从传统创业向绿色创业转变，高校需加强创业教育改革，从绿色师资、绿色市场、绿色项目、绿色科研维度破解大学生绿色创业困境，引导学校创业教育向绿色创业教育转型。

5. 大学生绿色创业教育实践缺乏"绿意"

绿色创业实践是架起学校与地方合作的桥梁和纽带。创业教育实践是创新创业教育的重要课程模式。纵观当前高校创业教育，创业实践缺乏"绿意"。一方面创新创业实践流于形式；另一方面实践教学与产业脱节现象严重。创业实践闭门造车，缺乏"绿意"，没有与社会绿色创业生态系统有效互嵌、深度对接，缺乏生命力。绿色创业教育要求实践教学内容反映社会需求，立足地方产业集群，搭建起大学与企业、教育与经济、科研与生产的互动链接，让大学生投身到绿色生产、管理、销售等领域中去，将暑期社会实践、科技创新大赛、大学生科研训练、学生毕业设计等活动与大学生绿色创业实践紧密联系起来，鼓励学生在绿色体验、绿色调研后投身到绿色创业项目的策

划与实施中去。[①]

■五、大学生绿色创业教育策略思考

（一）引领大学生秉持绿色创业价值，坚守创业生态责任

绿色发展理念代表当代中国未来发展的重要方向，以实现中华民族永续发展为价值追求与价值旨归。推进高校创业教育绿色化转型，是贯彻落实新质生产力发展要求、践行绿色发展理念、服务创新驱动发展战略的重大举措。高校要重视大学生绿色创业价值引领，用绿色发展理念武装大学生头脑，以企业家精神引领大学生承担生态责任，养成绿色生产生活方式。

1.用绿色理念培养大学生绿色创业价值取向

创业价值取向是大学生创业实践中价值判断和价值选择的重要依据。绿色发展理念是人类社会从工业文明进阶到生态文明过程中为解决人与自然矛盾、改善人与自然关系、保障可持续发展的科学理念与实践探索，是为大学生创业教育提供根本遵循的价值理念。大学生创业教育要坚持绿色导向，用绿色发展引领创业教育新方向。习近平"两山理论"系列讲话为高校开展绿色创业教育提供了行动指南。创业教育中要充分认识到优美环境就是生产力，良好生态同样是生产力，是留给子孙后代的宝贵财富。教育学生在寻找创业机会时，要尤其关注绿色农业、绿色旅游、绿色康养等乡村绿色产业。遵循实践育人、科学育人的规律，组织学生领会中央有关美丽中国建设、绿色发展、低碳发展文件精神，准确把握绿色创业的本质内涵。将绿色发展理念融入专业培养方案和日常的创业教育中，重点讲授国家绿色发展政策、绿色发展市场需求、绿色生产行为、绿色生产技术、绿色制度保障、绿色就业等相关内容。积极开展生态经济伦理教育，开公司办企业要紧扣绿色主题，生产的产品或提供的服务要符合国家绿色低碳政策要求，使学生树立正确的绿色生态价值观。

2.以企业家精神培育大学生坚守创业生态责任

企业家精神除了传承创新、专注品质、诚信守法等典型特征，还蕴含了家国情怀、责任担当、吃苦耐劳等精神特质，是企业家人格价值的重要体现和企业价值增值的活力源头，是经济社会可持续发展的重要无形要素。绿色创业思维方式与企业家精神的情怀诉求相契合。企业家精神要求在创业过程中形成绿色问题思维、绿色底线思维，克服先污染后治理、注重末端治理的旧思路，在促进企业发展过程中恪守环境保护底

---

① 许勋恩.绿色教育理论视角下应用型本科高校创业教育路径研究[J].教育评论，2018（6）：77–79.

线，避免以牺牲环境利益为代价攫取经济利益的短视行为。高校创业教育要以企业家精神为引领，引导大学生积极履行生态责任和社会责任，在创业项目选择上能从国家生态文明建设的角度来思考创业项目对国家、对社会、对个人发展的意义，通过绿色创业满足人民群众绿色生产生活需要。在创业教育过程中，引导大学生发扬勤俭节约的传统美德，养成文明健康的消费方式，推行绿色低碳的生产模式和服务模式。在面临经济发展和生态环境保护冲突时，要确立正确的绿色创业价值取向，"宁要青山绿水，不要金山银山"，把保护生态作为优先选择，提升大学生的生态责任感。

（二）夯实绿色创业基础知识与基本技能

理论是行动的先导。在创新驱动发展战略的大背景下，绿色创业是可持续发展理念在构建生态文明、建设美丽中国的一种发展和创新。绿色创业是一个新生事物，多数学生具有绿色意识，但是缺乏绿色创业的知识与技能。大学生创业教育是培养学生服务社会的重要抓手，加强大学生绿色创业知识的教育和创业能力的培养，有利于促进学生全面发展，推动学生成功创业。

1.利用好课堂多形式开展绿色创业知识教育

创业实践不是空中楼阁，而是建立在创业者的知识和技能之上。创业者要想消弭创业实践带来的弊端，就必须以创业知识教育作为支撑，通过接受"基础课程＋融合课程＋实践课程"为一体的绿色创业课程体系来获取所需的知识。教师要利用好创业教育课堂教学主渠道，向学生讲清绿色创业之道。借助创业课堂，将绿色创业进行理论化、系统化阐述。在学术之维重点阐述绿色创业产生背景和发展趋势，结合生态文明、美丽中国建设、新质生产力、现代产业体系、绿色生产方式与绿色生活方式，讲清推进绿色创业的意义所在。从本质之维讲清楚绿色创业"是什么"的问题：在商业活动中采用环保理念，以可持续发展为目标，从而推动环保事业和经济发展相互促进的一种商业模式。在现实之维将绿色创业与传统创业进行比较，在全面深入对比中彰显绿色创业独特优势，要求采取不同于以往的价值创造、价值实现方式，讲明白"怎么样"进行绿色创业的实践论问题。创新课堂形式与方法，采用案例式、启发式、体验式、探究式教学，系统回答"为何要绿色创业、何为绿色创业、如何进行绿色创业"等问题，以理论之维解决学生绿色创业的知识困惑，夯实绿色创业基本知识。

2.开展绿色主题的实践活动，提升创业能力

绿色创业能力是生态文明时代人才所应具备的重要能力，培养学生具备绿色创业能力是当前高校的重要教育目标之一。高校大学生肩负乡村振兴、加快农业农村现代化的历史使命。以乡村绿色发展为契机，依托村镇绿色发展学院开展绿色主题活动，坚持问题导向，组织大学生利用暑期社会实践、课外科技竞赛、创新创业大赛、青年

红色筑梦之旅等创业实践活动，参与乡村绿色体验、绿色调研，深入了解乡村绿色发展状况与当地绿色产业特色，发掘乡村绿色生产生活过程中的痛点、难点，从中捕捉绿色创业机会。开展创新能力训练，启发学生运用新能源、新材料、新技术，在智慧农业、生态循环、标准化清洁生产、污染治理等方面加快绿色创新，破解乡村绿色产业高质量发展难题，探索产业生态化和资源集约化新模式，开发满足消费者需求的各种绿色产品。通过"发现家乡、设计家乡、营销家乡"创业实践加强绿色产品宣传推广、营销策划等技能锻炼，全面提升绿色创业机会识别、绿色产品开发、绿色产品营销等创业能力与综合素质。

（三）完善绿色创业政策体系，为大学生绿色创业护航

绿色创业是低碳经济时代高校大学生创业发展的新趋势。我国创业教育还处于起步阶段，绿色主题的创业实践还没有引起相关部门的足够重视，还没有专门针对绿色创业教育的实施意见。政府要加大绿色创业政策扶持，不断完善绿色创业政策体系，为大学生开展绿色创业保驾护航。

1. 政府要完善绿色创业政策体系

政府对高校绿色创业的政策支持将直接影响学生创业的发展。在财税政策方面，政府要对大学生绿色创业项目给予适当的税收减免，并加大对一些周期长、风险高而生态效益显著的项目的财政扶持力度，以降低绿色创新产品的研发成本。同时，对绿色产品销售进行补贴，促进国民绿色消费反哺绿色创业。宽松适宜的财税政策使得大学生绿色创业"如鱼得水"，后劲也更足。在场地扶持政策方面，政府要打造绿色创业科技园区、村镇绿色发展基地，在房租、水电方面予以优惠或免除，或采用共享办公方式，降低大学生绿色创业过程中的经营成本。在绿色创业投融资方面，政府要通过设立大学生绿色创业专项基金、大力发展绿色金融、积极吸引民间资本等方式为大学生提供绿色创业启动资金，降低创办绿色企业的融资成本。在社会保障方面，政府要对从事绿色创业失败的大学生提供最低生活保障和再就业服务，消除大学生开展绿色创业的后顾之忧。最后，地方政府要对返乡创业、基层创业大学生予以奖励和表彰，发挥示范引领作用。

2. 高校要建立绿色创业政策运行机制

当前绿色创业配套服务政策不完善，绿色创业不能持续开展。高校要加强顶层设计，成立绿色创业领导机构，制定大学生绿色创业教育实施方案，统筹协调全校绿色创业的各项工作，设置科学合理的绿色创业课程体系和实践体系，确保绿色创业的有效运行。第一，创建绿色创业发展中心。挂靠创业管理学院，具体负责实施绿色创业教育工作，协调校内各有关单位，对接校外相关企业，为绿色创业教育教学和实践提

供组织保障。组织编写具有地方特色的绿色创业教材，将绿色创业教育理论化系统化。第二，加强绿色创业师资培训。采取理论研修、学术交流、项目资助、挂职锻炼等培训方式，提升教师绿色素养，打造一支业务素质高、结构合理、能力精湛的绿色创业师资队伍。第三，要营造浓厚的校园绿色创业文化氛围。邀请环保专家、绿色企业家、返乡创业大学生与在校学生近距离交流，解读绿色创业相关政策及法律法规，分享绿色企业创办经验，并在学生绿色创业领域与方向选择上给予正确指引。同时，高校要加强绿色创业政策的宣传，优化绿色创业的宣传舆论环境。

绿色创业是高校创业教育高质量发展的必由之路，是践行绿色发展理念、助力美丽中国建设的必然要求。各高校要以培育和发展新质生产力为契机，主动承担生态责任，积极探索创业教育的绿色化转型，引领更多绿色创新创业人才投入乡村振兴大业，在服务经济、社会、环境可持续发展中展现更大作为。

第六章

构建绿色教育体系　实现美丽中国梦想

第一节　可持续发展绿色教育体系概述

■一、可持续发展教育

建设美丽中国，是中国走向生态文明的一个梦想。构建绿色教育体系，让人们真正树立人与自然和谐的理念，为人类社会可持续发展提供教育支持。

可持续发展是人类对社会发展历史进行痛苦反思后提出的一种全新的发展思想。1994年，联合国教科文组织发起"环境、人口教育与为人类发展的信息计划"，提出"教育为可持续未来服务"理念，旨在通过协同环境教育、发展教育与人口教育，从教育层面破解经济社会可持续发展问题。从此，可持续发展教育应运而生，这一概念开始得到人们普遍关注与认可。

2015年，为了解决生态危机，重构人与人、人与社会以及人与地球间的关系，联合国通过了《变革我们的世界：2030可持续发展议程》，将可持续发展教育提升到实现2030可持续发展目标战略举措层面，彰显了可持续发展教育在解决环境与发展问题中的重要地位。这也标志着人类开启了以促进"人与地球关怀共生"为旨归的可持续发展教育新时期。

2021年，联合国教科文组织在世界可持续发展教育大会上呼吁要重塑教育使命，将对地球未来负责作为可持续发展教育坚持的长期愿景，以破解新冠疫情影响下生态文明与可持续发展教育面临的新困境。

绿色教育是对可持续发展教育的回应，用绿色理念来调节人的行为模式，通过教育手段处理好人与自然之间的关系，促进经济和社会全面、协调、可持续发展。

■二、绿色教育体系内涵

绿色发展是新时代提出的重大命题，教育本身就是以"人"为核心，始终隐藏着"绿色"发展的内在冲动，构建绿色教育体系既是思想上对时代命题的响应，更是教育自身发展的必然逻辑。

教育体系是个庞大的系统工程，要坚持系统思维、辩证思维，关注教育文化功能，关注人心，切实回应人民的合理关切。绿色教育体系是基于可持续发展理念，把绿色发展融入学校教育教学体系各层次、各领域，促进生态环境可持续发展和学生可持续发展的教育要素的有序组合。绿色教育体系主要任务是建立绿色的人才培养体系，开展绿色课程教学和实践活动，加强绿色师资和人才培养基地建设，全面建设绿色校园文化。

■三、绿色教育体系构成要素

（一）绿色教育体制机制的动力体系

体制机制是管根本，管长远的。体制顺，机制活是绿色教育健康发展的关键。体制机制是按照制度办事的过程和方法，是激活解放人力、积聚人心的动力之源。绿色教育动力体系需要以大教育视野对整个教育生态系统做出全面、深刻的转型和升级，立足人的全面发展，不断促进教育治理能力和治理水平现代化。建立现代教育制度，扩大教育民主，实行教育管办评分离，形成政府宏观管理、学校自主办学、社会广泛参与的多元化治理格局。

（二）绿色铸魂的德育体系

绿色教育就是人的发展由片面束缚转向全面自由的历史进程。新时代全面发展之"德"是"大德"，用习近平新时代中国特色社会主义思想凝心铸魂，要构建起全员、全过程、全方位的"大德育"体系。绿色德育要求学生明大德、守公德、严私德。在教育内容上既包括社会主义核心价值观、理想信念、责任担当，还包括社会公德、职业道德、家庭美德等内容，追求唯真而动、唯善而行、唯美而崇，力求达成真、善、美三维目标。健全立德树人体系，立师德、正师风、强师能，实施德育铸魂工程，用心育人，创新德育特色，打造德育品牌。德育体系建设讲究"时"与"实"，坚持问题导向，注重德育研究，构建校、政、企协同联动的实践育人共同体。

（三）绿色课程体系

课程体系是实现培养目标的载体，是保障和提高教育质量的关键。课程体系包括课程观、课程目标、课程内容、课程结构和课程活动方式等方面内容。绿色课程体系坚持生态和可持续发展理念，深挖"绿色文化"内涵，着眼于人的绿色素养培育。《中国教育现代化 2035》要求"加强课程教材体系建设，科学规划课程，分类制定课程标准，充分利用现代信息技术，丰富并创新课程形式"，为构建"绿色课程体系"提供基本遵循。① 绿色教育应构建多样化、跨学科的课程体系，让课程设置回归自然，顺应天性、融入生态、性德相融。构建绿色课堂，建设绿色学科，搭建绿色舞台，激活绿色校园，通过绿色基础型课程、绿色拓展型课程、活动体验型课程、校园环境型课程实现学校绿色育人目标。

（四）绿色低碳育人体系

积极稳妥推进碳达峰碳中和是新时代深化生态文明建设的重大举措。《加强碳达峰碳中和高等教育人才培养体系建设工作方案》为高校加强绿色低碳育人体系建设提供了根本遵循。绿色低碳育人体系要围绕立德树人的根本任务，践行"两山"理论，融合信息技术，探索数字化教研环境、模式与机制建设。从学生的生活世界出发，倡导启发式、探究式、体验式教学，突出实践性学习方式，引导学生认识世界和改造世界。推进"生态＋科技"人才培养模式构建，打造"生态思政课程""专业课程思政"，绿色理念思政教育与知识体系教育有机融合，实现绿色人才培养质量的全方位提升。

第二节　可持续性发展绿色教育体系构建策略

■一、制度维度：健全教育制度，增强社会合力

高校在"生态文明"建设中进行"绿色教育"，可以采取不同的方法，也可以采取不同的措施。绿色教育是一种全民性和持续性的教育，高校承担绿色教育主要责任的同时，还需要政府、企业、媒体、公众以及家庭等多方面的积极参与，建立一套积极、

---

① 张立新. 疫情与教育：兼论绿色教育体系构建 [J]. 宁波大学学报（教育科学版），2020，42（3）：33—41.

高效的协同合作机制。

（一）国家做好绿色教育顶层设计

顶层设计是运用系统论的方法，基于战略高度统筹考虑问题的各层次和各要素，追根溯源，统揽全局，在最高层次上寻求问题的解决之道。实现"双碳"目标，建设美丽中国是着力解决资源环境约束问题的重大战略。全国一盘棋，《绿色低碳发展国民教育体系建设实施方案》从国家层面要求把绿色教育融入国民教育体系各领域各环节，加快构建绿色低碳国民教育体系。国家擘画了绿色教育的目标与路线图，要发挥制度优势，压实各方责任，鼓励主动作为，示范引领，形成学校教育、家庭教育、社会教育、终身教育齐头并进的良好局面。控制居民消费碳排放，全民广泛参与，把绿色理念转化为全体人民的自觉行动。为了形成保护环境和节约资源的生产方式、生活方式，国家要利用高校新型智库的优势，制定对环保人才的培养方案、资金投入方案等相关法规、政策，为高校加强绿色技术研究、绿色人才培养提供支持。

（二）高校发挥示范引领作用

绿色教育要持续加强生态文明宣传活动，发挥舆论监督作用，树立学习榜样，曝光反面典型，推动全社会绿色低碳发展。高校要发挥自身的科研优势，在节能减排，低碳技术开发发挥"头雁"效应，打造绿色校园。高校要提高自己的使命意识、生态意识和阵地意识，充分发挥各级各类学生组织、学生社团的作用，开展丰富多样的绿色主题校园文化活动，带动更多的人共同参加到高校的绿色教育中去。利用世界环境日、世界地球日、全国低碳日、全国节能宣传周、全国城市节水宣传周等主题宣传节点，举办"绿色校园文化周"活动，邀请校内外专家学者开展绿色教育系列讲座，进一步拓宽大学生在环境保护和可持续发展方面的视野。组织开展绿色教育主题班会、知识竞赛、征文比赛等多种活动，使大学生从本体论、价值论的维度切身感受到绿色低碳在节约资源、保护生态环境的作用并在日常生活中践行绿色行为。

（三）营造绿色氛围，形成教育合力

践行绿色低碳发展要发挥企业、媒体以及家庭的作用。企业在盈利的同时要主动承担社会责任，为公众提供环保、便捷的产品和服务，发扬公益精神，传递社会正能量。一些社会团体如消费者协会、环境保护社等应不断拓展大学生社会实践活动的平台和载体，推广绿色发展理念。电视、广播、报纸、网络等媒体要宣传绿色循环低碳发展、生态文明建设的方针政策，报道环境保护中的典型人物和事迹，增强大学生的生态意识。在宣传教育中尤其要注重如何在完善绿色教育体系的背景下，将大学生的

生态意识转化为有益于生态环境保护的行动，进而成为高校追求的绿色时尚，让绿色教育真正落地见效。家庭是塑造个人性格观念最重要的环境，在绿色教育中发挥着最基础的作用，也是最不容忽视的。"父母是孩子最好的老师"，父母的行为将潜移默化地影响子女的行为。父母应提高自身的绿色文明素养，学习了解有关生态保护等方面的知识与理论，树立正确的绿色理念、环保意识，养成良好的生态文明习惯，以亲身示范达到对子女的教育作用。要构建和谐的家庭教育氛围，激发家庭成员参与生态保护活动的积极性与主动性，从点滴小事中培养子女的绿色价值观和绿色生活方式。

大学生生态认知与绿色行为特征将影响其他社会群体，有利于在全社会形成解决生态环境问题的合力。促进高校绿色教育，就需要一个完善的"系统"与"绿色"的教育体系。要营造一个有利的外部环境，改进影响大学生构建生态文明行为的情境要素，强化正面良好的生态文明行为，矫正负面不良的行为，提升大学生的生态意识。在这一过程中，学生学会了如何有效地处理好这些问题，从而达到和谐、可持续发展的目的。随着人类进入了生态文明社会，未来的高校教学要不断拓展绿色教育的范畴与内容，建立一种完善的全面提高学生绿色文明素养的教学体系，将高校的绿色教育融入全民的学习之中，以满足生态文明社会对学生全面素养提升的迫切需要。

■二、机制维度：加强学科协同，创建绿色校园

要让大学在绿色教育中的知识普及和能力培养符合社会对人才的整体质量的要求，就必须把重点放在对育人的体制进行改革上，把培育德智体美劳全面发展的大学生作为首要目标。

（一）实现绿色教育的学科融合

高校的绿色教育在教学方式上加强了各科目的综合性，并采用了渗透性的方式，这样不仅能够使学生克服学科障碍，而且能够增强他们的生态文明观念，使他们能够形成一个良好的生态价值观念，从而调动他们对绿色教育的学习积极性，增强他们参与生态文明建设的能力。将绿色教育的内容渗透到各个学科、各门课程中去，建立与自然资源、生态环境普及性相关的绿色教育教学课程体系，化整为零地实现绿色教育的目标和任务。一方面，重构绿色课程体系。在专业培养方案中设置若干门与环保相关的公共必修课程，用一种系统的环保教育的方式，培养学生人与自然平等、和谐、互利的价值观，并成为一名环保的推动者。另一方面，拓展绿色学科课程。在课程体系之外，设计与之相匹配的综合素质教育内容，充分挖掘绿色理念与专业知识间的相关性，使大学生在接受新的学科"范式"时拓展思维，对大学生从国情世情、科技创

新、生命价值、消费模式及情感行为等方面进行多学科、多维度的系统教育，逐步摆脱高等教育僵化的教育内容和形式。

（二）绿色教育融入校园建设

绿色校园建设是开展绿色育人的物质条件。在构建能源节约的校园中，开展专业协作与创新，使同学们切身体会到绿色低碳的校园生活。高校要开展校园能耗调研，包括教学楼、办公楼等公共建筑和宿舍楼、食堂等生活建筑，并根据师生员工的工作、学习、生活作息实时跟踪和精准监测校园能耗情况，落实校园能源管理责任制，实行校园用水、用电的绿色管理。对绿色校园创建做好顶层设计，校园绿色项目建设做好长期规划，一体化解决大学校园生态环境治理的一系列问题，编制学校绿色校园建设的制度、目标，开展绿色校园建设能源审计和能效公示，实现能源管理的智能化与动态化。要将互联网技术与节能环保工作相结合，将节能环保工作中的日常监管、重点监管环节纳入"互联网＋监管"运行系统，借助大数据技术进行科学高效的数据分析，从而不断优化服务供给。建立数字化校园，进行数字化教学、科研、管理、服务，加强校内各层级和部门之间的数据流动和交换，提升内部治理效能。

（三）推进学生社团开展绿色活动

高校应加强领导班子绿色教育培训，制定绿色教育发展计划，并将学生绿色教育作为人才培养的重要内容纳入专业培养方案。协调管理、科研、教学人员，组织大学生绿色教育工作，积极推进学生社团开展绿色活动。大学生是一个朝气蓬勃、热情高涨的群体，他们对新的东西、新的想法非常敏感，我国很多环保组织都是他们组建起来的，他们是构建生态文明的重要力量。学校应该把环保教育融入教学改革中去，通过开展相关的主题论坛，加强对大学生环保教育的训练，帮助他们树立起环保道德，提高他们的环保意识。各高校通力合作，通过组织绿色活动让大学生把学习到的环保知识和技能，转变成道德、信念、风尚，内化为价值观，提高大学生的实践行动能力，从而积极参与到"美丽中国"的建设之中。学校要结合国家绿色政策、绿色公益，根据地方绿色实践，经常组织学生开展绿色低碳活动，养成自觉践行绿色行为的良好习惯。

■三、实践维度：拓展参与体验，拓宽实践渠道

高校开展绿色教育不仅是一个理论上的问题，同时也是一个现实的问题。只对大学生进行绿色教育的价值性和知识性的教育是远远不够的，起不到绿色改变生产生活的作用。如何在高校中培养学生的生态环保意识和绿色价值观念，提升学生的有效参

与能力，是当前国际上绿色教育发展的新趋势。

（一）重视学生绿色体验活动

体验是人类重要的生活方式和学习方式，强调学生的参与性及体验性，将环保教育融入学生的日常生活中。环保教育是"情商教育"，它强调教师和学生都要在教学中体会到自己是大自然的产物，环境与人类生活关系密切。对大学生进行绿色教育，要将理论与实践相结合，使得绿色发展理念像盐一样融入生活，使大学生在活动中有所感悟、有所提升。大学生要积极参加社会实践活动，走进厂矿企业、乡村社区，通过实地参观、社会调研、志愿服务以及撰写调研报告等形式了解美丽中国建设以及碳达峰碳中和工作进展，在亲近大自然的同时又能对生态环保行为有直观性的感受，从而在解决生态问题方面获得更多的经验，树立更多的生态责任感。教师可以精心创设体验情境，采用灵活多样的体验方法，让学生感受美丽中国的生态之美。

（二）实施教育培训，开展社会服务

教育行政部门要将绿色教育师资培训纳入国家师资培养计划，有计划性地组织教师进行不同阶段的职业培训，培训内容主要涉及绿色教育相关知识、绿色低碳建设方案、美丽中国建设最新要求等。加强新时代师资队伍的绿色素养教育，推动教师队伍率先树立绿色教育理念，提升高校教师传播绿色生态知识的能力。高校要发挥人才和智力优势，借助绿色科研平台，对各级党政领导干部、中小学教师和企业负责人开展绿色主题的相关培训，从理论维度、价值维度、实践维度向他们讲清讲透绿色低碳知识和政策，为他们践行绿色生产生活提供智力支持。高校加大服务社会的力度，组织专业力量围绕绿色教育开展前沿理论和政策研究，做好重要政策调研、决策评估、政策解读相关工作供政府相关部门参考，并积极参与美丽中国建设有关标准制定、项目论证，为经济社会发展服务。

（三）增加绿色教育实践活动

"纸上得来终觉浅，绝知此事要躬行。"大学生绿色发展理念培育应当坚持不懈地抓好实践养成，把对学生的绿色教育活动从课堂内延伸到课堂外，从校内延伸到校外，引导大学生在实践中加深理解、增进认同。一方面，开展以"绿色"为主题的课外实践活动。高校建立绿色教育实践基地，开展环保主题教育，开展"废物"再创作活动，依托实践基地的丰富教育资源和生态优势对大学生进行绿色发展理念的培育。高校可安排大学生到环保企业实习和考察，让学生在了解企业运营过程中，学习企业如何进行产品的绿色设计、绿色包装、绿色营销，切身体会企业在"碳中和、碳达峰"行动中承担着领头羊和开拓者的绿色责任。组织高校师生参加环保宣传活动、绿色理念"三下乡"活动、绿色文明城市建设、废弃物循环利用等公益活动，开展绿色消费知识讲座，丰富师生的实践经验。另一方面，积极倡导大学生践行绿色生活方式。在饮食方面，不浪费粮食，提倡"光盘行动"；在日常起居方面，形成良好生活习惯，随手关灯，自备购物布袋，选择步行、骑行或者乘坐公共交通工具出行，尽量不用或减少使用塑料制品。在学生的心里建立绿色增长、共建共享的理念，培养学生践行自然、环保、节俭、健康的绿色生活方式。

■四、课程维度：发挥课堂绿色教育主渠道作用

思想政治教育以培养人们正确的世界观、人生观、价值观为使命，是一种特殊的教育活动。国家颁布《绿色低碳发展国民教育体系建设实施方案》，高校思想政治教育应主动作为，回应时代热点与人民的重大关切，不断丰富绿色教育理论基础和深刻内涵。课堂是思想政治教育的重要载体，绿色教育应从绿色课程建设上下功夫，发挥好课堂育人功能。

（一）整合课程师资，加强绿色教师队伍建设

教师是立教之本、兴教之源，教师队伍的素质水平不仅关系到学生和教育的未来，更关系到整个国家和民族的未来。高校教师是进行绿色教育的核心力量，绿色教育理念的传播、绿色教育行为的践行都离不开整个教师队伍。建立优秀的高校师资队伍是对大学生进行绿色教育的基础和关键，提高教师自身的绿色综合素质对大学生绿色教育有着重要影响。因此，高校要把建设一支思想品德高、业务水平高、职业素养高的绿色师资队伍作为实施绿色教育的重中之重。首先，高校要为绿色师资队伍提供专业发展平台。高校要整合课程师资，遴选具有绿色教育相关专业背景或者绿色教育经验的教师加入绿色教育师资队伍。有计划地组织教师参加绿色教育专题培训，以此增强教师队伍的绿色教育意识，引导教师牢固树立绿色教育理念。设立绿色教育教师工作坊，为教师们提供交流平台，分享自己的教学经验和教育研究成果，也可提出自己在绿色教育过程中遇到的难题供大家共同研究探讨，以此提升教师队伍的教育教学水平。其次，教师自身要树立"终身学习"意识。教师要加强绿色教育理论知识学习，积极参加绿色教育专题讲座和学术研讨会，了解国内外绿色教育发展的最新动态，深刻领会绿色发展理念的丰富内涵，提升专业知识素养。教师还要发挥示范作用，对大学生进行绿色发展理念的培育不能只停留于"言传"，最重要的在于"身教"。要将理论教育与实践教育相结合，以身作则，不断提高自身的绿色实践能力，做到知与行的统一。

（二）整合课程资源，发挥绿色育人功能

实现课程融合，将绿色教育融入思政课程和专业课程教学过程中，开拓大学生绿色发展视野，增强大学生绿色发展意识。一是进行课程绿色知识教育。绿色知识包括生物、化学、物理等自然科学与政治、法律、历史、地理等人文社科知识，是科学与人文的交叉融合。高校应该遵循绿色知识的内涵要求，整合课程资源，积极引导大学生深入了解绿色发展理念的基本要义和现实意义，使大学生意识到绿色发展理念是对人类社会发展规律的新探索，是推动生态文明、建设美丽中国的必由之路。在传授绿色知识过程中，教育者要引导学生正确理解马克思主义生态观，运用好唯物辩证主义的世界观和方法论思考人与自然的关系，用平等公正的态度看待我们赖以生存的生态环境。二是进行课程绿色德育教育。积极引导大学生正确处理人与人、人与社会、人与自身的关系，将个人利益与社会利益、经济利益与自然利益有机统一，树立对大自然的敬畏意识和对社会、对子孙后代的责任意识，提升大学生的生态责任感。思政课既要贴近大学生生活实际，又要贴近大学生的认知规律，强化对大学生的绿色德育教育，让大学生形成绿色道德自觉，培养科学的道德观念，正确对待自然、他人和自己。

（三）挖掘思政学科绿色育人素材

学生关心的话题是教师挖掘教学素材，建立课内外知识互补机制，拓宽学生视野的重要基础。教师应本着全面提升学生综合素质的目的，在教学素材的选择上体现出绿色教育教学内容的思想性和广泛性。一是挖掘思政课程中的绿色教育素材。思政课是高校必设的课程，涵盖马克思主义基本原理、毛泽东思想与中国特色社会主义理论与实践、中国近现代史纲要、思想道德修养与法治等课程，要从中寻找绿色教育的切入点。如在"中国近现代史纲要"中，教师可以选用某些历史人物遵循自然规律的著名历史事件作为教育素材，通过解读这些事件对生态环境的影响来引发学生的反思，同时也增加课程的趣味性。二是将思政课教学内容与社会发展趋势相结合。教师自身需要增强对社会时政新闻的观察力，时时关注绿色教育领域的热点，在课堂教学中组织学生讨论思考。同时，帮助学生养成关注新闻时事的习惯，帮助学生学会正确辨析社会主流价值方面的新闻，增强学生的政治敏感度和政治思维能力，从而提升学生对绿色生态焦点问题的感知力。

（四）丰富思政课绿色教育的内容

绿色教育关注人的可持续性发展，是学生身体、知识、能力、情感、态度、价值观等方面的可持续发展。通过课堂主渠道把绿色教育同大学生的思政教育相融合，提

高大学生对实现生态文明建设目标重要性的认识，推动绿色发展理念进课本、进课堂、进头脑。在"思想道德修养与法治"课程中，加强社会主义法制教育，强化大学生对生态文明制度的学习，帮助学生树立正确的生态法制观。在"毛泽东思想与中国特色社会主义理论概论"课程中，培养大学生正确认识科学发展观的内涵，树立生态文明思想。鼓励有条件的高校开设绿色教育校本课程，根据学生绿色成长的需要，用身边环保典型事例编制绿色教育案例，增强大学生的生态忧患意识，激发大学生对于生态保护的使命感。

建设美丽中国是新时代生态文明建设的奋斗目标，也是社会主义现代化强国建设的目标之一。绿色教育作为现代教育发展的新思想和新理念，不应只是理念上的倡导，更应该是现实的教育实践。当前我国正迈向全面建设社会主义现代化强国的新征程，教育领域的改革也在有条不紊地进行着，可持续发展的绿色教育为教育改革提供了新的思路。加强顶层设计、统筹推进，构建可持续发展的绿色教育体系是探索绿色教育健康发展的人间正道。

建设美丽中国，实现人类社会"两个和解"，离不开绿色教育的智力支持。《2024年全球资源展望》报告指出，世界正处于气候变化、生物多样性丧失、污染和废物增多的三重危机之中。建设美丽中国面临新形势新任务新挑战，必须有新气象新作为。中国近年来不断贯彻"绿水青山就是金山银山"理念，可持续发展和生态文明建设取得了巨大成就，中国方案和经验将为全球可持续发展提供有益借鉴。新时代高校开展大学生绿色教育是深入学习贯彻习近平生态思想的具体举措，是促进大学生德智体美劳全面发展的重要抓手，也是推进人类命运共同体建设的生动实践。

参考文献

[1] 马克思恩格斯选集：第一卷 [M]. 北京：人民出版社，2012.

[2] 马克思恩格斯选集：第二卷 [M]. 北京：人民出版社，2012.

[3] 马克思恩格斯选集：第三卷 [M]. 北京：人民出版社，2012.

[4] 马克思恩格斯选集：第四卷 [M]. 北京：人民出版社，2012.

[5] 马克思恩格斯文集：第一卷 [M]. 北京：人民出版社，2009.

[6] 马克思恩格斯文集：第二卷 [M]. 北京：人民出版社，2009.

[7] 马克思恩格斯文集：第三卷 [M]. 北京：人民出版社，2009.

[8] 马克思恩格斯文集：第四卷 [M]. 北京：人民出版社，2009.

[9] 马克思恩格斯文集：第五卷 [M]. 北京：人民出版社，2009.

[10] 马克思恩格斯文集：第六卷 [M]. 北京：人民出版社，2009.

[11] 马克思恩格斯文集：第七卷 [M]. 北京：人民出版社，2009.

[12] 马克思恩格斯文集：第八卷 [M]. 北京：人民出版社，2009.

[13] 马克思恩格斯文集：第九卷 [M]. 北京：人民出版社，2009.

[14] 马克思恩格斯文集：第十卷 [M]. 北京：人民出版社，2009.

[15] 列宁选集：第一卷 [M].3 版 . 北京：人民出版社，2012.

[15] 列宁选集：第二卷 [M].3 版 .[M]. 北京：人民出版社，2012.

[15] 列宁选集：第三卷 [M].3 版 . 北京：人民出版社，2012.

[15] 列宁选集：第四卷 [M].3 版 . 北京：人民出版社，2012.

[16] 列宁专题文集·论马克思主义 [M]. 北京：人民出版社，2009.

[17] 列宁专题文集·论辩证唯物主义和历史唯物主义 [M]. 北京：人民出版社，2009.

[18] 列宁专题文集·论资本主义 [M]. 北京：人民出版社，2009.

[19] 列宁专题文集·论社会主义 [M]. 北京：人民出版社，2009.

[20] 列宁专题文集·论无产阶级政党 [M]. 北京：人民出版社，2009.

[21] 斯大林选集（上）[M]. 北京：人民出版社，1979.

[22] 斯大林选集（下）[M]. 北京：人民出版社，1979.

[23] 毛泽东选集：第一卷 [M]. 北京：人民出版社，1991.

[23] 毛泽东选集：第二卷 [M]. 北京：人民出版社，1991.

[23] 毛泽东选集：第三卷 [M]. 北京：人民出版社，1991.

[23] 毛泽东选集：第四卷 [M]. 北京：人民出版社，1991.

[24] 毛泽东文集：第一卷 [M]. 北京：人民出版社，1993.

[25] 毛泽东文集：第二卷 [M]. 北京：人民出版社，1993.

[26] 毛泽东文集：第三卷 [M]. 北京：人民出版社，1996.

[27] 毛泽东文集：第四卷 [M]. 北京：人民出版社，1996.

[28] 毛泽东文集：第五卷 [M]. 北京：人民出版社，1996.

[29] 毛泽东文集：第六卷 [M]. 北京：人民出版社，1999.

[30] 毛泽东文集：第七卷 [M]. 北京：人民出版社，1999.

[31] 毛泽东文集：第八卷 [M]. 北京：人民出版社，1999.

[32] 毛泽东著作选读 [M]. 北京：人民出版社，1986.

[33] 毛泽东思想年编（1921—1975）[M]. 北京：中央文献出版社，2011.

[34] 刘少奇选集（上卷）[M]. 北京：人民出版社，1981.

[35] 刘少奇选集（下卷）[M]. 北京：人民出版社，1985.

[36] 周恩来. 周恩来选集：上卷 [M]. 北京：人民出版社，1980.

[37] 张闻天选集 [M]. 北京：人民出版社，1985.

[38] 陈云文选：第一卷 [M]. 北京：人民出版社，1995.

[39] 陈云文选：第二卷 [M]. 北京：人民出版社，1995.

[40] 邓小平文选：第一卷 [M]. 北京：人民出版社，1994.

[41] 邓小平文选：第二卷 [M]. 北京：人民出版社，1994.

[42] 邓小平思想年编（1975—1997）[M]. 北京：中央文献出版社，2011.

[43] 江泽民文选：第一卷 [M]. 北京：人民出版社，2006.

[44] 江泽民文选：第二卷 [M]. 北京：人民出版社，2006.

[45] 江泽民文选：第三卷 [M]. 北京：人民出版社，2006.

[46] 江泽民论加强和改进执政党建设（专题摘编）[M]. 北京：研究出版社，2004.

[47] 胡锦涛. 在庆祝中国共产党成立 90 周年大会上的讲话 [M]. 北京：人民出版社，2011.

[48] 习近平. 高举中国特色社会主义伟大旗帜　为全面建设社会主义现代化国家而团结奋斗——在中国共产党第二十次全国代表大会上的报告 [M]. 北京：人民出版社，2022.

[49] 习近平 . 决胜全面建成小康社会　夺取新时代中国特色社会主义伟大胜利——在中国共产党第十九次全国人民代表大会上的报告 [M]. 北京：人民出版社，2017.

[50] 中共中央关于党的百年奋斗重大成就和历史经验的决议 [M]. 北京：人民出版社，2021.

[51] 习近平 . 在庆祝中国共产党成立 100 周年大会上的讲话 [M]. 北京：人民出版社，2021.

[52] 习近平重要讲话单行本（2020 年合订本）[M]. 北京：人民出版社，2021.

[53] 习近平 . 习近平谈治国理政：第一卷 [M]. 北京：外文出版社，2017.

[54] 习近平 . 习近平谈治国理政：第二卷 [M]. 北京：外文出版社，2018.

[55] 习近平 . 习近平谈治国理政：第三卷 [M]. 北京：外文出版社，2020.

[56] 习近平 . 习近平谈治国理政：第四卷 [M]. 北京：外文出版社，2022.

[57] 习近平 . 论坚持人与自然和谐共生 [M]. 北京：中央文献出版社，2022.

[58] 刘铮 . 生态文明意识培养 [M]. 上海：上海交通大学出版社，2012.

[59] 闫方洁 . 西方新马克思主义的消费社会理论研究 [M]. 上海：上海世纪出版集团，2012.

[60] 袁贵仁 . 价值观的理论与实践：价值观若干问题的思考 [M]. 北京：北京师范大学出版社，2013.

[61] 苏振芳 . 思想政治教育理论与实践 [M]. 北京：社会科学文献出版社，2013.

[62] 杨魁，董雅丽 . 消费文化理论研究：基于全球化的视野和历史的维度 [M]. 北京：人民出版社，2013.

[63] 鲍金 . 消费生存论：现代消费方式的生存论阐释 [M]. 北京：中央编译出版社，2012.

[64] 乌晓晔 . 环境道德教育与绿色大学的建设 [J]. 内蒙古师范大学学报（教育科学版），2007（3）：67–69.

[65] 徐昊明 . 打造绿色生命教育的学校文化 [J]. 基础教育参考，2010（8）：84–85.

[66] 周劲波，宋站阳，古翠凤 . 绿色创业教育体系构建研究 [J]. 广西社会科学，2020（3）：177–183.

[67] 盛文楷 . 加强大学生绿色教育的思考 [J]. 福建省社会主义学院学报，2015（6）：111–114.

[68] 王金胜 . 绿色发展与全面建成小康社会 [J]. 长春市委党校学报，2015（6）：12–15.

[69] 张高丽 . 牢固树立绿色发展理念促进人与自然和谐发展 [J]. 杭州（周刊），2015（14）：7.

[70] 孙嘉笠. 人与自然和谐共生现代化的理论渊源、实践指向与时代价值 [J]. 学校党建与思想教育，2023（24）：84-86.

[71] 原宙. 生态文明意识培育与思想政治教育有效融合的相关思考 [J]. 未来与发展，2015，39（10）：48-52.

[72] 吕莉媛，刘经纬. 高校建构主义绿色教育模式研究 [J]. 黑龙江高教研究，2015（9）：64-67.

[73] 王鉴雪. 生态文明视域下大学生绿色消费与校园生态共同体构建 [J]. 哈尔滨工业大学学报（社会科学版），2021，23（2）：137-142.

[74] 王连芳. 绿色发展理念中的以人为本思想探析 [J]. 太原理工大学学报（社会科学版），2014，32（3）：31-35.

[75] 廖金香. 高校生态文明教育的时代诉求与路径选择 [J]. 高教探索，2013（4）：137-141.

[76] 刘尧飞，李霞. 基于绿色发展理念的高等教育变革趋向 [J]. 华北理工大学学报（社会科学版），2016，16（6）：78-82.

[77] 王贵成，黄天成. 实施绿色教育面临的主要问题及对策 [J]. 大学（研究版），2018（2）：58-61.

[78] 高宁宁，周新辉. 从毛泽东到习近平：中国共产党几代领导人生态思想的接续探索 [J]. 传承，2015（4）：27-29.

[79] 胡为雄. 论毛泽东的绿色经济思想：读《毛泽东论林业》[J]. 毛泽东邓小平理论研究，2016（3）：71-77，93.

[80] 以习近平生态文明思想引领美丽中国建设：深入学习《习近平谈治国理政》第三卷 [J]. 环境，2020（9）：14-17.

[81] 唐正芒，张春丽. 毛泽东日常谈话中的林业生态思想解读 [J]. 毛泽东研究，2018（2）：58-66.

[82] 许晓惠，王晓为. 墨家生态思想对生态文明建设的启示 [J]. 文化学刊，2019（12）：137-140.

[83] 钟贞山，吴东纳. 习近平生态文明思想引领美丽中国建设的战略意义 [J]. 农业考古，2023（6）：195-202.

[84] 蒲晓磊. 运用法治方式推动美丽中国建设 [N]. 法治日报，2024-01-09（007）.

[85] 胡晓青. 全面推进美丽中国建设 [J]. 新湘评论，2023（22）：23-24.

[86] 孙欢，张胧洁. 论美丽中国建设的"人 - 空间"共塑路径 [J]. 中南林业科技大学学报（社会科学版），2023，17（4）：20-27.

[87] 谭民强 . 为高质量发展提供生态环保技术支撑助力美丽中国建设 [J]. 环境与可持续发展，2023，48（5）：49-54.

[88] 习近平在全国生态环境保护大会上强调全面推进美丽中国建设加快推进人与自然和谐共生的现代化 [J]. 环境保护，2023，51（13）：8-9.

[89] 金瑶梅，彭先 . 习近平生态文明思想引领美丽中国建设刍论 [J]. 东华大学学报（社会科学版），2023，23（2）：1-7.

[90] 宋玉婷，张胜旺，贾艳平 . 美丽中国视域下思想政治教育的生态功能研究 [J]. 中北大学学报（社会科学版），2023，39（4）：93-97，102.

[91] 陶火生，饶佳妹 . 用生态文明制度体系保障美丽中国建设 [J]. 福州党校学报，2022（4）：65-70.

[92] 丁贞权 . "美丽中国"建设视域下高校学生生态素养培育：基于中国传统生态文化视角 [J]. 内蒙古师范大学学报（教育科学版），2021，34（2）：40-45.

[94] 张硕琪 . 马克思主义生态观视角下美丽中国建设研究 [J]. 产业与科技论坛，2020，19（13）：5-6.

[95] 席立召 .《资本论》生态发展思想与美丽中国建设 [J]. 汉字文化，2020（10）：148-149.

[96] 刘冬梅，尹贵斌 . 新时代美丽中国建设的意义和途径 [J]. 美与时代（城市版），2019（7）：26-27.

[97] 秦书生 . 习近平关于建设美丽中国的理论阐释与实践要求 [J]. 党的文献，2018（5）：28-35.

[98] 戴燕艳 . 美丽中国建设与习近平生态生产力观论略 [J]. 汕头大学学报（人文社会科学版），2018，34（1）：10-14，94.

[99] 吴金玲 . 绿色发展理念下深化高校绿色工程教育的研究与探索 [J]. 沈阳工程学院学报（社会科学版），2023，19（2）：130-133.

[100] 姚萌萌，郭慧 . 基于生态文明理念的绿色大学建设探索 [J]. 高校后勤研究，2023（1）：12-14.

[101] 郑安阳 . 深入学习党的二十大精神贯彻绿色发展理念推进绿色学校建设 [J]. 北京科技大学学报（社会科学版），2023，39（1）：15-20.

[102] 王如志，崔素萍，聂祚仁 . "双碳"目标视角下"四位一体"本科教育模式创新 [J]. 中国大学教学，2022（4）：14-18.

[103] 王鉴雪 . 生态文明视域下大学生绿色消费与校园生态共同体构建 [J]. 哈尔滨工业大学学报（社会科学版），2021，23（2）：137-142.

[104] 杜爱国 . 中国经济高质量发展的制度逻辑与前景展望 [J]. 学习与实践，2018（7）：5–13.

[105] 陈月琴，孙佳，常国良 . 绿色教育理念下德育改革的反思与改进 [J]. 黑龙江教育（理论与实践），2019（Z1）：118–119.

[106] 王慧勇 . 新时代大学生绿色消费观全方位培育研究 [J]. 江西电力职业技术学院学报，2019，32（1）：106–108.

[107] 陈清 . 绿色教育隐喻诠释：哲学"三论"视角 [J]. 湖南第一师范学院学报，2018，18（6）：67–70.

[108] 康高磊，齐彦磊 . 新加坡中小学生命教育探析及启示 [J]. 中国教育学刊，2018（12）：34–37.

[109] 张茂聪，李睿，杜文静 . 中国环境教育研究的现状与问题：基于 CNKI 学术期刊 1992—2016 环境教育文献的可视化分析 [J]. 山东师范大学学报（自然科学版），2018，33（1）：112–121.

[110] 陈耀玲，张曦予 . 论中国传统文化中的生命哲学对当代生命教育的价值引领及实现 [J]. 教育理论与实践，2024，44（1）：18–23.

[111] 徐达，陈豫岚 . 高校生命教育的内涵、价值与实施路径 [J]. 黑龙江教师发展学院学报，2023，42（11）：15–18.

[92] 王巍 . 生命教育的哲学本底 [J]. 华北电力大学学报（社会科学版），2023（5）：126–131.

[112] 姜立君 . 新时代大学生生命教育研究 [J]. 沈阳大学学报（社会科学版），2023，25（5）：71–76.

[113] 吴晓红，王小玲 . 新时代高职院校劳动教育的困境及破解路径 [J]. 高教论坛，2023（12）：90–93，121.

[114] 丁乔 . 劳动教育融入高校思想政治教育的实践路径研究 [J]. 大庆社会科学，2023（6）：145–148.

[115] 姚裕群，国福丽 . 从绿色经济到绿色劳动——兼论和谐社会下的劳动性质 [J]. 江海学刊，2007（6）：57–62.

[116] 周劲波，宋站阳，古翠凤 . 绿色创业教育体系构建研究 [J]. 广西社会科学，2020（3）：177–183.

[117] 孙瑾，陈晨 . 资源类型对绿色消费的影响：时间还是金钱更有效？ [J]. 心理科学进展，2024，32（1）：39–57.

[118] 高辰玲，杨忠敏，卢越 . "双碳"目标下居民绿色消费行为影响因素研究 [J]. 河北企业，2023（8）：46–50.

[119] 王雨辰 . 论习近平生态文明思想的政治维度的特质及其当代价值 [J]. 北京航空航天大学学报（社会科学版），2024，37（2）：1-7.

[120] 王雨辰，张佳 . 论我国生态文明理论体系的建构及其价值归宿 [J]. 马克思主义与现实，2023（5）：32-40，201.

[121] 王雨辰，彭无瑕 . 美丽中国建设目标的生态哲学阐释及其价值 [J]. 吉首大学学报（社会科学版），2023，44（5）：1-9.

[122] 秦书生，杨硕 . 绿色大学建设面临的障碍及其破除 [J]. 现代教育管理，2016（2）：40-45.

[123] 孙剑鑫，丁瑶瑶 . "报告" 里的美丽中国 [J]. 环境经济，2024（5）：17.

[124] 任保平 . 以新质生产力赋能中国式现代化的重点与任务 [J]. 经济问题，2024（5）：1-6.

[125] 韩喜平，马丽娟 . 发展新质生产力与推动高质量发展 [J]. 思想理论教育，2024（4）：4-11.

后　记

　　闽山闽水物华新，清新福建为大学生绿色教育提供了丰富素材。作者生活在三明，工作在三明学院。三明是全国最绿省份的最绿城市，蕴藏丰富的森林、旅游和水资源，享有"绿色宝库"的美称。三明森林覆盖率达 76.8%，2023 年人均寿命 80.18 岁，体现了中国式现代化人与自然和谐共生的价值真谛。三明这座绿色城市为本书提供了智慧与启迪。

　　目前有关大学生绿色教育的研究成果不多，较少学者能从美丽中国的视角去研究大学生绿色教育问题。本书站在美丽中国建设的高度，系统地研究大学生绿色教育。这是本书特色。

　　本书的研究方法侧重系统分析，通过梳理我国绿色教育历史发展和演变进程，对绿色教育、大学生绿色教育的概念进行了学理上的厘定，对影响绿色教育环境因素进行了综合分析，从社区环境、学校环境、家庭环境建设为绿色教育提供环境支持。本书将马克思主义基本原理、中华优秀传统文化与美丽中国建设相结合，以绿色教育为切入点，从价值之维、本质之维、理论之维回答"为何要建设美丽中国、何为美丽中国、如何建设美丽中国"时代之问，从关系之维回答"为何要进行绿色教育、如何进行绿色教育"的教育之问。本书既突出了学术性，又能在高校教育中建立起具有可操作性的大学生绿色教育体系，这也是本书的特色。

　　理论是时代的声音。三明学院将绿色教育作为办学的鲜明特色和发展方向。早在 2016 年三明学院就被教育部遴选为中美应用技术教育"双百计划"首批试点院校，三明学院成为福建省唯一确定为绿色教育的高校。经过 8 年探索，大学生绿色生活教育、绿色行为教育、绿色消费教育、绿色生命教育、绿色劳动教育、绿色创业教育创新实践，为大学生学会生存、学会合作、学会共处提供了具有应用型本科高校特色的三明实践样板，这也是三明学院赋能新质生产力发展的最新成果。

　　绿色不仅是一种生活方式，更是一种价值观。建设美丽中国，绿色是未来的答案。绿色教育是让生态文明落地生根的基础，是培养大学生环保意识的基石。作为一名长期从事大学生思想政治教育的专业教师，有责任有义务促进学生绿色发展与绿色成长。本书撰写的目的在于从大学生绿色教育的视角，丰富思想政治教育内涵，积极探索新形势下大学生思想政治教育工作的新内容、新途径、新方法，为全国高校思想政治教育提供新视野。

本书获"三明学院学术著作出版基金"资助出版，得到了三明学院领导以及三明学院科技处、马克思主义学院、厦门大学出版社的大力支持，在此表示衷心感谢！

本书也是作者就读福建师范大学博士研究生期间的学术积淀。在本书的撰写过程中，得到导师杨林香老师的精心指导，引用了许多专家的观点和研究成果，在此一并表示感谢！由于水平有限，时间仓促，失当之处在所难免，真诚欢迎学界同人与读者提出宝贵的意见。

许勋恩

2024 年 5 月于福建师范大学旗山校区